Ariane Page

Homme...Femme...
Connaître son Ombre

Volume 2

Le Code Invisible, de la Psyché à la Cellule

Seagreen Star Boooks
Montréal

© 2018 Ariane Page

A cause de la nature dynamique de l'Internet, certains liens peuvent cesser d'exister après la publication de ce livre. Nous en sommes désolés.

Dépôt Légal Bibliothèque et Archives Canada : à venir.

ISBN : 978-1-7750877-1-7 (couverture rigide)
ISBN : 978-1-7750877-4-8 (couverture souple)
ISBN : 978-1-7750877-5-5 (ePub)

Édité par *Seagreen Star Books* 30/08/2018
info@seagreenstarbooks.com

Toute reproduction partielle ou complète de ce livre par quelque procédé que ce soit, manuel ou électronique et notamment par photocopie ou microfilm est interdite sans l'autorisation écrite de l'éditeur.

AVERTISSEMENT : Les avis présentés dans ce livre ne remplacent en aucun cas les consultations professionnelles médicales, psychiatriques ou psychologiques. J'utilise l'optique du modèle taoïste, en corrélation avec les études sur le cerveau et la psychologie jungienne. Cette introduction à la pansystémologie vise à faire entrevoir la richesse d'application du modèle lorsque nous nous munissons d'un regard nourri de la science *et* de la Tradition.

Je souhaite surtout que cette nouvelle approche de l'homme et de la femme permise par mon regard de systémicienne sera source de réflexion, d'inspiration et finalement de libération pour plusieurs.

Du même auteur

Isis Code: Revelations from Brain Research and Systems Science on the Search for Human Perfection and Happiness, iUniverse Inc. Bloomington USA, 2013, pp.646

Love Them Back to LIFE: A Brain Theory of Everything, iUniverse USA, 2014, 432pp

Homme… Femme... un Nouveau Regard. Le Code Invisible de la Nature et du Cerveau Humain, volume 1, Seagreen Star Books Montréal, 2017.

Homme… Femme… Connaître son Ombre . Le Code Invisible, de la Psyché à la Cellule, .volume 2, Seagreen Star Books Montréal, 2018.

Homme… Femme…Appeler la Vie. Applications du Code Invisible dans l'art et la vie quotidienne. volume 3. Seagreen Star Books Montréal, (à venir, 2019)

The Invisible Code of Nature and the Human Brain: Tome I- *A New Perspective on Masculinity*. Seagreen Star Books Montréal,
(à venir)

The Invisible Code of Nature and the Human Brain: Tome II- *A New Perspective on Femininity*. Seagreen Star Books Montréal,
(à venir)

Le plaisir se ramasse sur le chemin
La joie, vous la cueillez comme on cueille une fleur
Pour ce qui est du Bonheur, vous devez le cultiver.

— Bouddha

Je dédie ce livre à mes fils et à tous ceux qui cultivent le bonheur et qui ainsi permettent à l'essence de la vie de croître, ici.

Table des Matières

Table des Images et des Schémas

INTRODUCTION

« Ce que nous devons faire en regard des grandes sagesses du passé, autant celle de l'Est que de l'Ouest, est de les assimiler et d'en tirer une nouvelle perception originale pertinente pour notre condition de vie présente[1]. »

— David Bohm (physicien quantique)

David Bohm[1] , dont les formules quantiques forment la base de cette science, n'est pas le seul à émettre cet avis. Le psychanalyste Carl Gustav Jung affirme la même chose. Il disait à cet effet[2] :

«Nous avons un besoin urgent d'une vérité ou d'une compréhension du soi semblable à celle de l'Égypte ancienne .»

Tous deux et plusieurs autres[3] ont observé que les mythes[2] ont un rôle important à jouer pour l'équilibre psychique de l'être humain. En effet, de façon consciente ou non, nous utilisons tous des symboles[3] pour tenter d'ancrer notre psyché inconsciente et notre conscience dans un univers fait de temps et d'espace[4] . Aussi, la quête de sens est-elle

[1] Bien qu'auparavant tout scientifique s'associant à Bohm éveillait la suspicion (son paradigme porte ombrage au point de vue matérialiste), l'application de ses formules et de nouvelles expérimentations donnent raison à ses théories. Pour consulter la dernière en date, voir : H. Mahler, L. Rozema, K. Fisher, L.Vermeyden, K. J. Resch, HM. Wiseman et A. Steinberg, « Experimental Nonlocal and Surreal Bohmian trajectories, » Science Advances, 2016. Sur Internet : http://advances.sciencemag.org/content/2/2/e1501466.full,

[2] Dans son sens étymologique « d'exposition d'un concept, d'une idée, d'un enseignement sous forme allégorique» (Ac. Compl. 1842). Les mythes présentant une représentation du monde puis ceux représentant des fonctions dans ce monde sont les plus éclairants. L'identité de toute personne se concrétise et se bâtit sur des mythes à teneur universelle.

[3] Notre mental construit des symboles à valeur psychologiques qui ne peuvent être réduits à des signes logiques arbitraires (pancartes et mots) bien qu'ils puissent leur être liés (sémantique). Les symboles dont je discute sont associés à nos perceptions et à notre identité profonde et non pas à un monde logique et linéaire. Ils sont liés à l'inconscient et affectent notre physiologie. Pour une image éclairante, nous pouvons dire que les symboles sont en 3D alors que notre conscient pense en 2 D.

Entre autres, les mythes inspirés portent en filigrane l'image du maître modèle, c'est-à-dire de la polarité féminine et de la polarité masculine. Éric Neumann, un élève de C. Jung disait

centrale à toute activité cognitive humaine. Elle s'échelonne de la connaissance de la matière jusqu'au pourquoi de l'être. En ce sens, le regretté physicien théorique et cosmologiste anglais Stephen Hawking[4] remarquait-il : *«Même s'il n'y a qu'une théorie unifiée possible, ce n'est qu'un ensemble de règles et d'équations. Qu'est-ce qui insuffle le feu dans ces équations et fait un univers à décrire pour elles ? L'approche habituelle de la science de construire un modèle mathématique ne peut répondre aux questions à savoir pourquoi il devrait y avoir un univers pour le modèle à décrire. Pourquoi l'univers se donne-t-il tant de mal pour exister ? »*

Notre science se heurte à une impossibilité. Elle ne peut fournir de formule mathématique en réponse à un *pourquoi* si la cause ultime de notre univers se situe en dehors d'un temps et d'un espace mesurable. Or, si nous admettons le paradigme[5] scientifique sur lequel les formules quantiques se basent, elle l'est. Nous devons alors accepter de facto l'idée que notre univers est l'expression d'un système originel qui échappe aux forces du temps et de l'espace. David Bohm le nomme le monde implicite[6] . Ce code invisible, ce modèle, échappe de ce fait aux outils d'analyse de notre «maître d'école» intérieur. Répondre *pourquoi* n'est donc **pas** du ressort de notre science analytique.

La suprématie du modèle scientifique présent censure les notions qui ne font pas référence à notre monde physique. Rien n'existe en dehors de la matière. Mais on se leurre si l'on croit que les êtres humains peuvent vivre sainement sans jamais recourir à des symboles transcendants. Jung considérait que ceux-ci permettent à notre part consciente d'accéder aux contenus inconscients [5]. La cohérence de

---

que l'humain est centralement un homo mysticus et que cet aspect « *est une catégorie fondamentale de l'expérience humaine* » (p.383). Il disait, en accord avec les récentes recherches sur le cerveau humain, que « *le centre même de l'humain est une force créatrice inconnue qui vit en lui, le moule dans des formes et des transformations toujours nouvelles* » (p.415) (ma traduction). Voir le chapitre 1. Neumann, E. Mystical Man (1970) dans J. Campbell (Éd.) *The Mystic Vision: Papers tiré de: the Eranos Yearbooks* (Bollingen Series XXX), pp. 375–415; — R.Manheim trad. —. — Original publié en 1968.[4]

[5] Un paradigme est une manière de voir le monde. Le paradigme scientifique présent affirme que tout provient de la matière. Le paradigme quantique selon David Bohm dit que tout est oscillation. Son organisation provient d'un modèle premier qui est indépendant du temps et de l'espace. Il est donc invisible aux calculs scientifiques. Dans cette approche, Bohm rejoint les théories de Platon et de Broglie. Les scientifiques mécanistes sont plutôt disciples de Simmias de Thèbes, un contemporain de Platon (Vième siècle av. J.-C.). En ce domaine du paradigme central à notre vie, nous n'avons donc pas progressé.

[6] Et le monde super-implicite comme nous le verrons.

notre être requiert que nous soyons davantage conscients de notre psyché inconsciente.

Le régulateur du cerveau attaché à celle-ci fait partie d'un réseau cérébral (mode par défaut ou[7] default mode network en anglais[6]). Il agit en dehors de notre conscience . Au premier volume, nous avons vu que ce régulateur est structurel chez la femme et fonctionnel chez l'homme .

Notre inconscient personnel n'est pas quelque chose à mépriser, à craindre ou à assimiler entièrement à notre part d'ombre. Comme nous le verrons, cette part est aussi liée à notre personnalité consciente parce qu'elle dépend de notre polarité masculine. Elle est nécessaire à notre vie sur terre.

Notre part de lumière c'est notre individualité, notre polarité féminine. Elle aussi est essentielle à la vie. L'étape de l'évolution humaine dans laquelle nous cheminons confine cette part de notre psyché à l'inconscient. La lumière peut éclairer et envahir l'ombre, car c'est son but. L'ombre ne doit pas tenter d'éteindre la lumière comme c'est le cas à l'heure actuelle.

Platon disait justement : *« On peut aisément pardonner à l'enfant qui a peur de l'obscurité ; la vraie tragédie de la vie, c'est lorsque les hommes ont peur de la lumière. »*

Les recherches ont démontré que notre « conscient » n'est lucide que d'une infime part de la réalité. Cette partie est chiffrée à environ un millionième de l'information captée par nos sens[7] , soit entre 16 et 50 bits par seconde en fonction de notre sensibilité. Le cœur, le corps et le cerveau reçoivent des informations qui n'arrivent jamais jusqu'à notre « conscience » alors que notre inconscient en est dûment averti. Un exemple de ceci est le « blindsight[8] » régulièrement observé dans les recherches sur le cerveau. Il s'agit du fait de voir sans alerter notre conscience[8] . Notre inconscient est donc dans un sens plus conscient à la réalité que ne l'est notre conscient ! Pourquoi ? Il doit bien y avoir une explication. Serait-ce que notre conscient décide de ce qui *nous* importe?

---

[7] Cet ensemble de structures visibles à l'IRM s'active même lorsque nous sommes inactifs.

[8] Par exemple, un portrait de visage agressif, caché au regard, génère les mêmes réactions corporelles que si la conscience avait été alertée.

Alors où réside son filtre ? Et comment choisit-il ? Tout dépend de la psyché, des schémas et surtout du paradigme central adopté par l'individu. Nous le verrons.

Avec le premier volume, nous avons vu que la femme par le régulateur inconscient [9] de la psyché est réceptive aux symboles et concepts alors que l'homme, si sa polarité féminine[9] est fonctionnelle, en est expressif. Mettre de côté les concepts ou symboles transcendants, ou nier leur existence, nous rend vulnérables au monde physique et aux manipulations sociales.

Sans identité stable, nous flottons au gré des sensations et des événements. De plus, nous demeurons étrangers à notre quintessence[10] . Or, notre représentation actuelle du monde nous incite à effacer l'histoire des peuples et tous les mythes fondateurs de civilisations plutôt qu'à les étudier.

Jung a observé que le prérequis de la vraie liberté est de trouver quel est le mythe auquel inconsciemment nous souscrivons personnellement. Il est là, dans notre cœur. Puis de prendre conscience des paradigmes auxquels notre personnalité[11] s'est adaptée. Y a-t-il conflit ?

A tout le moins, de comprendre le maître-modèle de la nature dans ses deux polarités serait révélateur. C'est la base du dicton « *Connais-toi toi-même*[12] » de l'antiquité. Ainsi, malgré l'influence des prêtres de tout

9 **Polarité féminine** : La polarité féminine de l'homme et de la femme est responsable des fonctions de régulation des informations, des échanges, de la nutrition et de l'assimilation d'éléments énergétiques (gazeux, nanoparticules, liquides et psychiques). Elle inclut les structures et énergies qui manifestent ces fonctions sur le plan physiologique et psychologique. Elle est la base sur laquelle se développe l'individualité (voir volume I). Elle est liée à certaines valeurs (synthèse, conscience sociale et de soi, individualité, identité, empathie, mémoire, évolution, futur, symbolisme, universalité, ouverture au nouveau, immortalité, cycles et oscillations). Le régulateur psychique est sous sa juridiction. La polarité féminine diffère du principe féminin (voir volume I).[9]

10 Pour Aristote, il s'agit de l'éther, pour Cicéron de la matière de l'âme, et pour nous c'est le Soi.

11 Voir glossaire.

12 « Gnōthi seautón », précepte gravé sur le fronton du temple de Delphes, est attribué à Chilon de Sparte par Pline l'Ancien. La maxime invite à la connaissance de l'universel et de l'éternel en soi. « *La connaissance de soi-même, fondement de la sagesse socratique, dépasse donc de beaucoup le niveau de la psychologie ; elle ne consiste pas simplement, pour chaque individu, à reconnaître son tempérament et son caractère, ses goûts et ses aptitudes ; il s'agit pour tout homme de découvrir en soi-même le principe pensant, l'être spirituel, qui ne saurait se confondre avec l'organisme vivant ou le personnage social ni borner ses intérêts à sa destinée temporelle. La connaissance de soi-même, condition de la connaissance du bien et base de l'éducation morale, nous introduit de la sorte à une philosophie de l'esprit, qui, nous détachant des plaisirs et des honneurs, de nos appétits et de nos ambitions, de notre corps et de notre vêtement, symbole de notre rang social, nous apprend à ne pas*

acabit, des enseignants, de la famille, des pouvoirs divers, nous pourrions éprouver une filiation universelle et éternelle entre nous-mêmes et le monde. Cette image de soi, de notre fonction dans le monde, nulle époque, nul individu et nulle circonstance ne doit la manipuler. C'est notre seul bien. Les martyrs l'ont démontré. Ce que nous pouvons tromper appartient à la personnalité[13]. Elle s'inspire ou non du riche bagage qui appartient au « petit prince[14] », ce régulateur psychique in-conscient.

Le système millénaire à la base des grands mythes qu'est ce système complet de la nature gagne à être étudié. Pour lors, nous vivons sans modèle de référence qui soit complet. Ceci pourrait nous permettre d'effectuer un pas de géant vers une communion avec l'aspect immortel et universel de la réalité, de notre réalité. Ce faisant, nous ressentirions davantage que nous sommes vivants et que cette vie a de l'importance. Tout autre point de vue nous limite. Notre seule bouée est une science qui se limite au monde physique. Mais contrairement à un modèle complet, elle ne s'intéresse pas aux questions relatives au sens de notre existence. La compréhension du modèle universel LIFE [15] est donc un outil indispensable. Il s'inscrit parfaitement dans la quête d'une « philosophia perennis[16] » avec l'avantage nouveau d'être compatible avec la modernité.

Notre mythe personnel se base la plupart du temps d'abord et avant tout sur notre perception de ce qu'est la mort, point de jonction entre notre vie sur terre et celle d'un éventuel au-delà. Jung[10], à la suite de ses observations des désordres psychiques affirme : *« Mais tandis que celui qui nie [l'au-delà] s'avance vers le néant, celui qui obéit à l'archétype [concept d'un au-delà] suit les traces de la vie jusqu'à la mort . »*

---

considérer comme réels les choses sensibles ou les événements de la vie terrestre ; le réel, c'est l'invisible » (J. Moreau, *Le sens du Platonisme*, 1967). Pour Hegel, ce dicton réfère à la connaissance de l'essence même de l'esprit.

13 Dans mon propos, la personnalité se démarque de l'individualité en ce qu'elle est le fait de la polarité masculine alors que l'individualité est celle de la polarité féminine.

14 Voir glossaire et volume I.

15 Ceci est le nom du modèle sous-jacent à la nature et provient de l'acronyme anglais « Lois Inhérentes aux cinq (Five) Éléments ». Le LIFE est un système autorégulé, un fractal du modèle implicite de David Bohm. Il comporte cinq phases et cinq fonctions associées aux cinq mondes d'expression humaine, soit le physique, l'émotionnel, le conceptuel-symbolique et analytique [mental] et le social.

16 Philosophie éternelle et universelle.

Jusqu'à présent, l'humain moderne nourri de saint-simonisme et de positivisme scientifique (Auguste Comte) s'intéressait aux interrogations de type «*quoi?*» et «*comment?*». Ce sont là des poursuites relatives à la connaissance du monde tangible. Limitées à ce qui se mesure, elles sont de type «maître d'école[17] ». En conséquence, l'homme a remis en cause l'ancien ordre intuitif et holistique des choses, ou plutôt l'a jeté aux ordures, afin de s'intéresser aux structures, aux particules, à l'analyse de données, à l'espace matériel et à la manipulation. C'était une époque nécessaire. Un système comme celui décrit par le physicien Louis de Broglie (1924), dans lequel un champ d'information[18] influence la matière, n'intéressait personne à son époque. On utilisa ses formules et ses calculs en omettant la vision qu'elles impliquaient. Il fallut Bohm[19] pour s'y arrêter.

De façon générale, une science en phase analytique comme la nôtre fuit tout ce qui dégage un parfum métaphysique, car, par obligation, elle est fondamentalement positiviste[20] . Ses scientifiques et la société qu'ils influencent malheureusement manifestent alors une psyché de type corpusculaire, primaire et binaire[21] . C'est un balbutiement de la conscience humaine. Nous quittons lentement cette phase.

Ce point de vue matérialiste fut très utile et nécessaire pour développer une science de type corpusculaire et ainsi contrôler l'environnement physique. Du moins jusqu'à aujourd'hui. Nos physiciens en sont toujours réduits à omettre les questions concernant la nature même de la réalité bien qu'ils utilisent les formules de la mécanique quantique. Ils n'ont pas modifié leur façon de penser parce que leur cœur est le même, comme le disait si bien Einstein[22]. Ils agissent avec Bohm

[17] Voir volume I.

[18] À rapprocher du paradoxe Einstein-Podowsky-Rosen (1935) qui dit que toute particule répond à un champ d'information.

[19] La théorie de Broglie-Bohm suscite de plus en plus d'intérêt chez les jeunes chercheurs, grâce à la parution du livre de David Bohm et Basil J. Hiley, *The Undivided Universe*, en 1995, soit après le décès de Bohm. Sur Internet : https://www.scribd.com/doc/33838548/The-Undivided-Universe-An-Ontological-Interpretation-of-Quantum-pdf. Pour une revue scientifique, voir aussi sur Internet : http://www.mathematik.uni-muenchen.de/~bohmmech/BohmHome/files/bhr.pdf.

[20] On ne croit que ce qui peut être observé directement.

[21] Catégorisation en deux éléments, en général considérés comme opposés : homme-femme, blanc-noir, vrai-faux, etc.

[22] Sur Internet:https://www.nytimes.com/1946/06/23/archives/the-real-problem-is-in-the-hearts-of-men-professor-einstein-says-a.html.

comme auparavant avec de Broglie : en mettant de côté son paradigme. Mais pour parfaire son évolution, la personnalité doit accepter la psyché associée à une réalité plus complète, plus vaste et de type oscillatoire. Celle-ci s'exprime au travers du temps, des sentiments, des intuitions, des pensées, des symboles et de la conscience[23] que l'évolution nous incite à développer et à affiner. Voilà beaucoup d'éléments à ignorer pour notre maître d'école intérieur.

Certains nient violemment ou dédaignent tout ce qui se rapporte aux mythes, à l'effet de la psyché sur le corps, aux relations et sentiments, et tout ce qui est étranger à leur vision du monde sans même avoir étudié ni approfondi celle-ci ! Craignent-ils de perdre le contrôle ? Celui-ci leur échappe à moins de nier ce qui au fond est la plus grande part de la réalité[24] . Mais ce faisant, ils risquent d'éteindre la flamme qui donne la saveur à la vie et l'humanité à l'humain. Nous glisserions alors lentement et globalement vers le chaos et le néant.

Sans le savoir, ils reproduisent en eux et chez les autres le mythe d'Isis et d'Osiris[25] . Ils méprisent certaines caractéristiques d'eux-mêmes qui vivent en harmonie avec la nature [26], en suppriment une autre [27] qui devrait exprimer leur totalité et portent aux nues celle qui reste [28]. Ils sont dans l'ombre. Ils ne sentent pas qu'ils possèdent une spécificité tout humaine qui échappe au temps et à l'espace[29] et qui attend un signe pour s'imposer à leur maître d'école intérieur. Pourtant Jésus-Christ aurait dit : *«N'est-il pas écrit dans votre loi : j'ai dit : vous êtes des dieux ?*[30] *»* Aussi sans le savoir dissocient-ils dans leur psyché, dans leur cœur et dans leur cerveau, les fonctions des deux[11] régulateurs [12]. Ils vivent morcelés. Ce faisant, leur régulateur physique et conscient s'enfle et ordonne qu'on se soumette à lui. Dans le mythe osirien, cet archétype que les prêtres d'ancienne Égypte nommaient le dieu Seth se transforme alors en hippopotame. Cet animal gigantesque accapare ainsi tout le

[23] Bien sûr que le corps physique est nécessaire pour les manifester dans l'espace et le temps. De même, une chandelle ou un quelconque support est utile pour manifester le feu. Mais le feu existe même non manifesté.

[24] La réalité est pondérale et oscillatoire. La matière d'un atome se chiffre à seulement 0,000 000 000 000 4 % de celui-ci.

[25] Développé au volumeI.

[26] Dans la mythologie osirienne, il s'agit d'Isis, de Nephtys et d'Osiris.

[27] Dans la mythologie osirienne : Osiris

[28] Dans la mythologie osirienne : Seth (notre maître d'école)

[29] Dans le mythe osirien : Horus (notre petit prince)

[30] Jean 10:34

cours du Nil, [31] cette source de vie pour les Égyptiens de l'Antiquité.

Après avoir assassiné Osiris et ignoré Isis, Seth veut maintenant tuer leur enfant, Horus. Calquons le monde actuel sur ce mythe. Nous

©Hans Peter Egert/Dreamstime

constatons alors que l'adoption d'une telle pensée de type séthien [32] donc purement matérialiste a causé de l'incohérence qui s'est répandue et se multiplie. Ses tentacules sapent les énergies vitales du monde entier, autant celles des humains que celles de l'environnement.

Obsédé par la matière comme source de tout, l'humain a développé l'outil analytique. À l'opposé de nos ancêtres éloignés, ceci nous empêche désormais de projeter notre intériorité sur la nature. En objectivant le monde, l'hominidé a ainsi limité l'expression de sa propre psyché et de sa conscience à celle d'un objet contrôlé et défini par son « maître d'école intérieur [33]», par son intellect. Ses références ne sont plus que matérielles et linéaires. Ceci crée un manque, un vide qui le pousse en une folle course en avant, jusqu'à la dépression. Consommer stimule son régulateur physique à outrance jusqu'à l'épuisement de ses ressources personnelles et de celles de l'environnement. Alors, épuisé, on peut espérer qu'il se repliera sur lui-même et posera enfin les bonnes

---

[31] Pour le récit, en anglais voir http://www.egyptianmyths.net/mythisis.htm. Pour le récit français, voir l'ouvrage de Plutarque Œuvres Morales. Tome V, 2e partie : Traité 23 : Isis et Osiris. Les Belles Lettres, Collection des universités de France Série grecque : Collection Budé ou celui chez Guy Trédaniel.

[32] Le terme séthien dans ce cas-ci est en rapport avec l'archétype figuré par le dieu Seth limité à une logique analytique et matérialiste) et non pas à associer avec Seth fils d'Adam.

[33] Voir le volume I.

questions. Par ces nouvelles questions du «*qui suis-je*» et du «*pourquoi*», il s'offrira une prise de conscience sur l'ensemble de sa réalité, qui est avant tout psychique puis physique [34].

Nous sommes en relative maîtrise du monde physique. Les problèmes sociaux cependant nous forcent désormais à nous intéresser à une psyché complexe, mais aussi plus complète. L'évolution nous guide vers une redéfinition universelle de l'humain. Je propose ici un modèle oscillatoire à plusieurs dimensions (physique, émotionnelle, conceptuelle et sociale) en harmonie avec le système taoïste [35]. Ceci nous permet de dépasser les catégorisations génitales de type «homme» et « femme» ainsi que les analyses de scientifiques positivistes[36]. L'humain total, soit l'homo totus [37] selon Jung, cherchera ainsi à répondre sérieusement aux seules questions qui puissent le satisfaire et nous conduire au bonheur. Ces questions abstraites et primordiales pour l'être, sont celles du *«qui»* et du *«pourquoi»*. Celles auxquelles le petit prince répond. Ce à quoi nous nous attarderons ici.

Grâce au «petit prince» et au «maître d'école» *réunis*, nous pourrons mieux comprendre le développement de l'humain dans tout ce qui le rend unique au sein de la création. Entre autres, en réunissant nos morceaux épars grâce à la réintégration de la polarité féminine dans nos vies, les hommes et les femmes [38] pourront reconnaître leurs différences, mieux s'apprécier et acquérir une vraie liberté intérieure. Je vous convie donc à continuer, en ma compagnie, ce périple de la conscience humaine qui nous mènera de la connaissance de notre ombre dans ce volume jusqu'à l'appel à la Vie [39] au volume 3.

---

[34] Je crois que ce serait émettre une lapalissade de dire, à observer les humains et l'histoire mondiale, que leur vie physique est soumise à leurs concepts psychiques; un paradigme qui sépare toute choses ne peut apporter de cohérence.

[35] Lui-même est un reflet du maître modèle. Consulter mes autres ouvrages.

[36] Je parle ici des scientifiques qui croient que la pensée naît des cellules.

[37] Jung (Carl Gustav) : « L'homo totus est un archétype du Soi, le commencement et la fin du processus de la psyché, un exercice platonique de la mémoire totale, et une réconciliation finale qui rétablit la complétude première qui pré existe à la conscience de l'égo humain. » Ma traduction. *Encyclopedia of Psychology and Religion*, Homo Totus (définition par Kathryn Madden) 2014, Springer US, pp. 831–832.

[38] « Homme » et « femme » ne désigne pas l'aspect physique et génital, mais l'ensemble de la personne. Voir le volume 1.

[39] Je parle ici d'une vie dans sa totalité, d'où la majuscule.

2. Statue Hindou, Caves Batu à Gombak, Malaisie

©Diego Fiore/Dreamstime.com

Chapitre 1

Un Nouveau Paradigme

« Le vrai problème est dans le cœur des hommes [13]. Un nouveau type de pensée est essentiel si l'humanité veut survivre et passer à des niveaux supérieurs. »

—Albert Einstein, 1946

Le Petit Prince et le Maître d'École

Nos ancêtres vivaient leurs jours de maladie en maladie, de rage de dents en maladies de peau. Celles-ci n'épargnaient personne. Assurément. Certes, elles sont moins répandues de nos jours grâce à l'hygiène appliquée par nos mères dans leur foyer et à la connaissance médicale. Cependant, d'autres troubles sont apparus, souvent de façon endémique. Je pense aux divers cancers, au diabète, aux maladies cardiovasculaires, à l'obésité, aux maladies auto-immunes et dégénératives et aux maladies dites mentales. Sur le plan social, on constate une croissance démographique explosive et le déplacement chaotique des populations. Et comment passer sous silence l'état déplorable de la nature qui pourtant soutient notre existence à tous ? En fait, ceci résulte de notre psyché refoulée ou à tout le moins de l'incohérence entre nos différentes expressions et perceptions physiques, émotionnelles, mentales et sociales [1]. Nous sommes fractionnés.

Dans notre civilisation, à cause du paradigme [2] dont nous faisons la promotion depuis le siècle des Lumières, aucun point de vue n'est suffisamment complet pour permettre la cohérence de ces morceaux épars. Aucune structure sociale ne représente le modèle en entier dans ses fonctions. Ceci résulte de la maturation des lobes préfrontaux qui a

---

[1] L'accession à la spiritualité, pour sa part, dépend de la qualité de l'ensemble.

[2] Représentation du monde.

entraîné un développement à outrance de la vision analytique. La course à la consommation s'est chargée du reste. Le mot « mythe » lui-même équivaut maintenant à celui de « baliverne[3] » ! Mais nos souffrances nous forcent à nous pencher sur le sens de notre existence, donc à modifier notre représentation du monde par une perception globale, par un mythe au sens complet du terme dont nous serions les acteurs conscients.

Ceci me rappelle mes cours de sciences de l'éducation à l'université de Nanterre en France. J'étais fière de ma dissertation finale dans laquelle je démontrais que les adolescents ont besoin d'un modèle, sinon ils prennent celui qu'ils trouvent sur leur chemin. Le jour de l'évaluation de mon texte, j'ai pénétré dans une pièce presque vide. Derrière une grande table, trois « juges » m'attendaient. Mon enthousiasme s'éteignit d'un coup, car l'ambiance était étouffante. L'un d'eux prit la parole. Ce fut bref : « Vous êtes une disciple de Platon. » Le ton était celui d'un reproche. Je ne comprenais pas : « Pardon ? » Il répéta : « Vous êtes disciple de Platon, et ce n'est pas acceptable ici. » J'ai ramassé mes notes sans poser de questions, et je suis partie sans me retourner. Je ne savais même pas qui était Platon ! Bien qu'universitaire, dans mon Québec natal je n'avais jamais entendu prononcer son nom. Il me fallut du temps pour comprendre pourquoi une telle censure existait mondialement. Aujourd'hui, je connais son œuvre phénoménale et je dis que tous devraient le lire, ne serait-ce que pour réfléchir et comprendre la portée de son texte de l'*allégorie de la caverne* .

Seule une connaissance qui prend conscience qu'existent des concepts premiers, qui sont hors du temps et de l'espace et se manifestent tant bien que mal en celui-ci, peut nous délivrer des chaînes de l'illusion. Ce monde des concepts, le monde du « Bien » selon Platon a fait dire à Jésus « Il n'y a de bon que Dieu seul[4]. ». Socrate aussi refusait de définir ce Bien, et pour cause ; il est hors du temps et de l'espace. Ce qui est limité à la dimension du temps et de l'espace ne peut concevoir justement ce monde infini ; il en retranchera toujours l'essence (qu'il ne peut voir) et y ajoutera ce qui n'appartient qu'à une dimension faite de

[3] À la même époque, le point de vue « objectif » a acquis une connotation de « Vérité » et non de « issu de l'analyse d'un objet ».

[4] Luc 18 : 19

temps et d'espace.

Comme il est inscrit dans le maître-modèle [5], si nous placions notre point de vue au plus près possible de ce monde des concepts [6] nous serions à même d'alterner harmonieusement point de vue de l'analyse et point de vue de la synthèse. Notre regard verrait des motifs qui correspondent à un plus grand nombre de phénomènes. Après tout, notre cerveau procède naturellement de cette façon [7]. Ces deux outils, utilisés de manière cohérente, sont très utiles et nécessaires au contrôle de notre univers psychique et par ricochet physique.

Sans psyché sainement exprimée, même la plus grande richesse matérielle est insipide et ne peut nous satisfaire de façon durable. Nous nous hâtons alors anxieusement de combler un ressenti de vide en créant de nouveaux besoins et en consommant davantage plutôt que de faire une pause et de comprendre. La suite, nous la connaissons : un renforcement de certains pouvoirs cupides, une destruction irréparable de l'écosystème naturel ainsi que la stagnation et la dégénérescence de l'espèce humaine.

Le premier type d'humain (sapiens) s'intéressait aux objets et à la défense du «moi» et de son territoire. Le nouveau étant plus complet (totus) y ajoute : les cycles du vivant, la conscience d'un Soi stable, ainsi qu'un «nous» universel. Le premier a détruit l'environnement et a abusé l'humain. Le second continue son chemin vers l'harmonie, la cohérence et une réintégration au sein de la nature. En fait, pour nous permettre de devenir Humain [8], notre «maître d'école intérieur» doit impérieusement reconnaître l'importance de la fonction du «petit prince». Comme nous l'avons vu au premier volume, le premier est structurel chez l'homme alors que le second est structurel chez la femme. Ceci permettra à notre perception du monde et de l'humain de changer merveilleusement, de prendre du relief et de la profondeur. Par extension, l'homme et la femme [9] pourront enfin saisir les éléments qu'ils s'ap-

[5] Voir le volume 1.

[6] Dans le monde des mathématiques pures et leur théorie des nombres par exemple.

[7] C'est la conclusion de toutes les théories dualistes en neuroscience et en psychologie.

[8] Je fais une distinction entre l'humain (sapiens) qui n'est pas conscient du premier régulateur du petit prince et l'Humain (totus), qui l'est.

[9] « Homme » et « femme » ne désigne pas l'aspect physique et génital, mais l'ensemble de la personne (personnalité et individualité). Voir le volume 1.

portent mutuellement et qu'aucun d'eux ne saurait exprimer en entier.

Les grands explorateurs du monde scientifique ont pressenti qu'il existe un pont entre le psychisme et le monde physique. Déjà à l'époque de Jung, Albert Einstein, régulièrement invité à dîner chez ce grand psychanalyste, le priait de trouver un moyen d'insérer la psyché au sein des formules scientifiques. Einstein n'avait pas trouvé raison de nier l'aether[10] . Ceci explique pourquoi il ne rejeta pas en bloc le concept d'une psyché non pas causée par la matière[11], mais plutôt qui est une forme inconnue d'énergie [14], «*une essence de toute chose*» [15] selon Jung. Les conclusions anarchiques des mécaniciens quantiques n'ont jamais su satisfaire Einstein. Le paradigme qu'ils utilisent ne permet pas leurs conclusions, car il présuppose qu'un élément acausal (les quanta) existe et, qui plus est, communique plus rapidement que la vitesse de la lumière. Einstein n'aimait pas l'incohérence. Plusieurs pionniers de la physique quantique associés directement ou indirectement à Jung se sont vainement penchés sur ce problème. Je dis vainement parce que la science est bien à l'*intérieur* et soumise à la psyché. L'inverse est impossible, à moins de réduire cette psyché à celle d'un automate.

Le protégé d'Einstein, David Bohm, a démontré l'existence d'un ordre sous-jacent à l'organisation de la matière (des quanta). C'est le code invisible de la nature. C'est un filtre programmeur, précurseur et indépendant du temps et de l'espace, qu'il a nommé l'ordre implicite [12]. Ce code invisible dirige l'organisation des quanta. *L'invisible c'est ce dont on n'a pas encore pris conscience.* Il a déduit son existence comme d'une évidence, la seule apte à formuler et à expliquer les agissements de ces mystérieux quanta à la base de toute la réalité manifestée. À la suite de Louis de Broglie, il a donné cette image de flux, d'oscillation fonda-

---

[10] La quinte essence (quintessence) selon Aristote. Selon les principes de la mécanique quantique, l'aether (terme remplacé par « énergie quantique du point zéro ») est vide de matière, mais empli « d'énergie du vide » qui a plusieurs effets. Les essais visant à associer cette énergie à l'« énergie sombre » (68,3 % dans l'univers), cette possible explication de l'expansion de l'univers ont été mis de côté pour l'instant. En effet, le taux énergétique des deux diffère trop (soit 10-29 g/cm3 pour l'énergie noire contre 1091 kg/cm3 pour l'énergie du vide.) Voir le Chapitre 3.

[11] Mais seulement véhiculée par elle entre autres.

[12] Son livre, *Wholeness and the Implicate Order* traduit sous le titre de *La Plénitude de l'Univers* est à lire absolument. Le « super-implicate order » de David Bohm (1986) réfère à ce que j'ai nommé le maître-modèle alors que « the implicate order » fait référence à ce que j'ai nommé le LIFE.

mentale qui compose l'univers et qui est une expression d'un modèle sous-jacent.

J'ai montré que ce modèle à la base de l'organisation de nos cerveaux a été reflété intuitivement dans le système pentane [13] taoïste ainsi que dans la majorité des traditions [14]. J'en ai très brièvement montré l'application à la relation entre l'homme et la femme, ainsi qu'à la compréhension des fonctions du cerveau dans le premier volume, et développerai ici son fondement. La science ne peut définir ce système qui organise la réalisation (manifestation) des quanta [16], ce que j'ai nommé le LIFE, parce que sa source, le maître-modèle (monde *super-implicite* pour Bohm), est hors du temps et de l'espace. Il ne se prête pas aux mesures. En faisant abstraction de ce modèle la science doit mettre de côté tout ce qui relève de l'ordre *implicite* qui, résultat du travail d'une nature moulée au super-implicite, pourrait pourtant être étudié [15]. Bien qu'indépendant du temps et de l'espace, son action est visible, car il a un effet fondamental sur l'organisation des quanta. Les Égyptiens de l'Antiquité donnaient au LIFE le visage de la déesse Maât. Nous sommes bien loin de ce que l'outil d'analyse peut nous offrir. Nous sommes arrivés au bout des compétences du « maître d'école » qui contrôle un monde pondéral, linéaire, plat et fini.

Claude Bernard[17], le Père de la médecine expérimentale disait très justement : *« La nature de notre esprit nous porte à chercher l'essence ou le pourquoi des choses. En cela nous visons plus loin que le but qu'il nous est donné d'atteindre [aux scientifiques] ; car l'expérience nous apprend bientôt que nous ne pouvons pas aller au-delà du comment, c'est-à-dire au-delà de la cause prochaine ou des conditions d'existence des phénomènes. Sous ce rapport, les limites de notre connaissance sont, dans les sciences biologiques, les mêmes que dans les sciences physico-chimiques. »*

Dans sa recherche d'une meilleure connaissance de l'humain, la science ne peut franchir les limites de la matière mesurable de l'humain objet. Il n'en demeure pas moins que quelqu'un doit s'occuper de l'essence des choses et des êtres. Sauf de quoi nous perdrons notre humanité.

---

[13] Pentane : à cinq éléments.

[14] Voir les autres titres par Ariane Page.

[15] Bien sûr, en physique quantique le paradigme de Bohm a été ignoré. On suggère ainsi que l'ancien paradigme est adéquat. Va pour la physique quantique, mais ce mensonge est un désastre pour les autres sciences et l'humain en général.

Entre en scène le «petit prince». Nous pouvons alors déplacer la cause hypothétique de notre essence et la placer hors du temps et de l'espace. Sans honte, ceci nous permettra de sortir du tiroir intitulé « observations mises de côté» la masse de données empiriques qui y moisissent. Cette nouvelle hypothèse nous permettra aussi de colmater la brèche idéologique qui depuis le siècle des Lumières scinde l'humain en deux. C'est que cette Lumière provenait d'une ampoule électrique imaginée par un humain coincé en phase analytique. Son spectre n'était pas complet. Cette lumière se voyait bien dans la nuit noire, certes, mais devenait invisible dans l'éclat du soleil. Elle est le résultat d'une psyché limitée au corpusculaire, et du produit de cette limitation : le crépusculaire. Pour un dogme qui s'était donné pour mandat de combattre l'obscurantisme, on constate un manque : la lumière réelle, complète, du jour. Cette ampoule est incapable d'apporter la vie pleine et heureuse. Sa lumière artificielle continue de diviser les hommes et les femmes et force celles-ci à occire d'elles-mêmes ce qui les distingue des hommes : le côté structurel de leur polarité féminine. Comment s'en sortir? C'est pourtant simple : la science doit devenir une Science non atrophiée de sa polarité féminine [16].

Colmater la Brèche Idéologique

« Je pense que la tâche du prochain siècle, en face de la plus terrible menace qu'ait connue l'humanité, va être d'y réintégrer les dieux. »

– A. Malraux

L'étude du cerveau, de la conscience et de l'humain nous mène à cette même conclusion. Notre attraction pour un monde parfait, divin et sacré naît de ce modèle dont nous sommes le reflet. Cette part de notre identité profonde, nos ancêtres la projetaient sur la nature. D'elle naquirent les mythes. L'écho de notre lien avec cette aspiration se manifeste dans notre réalité psychique. Il peut porter des milliers de noms et de visages. Il en est ainsi aussi de la profondeur de notre lien indivi-

[16] Voir le volume I et le lexique.

duel et communautaire avec cet innommable, source de tout. Il n'est pas négociable ; parce qu'il *est*. Sans lui, rien n'*est*. Sans ce lien, l'humain perd d'abord sa cohérence, puis son identité profonde et finalement sa raison d'être.

À la suite de l'étude du cerveau, nous avons réalisé que l'humain utilise son hémisphère gauche pour établir des catégories. Elles sont la base des stéréotypes alors que l'hémisphère droit s'intéresse aux nouvelles informations reçues. Aussi, l'hémisphère droit possède une fonction plus globale. Généralement, on qualifie le droit de « silencieux » parce que le centre dédié au langage est habituellement du côté gauche. En fait, fonctionnellement, contrairement aux premières observations, le droit donne le ton [1]. L'hémisphère gauche ne prend pas les devants, mais il suit [18] par 300 millisecondes[19] . Entre le petit prince et le maître d'école, c'est donc le petit prince, associé à l'hémisphère droit, qui nous définit de façon essentielle. Cependant, blessez un de ces partenaires et l'autre deviendra erratique même dans ses spécialités [20].

La personnalité, pour sa part, est plutôt associée à l'hémisphère gauche, ce maître d'école. Elle n'est pas notre totalité. Elle se forme en réaction à l'environnement physique et psychique et se donne les outils pour assurer sa survie dans un environnement fait de psyché, de temps et d'espace. Les défaillances biologiques, psychiques et sociales, indépendamment de la région du système affecté, se manifesteront à travers ce « moi », plus en affinité avec notre polarité masculine [2]. Ce qui nous trompe et nous incite à croire que ce « moi » est toute notre réalité, c'est le rôle des lobes préfrontaux dans l'expression de notre part *consciente*. Elle est seulement notre point le plus apparent, en quelque sorte la somme de ce que nous arrivons à manifester. Aussi, les recherches autant en psychologie qu'en neurologie voient dans le cerveau un système à deux régulateurs, l'un attaché à cette part consciente et l'autre pas[21] . Ces deux régulateurs doivent agir de façon cohérente. Le régulateur in-

[1] L'hémisphère droit du cerveau est responsable des nouveaux signaux entrants, cette théorie d'abord publiée en 1981 (nouveauté-routine) a maintenant été prouvée et acceptée.

[2] Dans les études sur le cerveau, on a observé que peu importe l'endroit de la lésion, le déficit se manifeste dans les processus associés aux lobes préfrontaux. Voir Goldberg, *the New Executive Brain.*

conscient jette une base dont *les limites seront le lit de l'aspect conscient* [22]. Il est en affinité avec la polarité féminine.

Changer drastiquement d'environnement, conceptuel par exemple, c'est risquer pour la personnalité de devoir se remettre en question. Cela se fait, mais non sans confrontations avec les mécanismes de défense de ce «moi» [3]. Changer de mode de pensée et de perception nécessite d'une part l'accord de la surconscience du cœur (régulateur psychique) et de l'autre, de la conscience logique/analytique (régulateur physique). Le vainqueur varie en fonction des individus et de ce qu'ils peuvent vivre. Tout comme la citation d'Einstein à la tête de ce chapitre l'indique, je ne me fais pas trop d'illusion à ce sujet. Mais je crois fermement au cœur humain et au but de notre évolution.

Le cerveau analytique et ses lobes préfrontaux fonctionnent et se développent pour accéder à un niveau plus subtil, anticipatoire de la réalité. Pour ce faire, l'humain devait et doit —pendant sa période de jeune adulte [4]— prendre conscience de la nature observable, ce reflet du maître-modèle. Ce faisant par contre il se détache de sa propre essence et de fait se cloue, pour ainsi dire, à la croix du temps et de l'espace. Son contact avec l'aspect dynamique de la nature s'étiole, alors qu'une objectivation [5] —permise par cette prise de conscience du monde tangible— s'accomplit. Ainsi crucifié et désengagé de la nature, il devient étranger aux aspects de lui-même qui normalement vivent en synchronie et symbiose avec elle. C'est une étape nécessaire pour accéder à une conscience personnelle. Maladies, dépression ainsi que problèmes sociaux et environnementaux sont souvent des symptômes de ce divorce. Néanmoins, dans le cours de l'évolution humaine, cette prise de conscience du monde tangible devra s'intégrer dans une Conscience plus globale et cohérente. L'humain aura alors le contrôle de ce qui le rend uniquement «Humain».

Pour réussir ceci, nous devons tout d'abord quitter la phase présente. Ce sera permis lorsque nous serons suffisamment nombreux à ressentir le lien fusionnel qui nous unit à la nature notre mère, et au monde de

---

[3] Le déni est une forme courante de ce mécanisme de défense, c'est une impasse sur un aspect de la réalité qui remettrait en question la structure de l'égo.

[4] La phase de 21 à 28 ans est la période de maturation du cerveau analytique.

[5] Vision purement attachée à l'aspect objet de la réalité, donc matérialiste.

l'information notre père. Nous y sommes presque. Nous pourrons alors établir des structures sociales et pédagogiques qui protègeront notre polarité féminine et guideront nos enfants. Pour lors malheureusement, notre maître d'école intérieur ne s'intéresse pas à ces liens ni aux liens en général d'ailleurs. Ils lui sont inutiles. À moins d'y être forcé, pourquoi changer lorsque la personnalité peut encore fonctionner et surtout y trouve son intérêt ? Ceci implique que pour oser cette ouverture de façon globale, les conditions sur terre ne doivent plus être propices à une vie heureuse pour la grande majorité des humains. À constater les grands mouvements migratoires présents, nous y sommes.

Maintenant, nous avons acquis notre « moi », notre égo que je nomme personnalité [6]. En tant que collectif nous devons consciemment et volontairement réintégrer le tout. Voilà la seule façon d'accéder à notre individualité et de devenir vraiment et totalement humain et libre. Évidemment, ceci implique que nous comprenions comment fonctionne ce tout. Pour ce faire, étudions tout d'abord cette croix mentale sur laquelle nous sommes crucifiés, qui nous influence inconsciemment, et qui limite et dirige tous nos choix et toutes nos opinions. Elle est le miroir de la société dans laquelle nous évoluons d'enfant à adulte. Elle exprime l'ensemble de nos perceptions scientifiques et religieuses. Les hommes, plus réceptifs au monde social que les femmes, ont tendance à exprimer, à affirmer et à défendre cette croix, par peur d'excommunication par leurs pairs [7].

La dichotomie [8] science/religion est une invention relativement récente. Nos ancêtres lointains ne cultivaient pas de notion de ce genre. Cette division se rencontre aussi dans cette curieuse division entre ce qui est regardé comme spirituel et le reste. Une équation fausse s'est établie entre le religieux et le spirituel. En réalité, *tout* est investi du spirituel puisque tout provient de la psyché. C'est l'accès à ce spirituel qui nous pemet de dépasser la dualité de la personnalité et de marcher vers l'individualité du Soi. Il est facilité ou condamné, en fonction de *qui*

---

[6] Pour Jung la personnalité est l'ensemble de l'égo et du Soi. En ce qui concerne la pansystémologie, la personnalité est l'ensemble de la polarité masculine alors que l'Individualité (le Soi de Jung) fait partie de la polarité féminine de l'humain.

[7] Voir le dessin dans le sous-chapitre la pansystémologie.

[8] Division en deux par opposition.

nous sommes et de notre personnalité. Aussi, «l'état de grâce» requiert de posséder une polarité féminine fonctionnelle.

La religion exotérique [9] appartient à la polarité masculine et prend ses racines dans la phase humaine mammalienne exprimée par le cerveau mammalien. Elle appartient à la personnalité. La spiritualité requiert une polarité féminine et prend ses racines dans l'individualité (cerveau Humain). L'être spirituel en fait est simplement l'humain développé qui vit une cohérence saine de ses différentes dimensions physiques, affectives, mentales et sociales. Un jour, les humains seront tous «spirituels.»

Pour nos ancêtres, il y avait une façon de vivre dont la religion et la science faisaient *partie*. Puis les philosophes furent nos premiers scientifiques. De fait, même des scientifiques modernes comme Michael Faraday [10] (1791-1867) se définissaient encore comme «philosophes de la nature». Puis une dissociation s'est produite. D'un côté se tint l'Humain, créature d'un Dieu lui-même défini [11] à coup de guerres par cet humain. De l'autre, en opposition, la nature muette; c'était une chose inintelli gente, insignifiante, à soumettre et à exploiter. Mondialement, la nature fut réduite à un objet à acheter dont la raison d'être réside dans le profit qu'elle génère pour cet humain ingénieux. Cette division s'est graduellement immiscée à l'intérieur même de la psyché humaine, rendant de ce fait impossible le développement qui permettrait l'expression de

---

[9] L'ensemble des rituels pratiqués (exo) par rapport à la signification de ceux-ci (eso).

[10] Lisant une conférence de Michael Faraday publiée en 1849, j'ai été saisie de sa facilité à communiquer son amour de la nature à travers de simples observations de différents phénomènes. Il se présente comme un philosophe de la nature et fait une distinction entre les forces vitales et les forces élémentaires physiques. Pourquoi cette distinction ? Parce qu'à l'époque le corps physique de l'homme —être sacré— était considéré comme séparé de l'environnement, comme dans une bulle, et les énergies que ce corps humain contenait étaient encore considérées comme différentes de celles du reste de la nature. L'Homme était une créature de Dieu et tout le reste de la Création appartenait à un monde inférieur. Les scientifiques se sont donc spécialisés dans des domaines de plus en plus déconnectés les uns des autres.

Même les termes utilisés et leur interprétation du même monde physique différaient. Michael Faraday termine sa conférence en disant :

« Quelle étude autre que celle des lois régissant cet univers pourrait être plus adaptée à l'esprit de l'Homme que celle de la physique ? Quoi de plus apte à lui donner à cet Homme, une compréhension de l'action de ces lois, une connaissance qui rende intéressants les phénomènes mêmes les plus futiles de la nature, et qui fait que l'étudiant trouve des langues dans les arbres, des livres dans les ruisseaux, des sermons dans les pierres et le bien en tout ? » (Ma traduction)

[11] De croire qu'on puisse définir « Dieu » est une illusion et un mensonge, car alors ce Dieu n'est qu'une chose, car il perd sa complétude. Les anciens le nommaient l'Innommable avec raison.

notre polarité féminine. Cet état de fait créa aussi une division entre le «moi» de notre personnalité et le «je» de notre corps physique. On dut se situer sur une échelle virtuelle allant du religieux sentimental dénué de sens inquisiteur à celui du scientifique froid, spécialiste des objets, sceptique et athée. Mais l'humain ne peut exister dans sa totalité sur cette échelle-là. Cette déchirure survint en écho à la maturation de ses lobes préfrontaux. Celle-ci ne s'est pas faite en quelques siècles, mais s'échelonne sur des millénaires.

Cette évolution humaine faite de phases conduisit l'homme primitif loin du contact intuitif et fusionnel d'avec sa mère la nature. C'était le prix à payer et la raison de son sacrifice à elle : que l'être humain puisse un jour remplir le mandat de son existence. En insérant une conscience plus entière dans une dimension de temps et d'espace, il favorisera la nature dans son développement. Pour lors, il méprisa la nature et s'orienta vers le social pour trouver son identité. *D'ailleurs nous dit le professeur* de neuroscience Gyorgy Buzsaki *: «Le cerveau permet progressivement une conscience de soi en apprenant à prédire la performance neuronale d'autres cerveaux. En d'autres mots, l'acquisition de la conscience de soi exige l'échange d'information avec d'autres cerveaux*[23]*.»*

Bien avant que la science ne réalise que tout est énergie, la notion intuitive d'un microcosme dont les structures et fonctions correspondent en quelque sorte au macrocosme fut le berceau de toutes les grandes civilisations. Ceci a ouvert la porte aux religions verticales et tracé un chemin à une science linéaire horizontale en permettant l'édification de lois générales. Nous sommes le produit de cette science et de cette religion, de cette croix mentale que nous portons, gravée dans notre inconscient social [12]. Grâce à l'évolution, les constats de la science et ceux de la religion, de la vie physique et de la psyché, finiront par trouver un point d'ancrage pour que l'humain développe une intégrité, une dignité et une cohérence conscientes. Seul un système respectant les deux polarités peut arborer cette faculté d'unir ce que nous percevons comme opposés.

Mais comment pourrons-nous garder un regard scientifique rigoureux si nous intégrons des notions de l'impalpable ? À la suite du phy-

[12] Il y a plusieurs types d'inconscient, nous y reviendrons.

sicien quantique Schrödinger, [13] je donnerai ici l'exemple d'un chat — mais d'un chat aux caractéristiques humaines. Ce chat ne voit jamais sa queue, donc il s'en fiche. Vous pouvez lui expliquer sa longueur, son poids, qu'elle bat lorsqu'il est en colère, qu'elle se gonfle lorsqu'il voit un chien, il s'en moque. Par contre si ce chat intelligent se fait coincer la queue dans une porte, soudainement la *douleur* lui fait prendre conscience de cette excroissance. Il sait qu'il doit être plus rapide parce qu'il est plus long qu'il ne l'anticipait. Il aura peut-être même une illumination : j'ai une queue! Donc l'évolution nous guide vers ce constat à moins que nous ne soyons plus prévoyants et que nous acceptions l'hypothèse de cette queue, de notre Soi, rendant de ce fait la douleur de l'expérience une condition superflue.

Si je transpose mon chat savant sur le sujet qui nous intéresse, le Soi se ferait remarquer par des anomalies, des douleurs sans cause apparente, des cas particuliers que ne peut expliquer le paradigme actuel, et ce, dans tous les domaines. Par exemple, comment expliquer les cas de rémission spontanée de cancer? Comment des cerveaux endommagés peuvent-ils quand même permettre une cognition excellente[14] ? Comment des individus souffrant d'hydrocéphalie aiguë [24] peuvent-ils non seulement fonctionner normalement, mais avoir un QI au-dessus de la moyenne[15] ? Comment des symptômes physiques existent-ils sans lé-

---

[13] L'histoire du chat de Schrödinger a été imaginée en 1935 par le physicien E. Schrödinger. Il voulait mettre en évidence le problème de la mesure en physique, lorsqu'on l'applique au monde quantique ainsi que les lacunes inhérentes au mouvement de Copenhague (Bohm a réglé ce problème par la non-localité de son approche).

[14] Je pense entre autres au cas bien documenté du neurochirurgien E. Alexander. (Alexander, Eben. 2014. *Proof Of Heaven*. New York : Simon & Schuster.) Voir aussi la vidéo virale et la transcription en français de l'expérience vécue par la neuroanatomiste Jill Bolte Taylor. Sur Internet :https://www.ted.com/talks/jill_bolte_taylor_s_powerful_stroke_of_insight/transcript?language=es#t-3275.

[15] John Lorber, un neurologue britannique, a documenté plus de 600 numérisations de personnes souffrant de cette condition. Il les divise en quatre catégories. Dans la forme aiguë, 95 % de la cavité crânienne est envahie par le liquide céphalorachidien. La moitié de ceux qui présentent cette forme la plus critique étaient profondément retardés. L'autre moitié, de façon inattendue, avait des niveaux de QI plus élevés que la moyenne de la population ; c'est-à-dire, plus de 100. L'un d'eux avait même un QI de 126 et avait reçu les honneurs de première classe en mathématiques. Dr Lionel Feuillet et ses collègues de l'Université de la Méditerranée à Marseille, en France, ont écrit une lettre au Journal médical Lancet au sujet d'un homme, père de deux enfants et fonctionnaire. Le cerveau de cet homme de quarante-quatre ans n'était rien de plus qu'une couche mince. Ce qui normalement était rempli de tissu neural n'était que du liquide cérébro-spinal. Dans John Nolte, *The Human Brain : An Introduction to Its Functional Anatomy* (Philadelphia: Mosby Publishing, 2002).

sion physiologique (symptômes psychosomatiques) ? Comment expliquer la chronicité de certaines affections ? Ou les cas irréfutables de réincarnation[25] ? Comment expliquer les cas acausaux de synchronicité [16], ou l'existence d'un système dans le corps qui transporterait une énergie que la science doit maintenant admettre[17] qu'elle existe[26] ? Ou une chose aussi banale qu'un mal de dos ? Ou même la synchronicité des règles chez les jeunes filles partageant le même espace de vie? Et l'amour sacrificiel véritable ? Pour l'instant nous jugeons ceux-ci comme des «cas isolés» sans même prendre la peine de les rassembler [18]. Voilà une attitude curieuse provenant d'êtres qui se targuent d'être scientifiques. Parfois nous allons même jusqu'à nier ces observations. Seraitce de la peur enrobée de déni? Il semblerait que oui.

En effet, des chercheurs ont trouvé que si les informations provenant du régulateur principal inconscient et automatique [19] sont réduites au silence, une confabulation se produit [27].

Les symptômes de déséquilibre se remarquent par des structures détériorées ou des fonctions aberrantes. Celles-ci peuvent être observées et étudiées. Les symptômes irréguliers peuvent nous révéler des *fonctions* que la science conventionnelle sous-estime ou ne voit pas ; par exemple, ceux de la polarité féminine [20]. Donc, dans ce système global, dans ce maître-modèle, il faut trouver les fonctions attachées aux questions re-

---

[16] C.G.Jung a élaboré ce sujet fascinant dont j'ai eu l'expérience plusieurs fois.

[17] Pendant les années 1990, le Dr J.C. Darras (qui a enseigné au Dr A. de Bavelaere) et Pierre de Vernejoul ont répété l'expérience du Dr Hans (330 participants en Chine), utilisant des traceurs radioactifs sur 330 participants. Ils ont prouvé encore une fois l'existence de méridiens, de canaux dans lesquels une énergie (information) se déplace. Dans l'expérience, ils ont injecté puis tournoyé du technétium radioactif dans les points d'acupuncture de différents volontaires. En utilisant un équipement de balayage nucléaire, ils ont suivi son écoulement. Ils ont également injecté des points non liés à des points d'acupuncture. Dans ce dernier, le traceur radioactif était diffusé vers l'extérieur à partir du site d'injection dans des motifs circulaires. Lorsque les points d'acupuncture ont été injectés, le technétium radioactif a suivi les voies méridiennes exactes. Ceci a révélé une trajectoire liée ni aux vaisseaux sanguins ni au système nerveux ou lymphatique. Comment des humains ont-ils réussi à décrire ces mêmes canaux invisibles de façon intuitive? Et de construire une science autour d'elle? Ce fait démontre que nous avons des capacités que nous ne développons pas à cause de notre perception tronquée du monde et de l'humain.

[18] L'ouvrage *Irreducible Mind* fait la démonstration en 800 pages de données empiriques que le consensus matérialiste qui en général soutient le monde scientifique est erroné à la base. Kelly, Edward F, and Emily Williams Kelly. 2010. Irreducible Mind. Lanham, MD : Rowman & Littlefield.

[19] Ce régulateur porte naturellement le schéma du maître-modèle.

[20] Je pense ici à la physiologie du nerf vague qui diffère et domine chez la femme.

latives à la polarité féminine (*qui, pourquoi, et lequel*) et étudier les structures physiques qui expriment ces fonctions. Certains phénomènes que le modèle conventionnel ne peut expliquer trouveront un sens imprévu, car ce que les adeptes du modèle cartésien peuvent concevoir s'arrête à la limite linéaire de leur dogme.

Le protocole scientifique en double aveugle ne peut s'appliquer ici. En effet, les fonctions nouvelles proviennent d'un monde *oscillatoire*. Fixer leur action pour mesurer celle-ci influence les données. De plus, une répétition exacte d'une expérience oscillatoire (telle que l'est toute activité du cerveau) est impossible. L'expérience modifie son support nerveux et rend la répétition exacte de l'événement (en laboratoire par exemple) chose impossible. De plus, la nature crée des organismes uniques. Donc ici, le modèle scientifique actuel est inadéquat. Il doit être élargi et adapté aux observations quantiques. Ce qui peut être répété, ce sont des observations qui s'attachent davantage aux symptômes liés à des lésions de structures physiques et non à une psyché de type oscillatoire [21]. Ces lésions n'ont rien à voir avec la queue de ce chat intelligent.

Cette queue de chat, transposée chez l'humain, est en fait son aspect le plus essentiel et non pas un appendice dont il pourrait se passer. Elle est liée à un monde oscillatoire de temps, d'information et d'énergie : à la psyché, qui bien qu'invisible est toutefois centrale chez l'humain. C'est sa polarité féminine.

Revenons à notre croix à porter.

L'axe vertical de notre croix peut être résumé en une phrase : « Dieu sonde les reins et les cœurs. » (Ps7 : 10; Jr11 : 20) Pour le taoïsme, la loge énergétique des reins [22] est liée à des particularités propres au monde du cerveau reptilien[23]. C'est aussi le monde d'un inconscient de type archaïque . Le cœur [24] est associé à la psyché [25] et à un surconscient[26]

[21] Il y aura toujours une discussion entre les scientifiques corpusculaires (atomistes) et ceux qui affirment la réalité des souvenirs liés aux expériences de mort imminente (oscillatoires). Au seuil de la mort, l'hémisphère droit domine et le monde oscillatoire prend sa place. Cette discussion sera toujours langage de sourds puisqu'il s'agit de deux aspects différents, bien que complémentaires , de la réalité. Ce qu'il faut retenir c'est que le monde corpusculaire est une simple figuration pour faciliter les calculs et est soumis au monde oscillatoire.

22 Associée à la déesse Nephtys dans le mythe osirien.

23 Dans la médecine chinoise, la loge « rein » est liée à la fonction reproductrice.

24 Associé au dieu Horus, ce petit prince.

25 En médecine chinoise, la loge énergétique « coeur » est liée à la fonction de régulation de l'information.

26F.W.H Myers, le fondateur de la Society for Psychical Research en 1882 fera allusion au « Soi Subliminal ». Texte français sur Internet http://gallica.bnf.fr/ark:/12148/bpt6k68186z.r=myers+la+personnalit%C3%A9+humaine.lang FR

encore inconscient chez l'humain. Le cerveau Humain extériorise ce petit prince intérieur nécessaire à l'expression de la faculté émergentequ'est le Soi[27] . Pour le taoïsme, c'est l'aspect cœur de l'être humain.

Au niveau psychique, cet axe résume les réponses fournies aux questions relatives au *quoi* (cerveau reptilien) et au *pourquoi* (cerveau Humain). Ce en quoi on croit ou ne croit pas [28], ce filtre conceptuel, permet ou empêche le lien entre ces deux extrémités. C'est le *régulateur de la psyché*. Or, Freud a affirmé que tout provient du monde génital, c'est-à-dire de l'extrémité la plus limitée de cet axe. En focalisant l'attention sur ce monde, malheureusement il limite et involontairement enferme les hommes et les femmes dans celui-ci [29]. Jung l'avait prédit, c'est pourquoi il s'est séparé de Freud et a ainsi risqué l'anéantissement de sa carrière. Pour Freud, toute la civilisation n'est en fait qu'une *«farce issue d'un refoulement sexuel* **[28]**. *»* L'homme de Freud se limite à n'être qu'une particule issue du génital. Rien de plus. C'est une vision purement matérialiste. Qui plus est, Freud a exhorté Jung d'appuyer sa théorie sexuelle sans jamais faillir : *« Voyez-vous [dit-il] nous devons en faire un dogme, un bastion inébranlable ».* Alors que Jung lui demandait contre quoi ce bastion devait être érigé, Freud répondit : «Contre le flot de vase noire de l'occultisme *(religion)*[29] ». Cela ressemble davantage à une projection de sa propre nuit intérieure qu'à un constat rationnel. Jung pour sa part avait observé que toute personne de façon consciente ou non se définit toujours par rapport à un mythe. C'est justement ce que Freud fuyait. Or, seul un mythe complet permet une *régulation de la psyché.* Jung intimait que le mythe définit l'humain. Pour Freud ce rôle appartient au génital. Mais la définition uniquement génitale de l'humain l'isole du tissu vivant de la création et en fait obligatoirement un grand consommateur facile à manipuler, un bouchon flottant sur, justement, une marée noire vaseuse. Nous verrons plus loin l'erreur commise par Freud dans son évaluation

[27] Voir le glossaire.

[28] Psychiquement, et donc physiquement par adaptation du cerveau dans l'avenir.

[29] Loin de moi l'idée de dénigrer Freud. Il a empiriquement démontré l'existence de l'inconscient, ce qui est déjà toute un exploit et une révolution en soi. Malheureusement ses problèmes personnels l'empêchaient de voir que de se focaliser sur, et de stimuler à outrance l'aspect génital n'est pas une panacée. Le LIFE montre que ceci mène à un épuisement de cette fonction et à la perte de résilience et de l'autorégulation de tout le système. Jung avait bien senti qu'en fait, ceci risquait de créer une dépendance et ainsi une dissociation au sein même de l'être.

du monde reptilien.

Revenons à notre croix. La religion dans son ensemble, normalement responsable de cet intérieur, devrait connaître l'axe du *pourquoi* jusqu'au *quoi*, c'est-à-dire de l'essence jusqu'à sa manifestation matérielle. Pour l'instant, elle refuse de s'intéresser au monde physique, qui pour elle est le royaume de Satan. Généralement, elle traite le corps comme une prison infecte. Il lui manque la base de l'axe. C'est une statue incomplète, sans assise dans le monde manifeste. Afin de permettre la réalisation de la polarité féminine, et ainsi de convenablement nourrir la polarité masculine, la religion devrait s'intéresser à l'ensemble de cet axe. Pour le moment elle ne le veut pas, car elle ne s'intéresse pas aux connaissances scientifiques actuelles (*le quoi*). La régulation de cet axe passe par le cerveau Humain [30]. Une réponse unique —Dieu— pour chaque question n'est qu'échappatoire qui ne permet pas l'incarnation de la conscience humaine.

L'axe horizontal pourrait se lire « l'homme connaît la nature dans ses lois ». Sur la base matérielle de la croix, puisque nous vivons sur terre, le scientifique devrait étendre ses connaissances de la matière (*le qui*) jusqu'aux cycles qui soumettent celle-ci (*le quand*), jusqu'à l'énergie (ou information) exprimée en cycles. Le cerveau analytique nutritionnel lié à l'espace et au comment permet le lien entre les deux [31], entre le cerveau social universel et le cerveau mammalien. C'est le *régulateur physique*. La science s'arrête à cette question du *comment*, mais en la limitant à l'aspect physique de l'objet mesurable. Elle ne désire pas explorer davantage. Elle s'est limitée à une petite partie de l'axe vertical de la croix et a négligé le particulier et les cycles. L'identité profonde (*le qui*), les cycles *le quand*) et l'essence (*le pourquoi ultime*) n'existent pas pour elle. Ses causes sont à l'intérieur du monde physique et se limitent au monde du « *pour-le-quoi* ». Des lois elle n'accepte que ce qui conforte *le quoi* mesurable. En ce sens, elle ne peut remplir son mandat.

---

[30] Rappelons que je nomme cerveau non seulement les structures physiologiques cérébrales, mais aussi le monde auquel elles répondent, la phase de développement dans l'évolution humaine. Ainsi lorsque je discute du cerveau reptilien, celui-ci possède des structures précises, comporte son propre monde inconscient, est lié à un élément (eau), possède certains intérêts et attributs, etc. Pour plus de détails, voir le début de chaque chapitre concernant les différents cerveaux.

[31] Dans le modèle taoïste, il est parfois figuré de manière centrale à cause de sa fonction.

Un axe seul et incomplet de surcroît ne peut offrir de la cohérence et un développement optimal à l'individu. Il ne crée que des êtres incomplets et infirmes de quelque chose. Ce qui manque à notre croix conceptuelle c'est la polarité féminine et l'utilisation conjointe des deux polarités en fonction des besoins.

Le scientifique aurait normalement pour mandat de protéger la polarité féminine de l'humain alors que pour l'instant il l'agresse par cette idée fausse que la psyché humaine est un produit de la matière. La religion aurait pour mandat de développer la polarité féminine, seule apte à nourrir convenablement la polarité masculine, mais en refusant le monde physique elle empêche sa manifestation et son intégration dans la vie sur terre.

Pour lors malheureusement, science et religion sont confinées à une vision fragmentaire du monde, résultat d'une phase quasi révolue de l'évolution humaine. Cette croix telle qu'enseignée à l'heure actuelle ne peut que nous limiter, nous le sentons. Nos systèmes politiques et médiatiques sont même devenus les instruments de ces limitations et perpétuent l'erreur à travers le système éducatif. Nos perceptions tronquées de l'homme, de la femme et de l'humain en général en découlent directement.

Où pouvons-nous trouver un modèle qui se rapprocherait d'une vision plus complète ? L'Égypte ancienne figurait l'ordre du monde sous les traits de la déesse Maât. Nous pouvons y voir la structure d'un univers autorégulé, invisible et inconscient, qui serait inscrite dans toute manifestation. Cette image s'accorde avec la pensée de Jung et avec celle de Bohm. Cette déesse dans sa définition est le miroir de l'ensemble des fonctions du maître-modèle. Nous avons vu que le hiéroglyphe qui signifie «plinthe [32]» la symbolise. Dans l'iconographie égyptienne, les dieux sont toujours représentés sur cette plinthe. De ce fait, elle est la structure qui permet la manifestation des dieux, et ainsi nous les révèle. Elle est à l'image de la *Loi complète* qui soutient tout. La pensée traditionnelle de l'Est et celle de l'Ouest s'y rejoignent. Tous les humains ont le même cerveau développé à l'intérieur de la même nature qui suit absolument ce même maître-modèle, ce lien est donc naturel. Un mo-

[32] Volume I chapitre 2. Elle correspond à la base, au fondement de tout ce qui est exprimé.

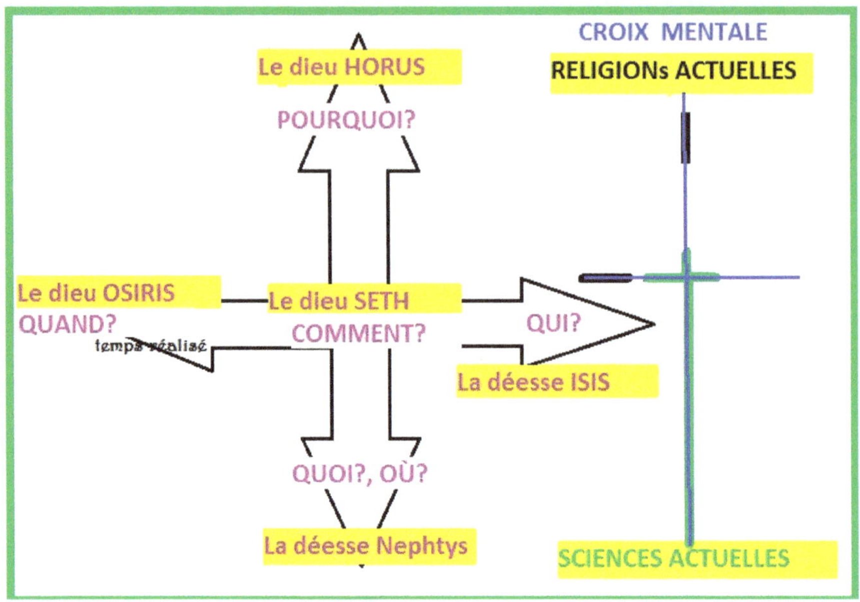

3. Croix mentale science/religion ©Ariane Page

dèle universel unique est essentiel pour promouvoir et conserver la paix. Ses applications peuvent varier à l'infinie. De la même façon, avec quelques éléments (CHO [33]) la nature a su générer la complexité de la vie.

Aussi, comme je l'ai démontré ailleurs, la structure, le squelette du maître-modèle se retrouve autant dans les traditions de ceux que le Coran nomme les «Peuples du Livre» [34] que dans celles qui suivent la tradition taoïste. Voilà où réside le lien intime entre l'Est et l'Ouest.

J'ai émis l'hypothèse que les principales traditions religieuses expriment toutes avec plus ou moins de bonheur des facettes du maître-modèle. Chacune met l'accent sur une phase particulière de l'évolution de la conscience humaine liée à l'histoire de sa communauté. Je suis certaine qu'elles portent toutes en potentiel et de façon ésotérique l'ensemble du modèle puisque tous les cerveaux émanent du même modèle. Elles sont comme autant de clefs nécessaires pour ouvrir la porte gigantesque de la nature humaine. On pourrait dire qu'une conception de la réalité globale s'est scindée en autant de rivières pour ainsi abreuver le monde entier. De ce fait, les mésententes entre religieux n'ont rien à

[33] Ou CHON, ou CHNOPS selon les écoles.

[34] C'est-à-dire les musulmans, les chrétiens et les juifs.

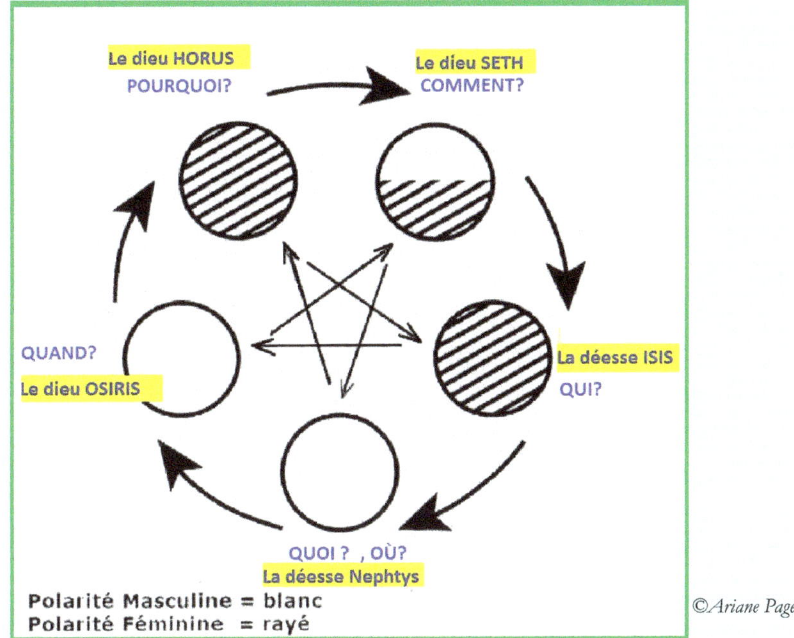

4

©*Ariane Page*

voir avec la religion. Elles ne sont que l'expression de cerveaux figés dans des phases différentes de développement et sourds à la polarité féminine qui est l'essence de l'Un. Pour l'humain complet, une vision pansystémologique éclairera les zones d'ombre pour que chacun puisse prendre conscience puis se délester des inutiles divagations accumulées par un cerveau en évolution. Cet humain nouveau pourra aussi souligner certains éléments négligés de son mode de vie. Chaque peuple pourra conserver les sym
boles liés à l'inconscient de sa propre communauté. À l'image du maître-modèle, chaque congrégation saura y ajouter ou accentuer ce qui la complètera, affirmant ainsi son identité propre. Ceci lui servira d'amarrage pendant les tempêtes de l'existence.

Qu'est-ce que la Pansystémologie ?

Le terme « pân », tiré du grec ancien, signifie « tout ». Suivi du mot systémologie, c'est l'ensemble des connaissances liées au système qui soutient toute manifestation. La pansystémologie est donc la science —dans le sens de connaissance et de savoir[35] — ainsi que l'étude et l'ap-

[35] La connaissance est extérieure, le savoir est intérieur.

plication du système sous-jacent au monde naturel, inféré par la physique quantique. Conceptuellement, elle s'exprime par le paradigme de l'ordre implicite de D. Bohm et plus précisément par celui du système pentane taoïste. Elle se confirme par les données récoltées sur le cer veau humain, la psychologie, les traditions millénaires ainsi que par l'application du système pentane en médecine chinoise et en biocybernétique médicale.

Cettte approche offre un point de vue cohérent, unificateur et transcendant des modes humains d'expression (physique, émotionnel, symbolique, analytique et social). Grâce à la description d'un modèle biopsychosocial (le LIFE), elle permet une meilleure compréhension des besoins fondamentaux présents et futurs de l'humanité et de la nature. Nous avons vu au premier volume qu'elle s'inscrit dans le constat par Freud de l'existence indubitable de l'inconscient. Jung a repris, approfondi et développé cette observation empirique à travers les concepts d'inconscient collectif, de l'être symbolique et de ceux *d'animus* et *d'anima* [1]. La pansystémologie développe et poursuit ceux-ci, en les incorporant au modèle évolutionnaire triunique [2] du cerveau présenté par le neurologue américain Paul D. MacLean. Celui-ci est enrichi des travaux du neuropsychologue américain Roger W. Sperry [3] concernant la « conscience » individuelle des hémisphères cérébraux [30]. La pansystémologie y applique le système biocybernétique utilisé entre autres par la tradition médicale chinoise. Elle peut ainsi décrire le cerveau comme un modèle pentane [4]. Celui-ci peut ainsi rendre compte de toutes les dimensions humaines. Tous les éléments de la réalité sont fonctionnellement des fractals [5] de ce modèle. Nous retrouvons cette image

---

[1] Pour Jung, dans l'inconscient de l'homme et de la femme réside une image de l'aspect inversé : l'anima pour l'homme et l'animus pour la femme. Ces deux figures désignent pour ce psychanalyste ce qui manque au moi pour se vivre comme partie consciente d'une totalité qu'est le Soi. Pour la pansystémologie, cet animus et cet anima ne se réfère qu'à la personnalité et ont un effet régulateur sur le « moi. »

[2] Le cerveau évolutionnaire de Paul D. MacLean est de type trinitaire, c'est-à-dire en trois parties : le reptilien, le limbique et le néocortex. Il disait : *« dans le cours de l'évolution, nous semblons avoir acquis un esprit fait de trois esprits »*, dans *Les trois cerveaux de l'Homme*, Paul D. MacLean, Roland Guyot (traduction), Robert Laffont, 1990, p.45.

[3] Ses publications sont accessibles en ligne au : http://rogersperry.org/?page_id=168

[4] Composé de cinq fonctions primordiales.

[5] Forme ou structure dont les fonctions potentielles ou exprimées se retrouvent, quelle que soit l'échelle. Le microcosme est ainsi fonctionnellement un miroir du macrocosme et vice-versa. Dans le monde physique, on parlera de forme fractale telle celle présentée par le trian-

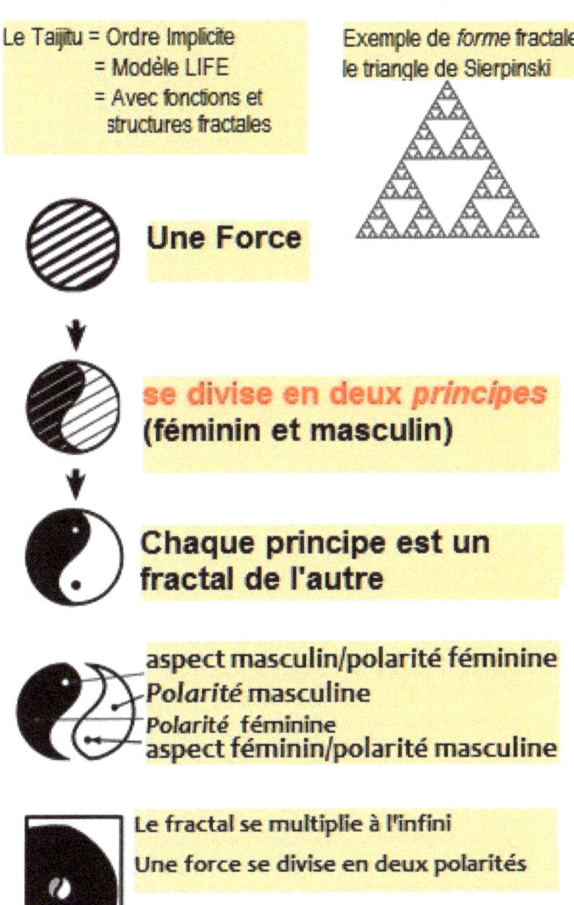

5

dans le mythe osirien. Le dieu Seth tue son frère Osiris puis découpe le corps en morceaux qu'il éparpille de par le monde. Isis, l'épouse d'Osiris parcourt le monde à la recherche des restes de son bien-aimé. Pour chaque élément retrouvé, elle reforme le corps entier de celui-ci [6]. Ce fait éclaire d'un jour nouveau la méprise de Freud. Il voyait le

---

gle de Sierpinsky.

[6] C'est cette vision fractale de l'univers qui permit aux embaumeurs d'utiliser souvent un seul élément d'un animal votif (os, crâne) et de construire une momie autour. À savoir s'ils demandaient autant d'argent que pour l'être entier, j'en doute. Il s'agit en fait d'une popularisation d'un rite sacré. Si un animal complet avait été utilisé, pour répondre à la demande il aurait fallu demander beaucoup plus, il aurait fallu davantage d'embaumeurs, de matière, de temps et d'animaux. En ligne au : https://www.huffingtonpost.fr/2015/05/11/momies-animaux-egypte-scandale-egyptiennes_n_7255758.html.

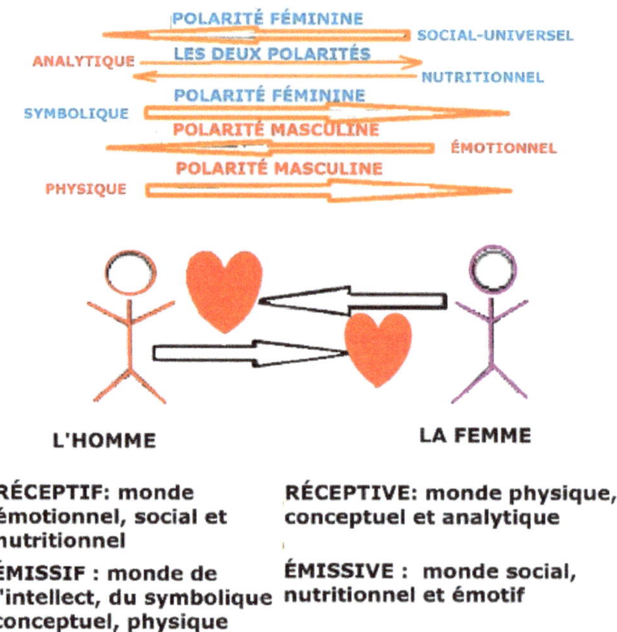

6

monde entier dans celui du génital. Or, le monde reptilien, le monde mammalien, le monde social et le monde mental, sont bien des fractals de l'ensemble. Sur terre cependant ils ne manifestent pas l'ensemble donc ils ne se suffisent pas à eux-mêmes. Se limiter à un aspect mène à une dissociation.

Dans ce modèle universel que j'ai nommé LIFE [7], les éléments sont autorégulés par engendrement et inhibition. Il se développe sur cinq phases, utilise cinq fonctions en affinité avec cinq éléments.Il rend compte de cinq phases du cerveau qui se développent pendant cinq phases de la vie. Elles expriment la condition des deux polarités (l'une féminine et l'autre masculine), dans l'unité de la vie. Ce modèle, déduit de la médecine biocybernétique[8], met l'accent sur une cybernétique biopsychosociale basée donc sur la physiologie, la psychologie et nos

[7] Lois Inhérentes aux Five (cinq) Éléments.

[8] Application pendant trente années par le docteur Alain de Bavelaere. Cybernétique : Processus autorégulé de commande et de régulation chez les êtres vivants. La théorie de la médecine biocybernétique est exprimée dans celle des cinq éléments du Taoïsme. Elle a été développée par le docteur de Bavelaere de l'approche cybernétique telle qu'enseignée à l'Académie Médicale d'Acupuncture de Paris par le docteur JC. Darras.

connaissances concernant la réalité.

La systémologie générale telle que présentée par un des fondateurs de la science des systèmes, le biologiste Ludwig Von Bertalanffy (1901-1972), lui sert de berceau. Il disait :

« La philosophie positiviste, technologique, béhavioriste et commercialiste dévalue l'homme en robot et le traite en conséquence. Contre cette robotisation de l'homme, nous pouvons aspirer à une humanisation de la science [31]. *Le souci humaniste de la systémologie générale telle que je la comprends marque une différence avec les théoriciens des systèmes mécaniques mécanistiquement, qui parlent uniquement en termes de mathématiques, de rétroaction et de technologie, et font ainsi naître la crainte que la théorie des systèmes ne soit en fait que l'étape ultime vers la mécanisation et la dévaluation de l'homme, et vers une société technocratique* [32]. »

Ce théoricien majeur a senti l'urgence de créer un modèle qui puisse unir physiologie et psychologie afin de nous sortir de l'impasse béhavioriste et mécaniste, et, pour ceci, la nécessité de s'appuyer sur les connaissances liées au cerveau humain. Cependant, à son époque la technologie indispensable à la poursuite de sa réflexion était dans son enfance. La recherche n'était pas assez avancée. Il aurait peut-être compris, comme je l'ai fait après avoir consulté une mer de données souvent contradictoires concernant le cerveau, que forcément, ce modèle biologique universel est celui de la nature dont nous sommes issus (donc existe dans notre cerveau). Intuitivement, nos ancêtres les plus éclairés doivent donc l'avoir évoqué sous une forme ou sous une autre.

7

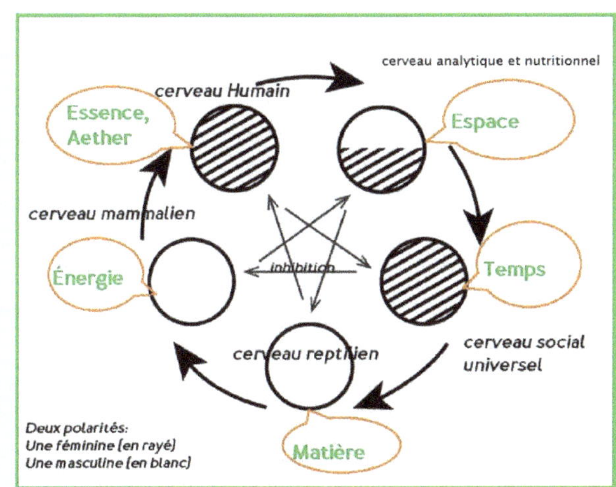

©Ariane Page

« Bertalanffy retrouvait par exemple un "parallèle" à la stratification du cortex en trois principales "couches" (ou "étapes évolutionnaires") — paléo-cortex, cortex et néocortex — avec une stratification isomorphe de la personnalité en trois "couches" : la "personnalité profonde" (instincts, pulsions, émotions), la perception consciente et l'action volontaire, et les activités symboliques [33]. »

Les données sur le cerveau recueillies depuis les vingt dernières années ainsi qu'une interprétation occidentale du système pentane taoïste permettent d'affiner ces réflexions. C'est pourquoi il m'a été possible de développer et d'utiliser cette nouvelle conception du modèle taoïste, et de l'enrichir des découvertes sur le cerveau et ainsi de percevoir les avantages illimités de son application.

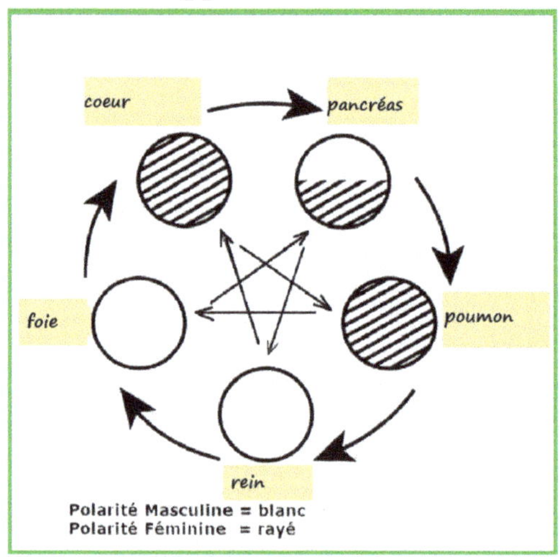

8- Le modèle biocybernétique ©Ariane Page

La supériorité d'utiliser le LIFE comme modèle biopsychosocial est qu'il prend en considération les différents aspects de l'être humain sans toutefois contredire les éléments de la psychiatrie moderne (troubles dissociatifs) ou même les observations en biopsychosociologie. Au contraire le modèle les inclut, les englobe et leur donne un nouveau souffle.

Cette interprétation fractale de l'être humain une fois adaptée à la psychiatrie, à la médecine et à la psychologie pourrait jouer un rôle central dans la prévention, le diagnostic et le traitement des *troubles d'expression de la psyché*. Bien sûr, il est difficile d'accepter une idée unificatrice lorsqu'on ne voit pas de lien entre les différentes parties anatomiques et psychiques de l'être humain. Et il est encore plus difficile d'encourager des actes menant à de la cohérence dans la vie d'un être qui souffre si on n'a pas soi-même une idée de ce qu'est cette cohérence et de ce qu'elle nécessite. De considérer l'humain comme un aspect fractal d'un

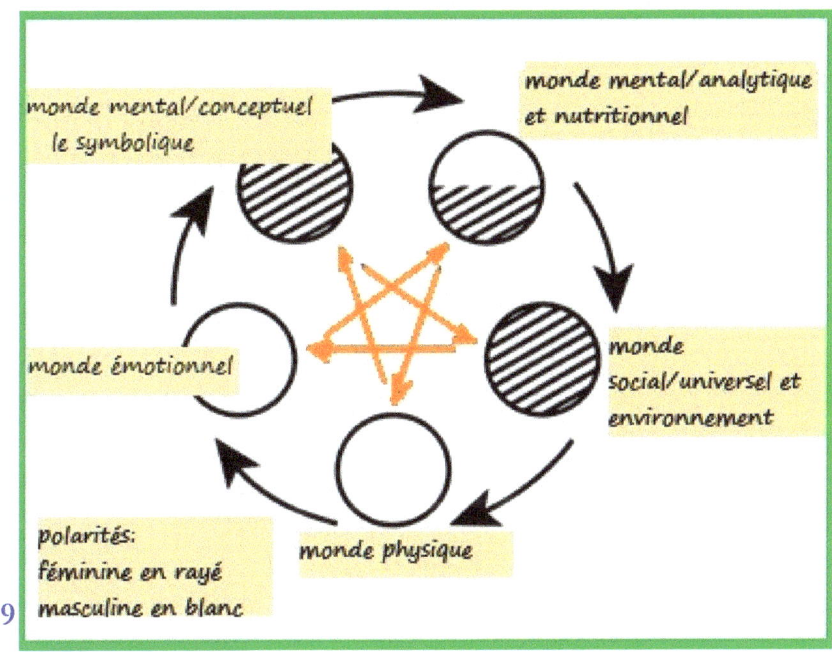

9

maître-modèle ouvre ainsi à de nouvelles possibilités de prévention, de traitement et de compréhension des déséquilibres, peu importe sur quel plan ils se manifestent. Ici, même un ordinateur sophistiqué qui bientôt remplacera certains médecins prescripteurs et thérapeutes ne pourra remplacer le contact humain. Ainsi recouvrerons-nous la dignité du thérapeute et celle du patient.-

-Pourquoi devrais-je m'y intéresser ?-

Au-delà des réponses qu'elle peut contribuer à certaines questions de type philosophique, politique, et médical, la pansystémologie peut apporter des réponses nouvelles et personnelles à l'individu.

Pour le moment, nos collectifs érigent leur évaluation de ce qui existe sur des objets. Ils quantifient. Mais il y a aussi un jugement de *valeur qualitative* qui nous appartient ; en fait il y en a deux. Il y a un jugement de valeur qui prend assise sur les coutumes et traditions du collectif au sein duquel nous avons grandi. Celui-là appartient à la per sonnalité malléable et dans certains cas peut porter un écho du modèle premier. Il y a aussi un jugement de valeur de la *raison* [9] qui transcende l'être. Il est indépendant de notre «moi» et de notre «je» bien qu'il puisse agir sur eux et à travers eux. Son modèle de référence dépasse les cultures, le temps et le quantifiable. Celui-là appartient à l'individualité stable. À nous d'en prendre conscience.

Aussi la moralité de mes grands-parents s'inculquait comme on apprenait à parler. Elle était cohérente avec la foi et avec l'histoire de mon peuple. Or l'unanimité de cette conscience collective là s'est dissoute par l'action de ceux qui ont apposé une étiquette d'imposture sur tout ce qui appartient au domaine religieux (le bon comme le mauvais) et par l'apport de l'immigration. L'histoire du monde nous avait pourtant déjà donné plusieurs exemples de ce mouvement laïcisant et sécurisant pour le maître d'école en nous [10]. Les liens spontanés qui unissaient l'in-dividu à un groupe, la foi religieuse, l'autorité d'une conscience collec-tive sont devenus fantômes du passé ou survivent dans les manipulations d'intérêts politiques et financiers. L'individu doit main-tenant trouver une motivation à son action. La majorité dite «démo-cratique» n'a plus que l'aspect utile et l'intérêt personnel comme dénominateur commun. C'est dire qu'une démocratie qui libérerait l'hu-main du contrôle de son Seth [11] intérieur n'est plus pour demain. L'uti litarisme sert le plaisir, qui en fait naît d'un désir de la polarité masculine, lui-même indicateur d'un manque à combler. Ce manque n'est pas nécessairement lié à la polarité masculine. Il est le plus souvent, malheureusement, le reflet

9 La raison englobe à la fois les données du conscient et de l'inconscient.

10 Voir l'histoire de la Grèce au temps de Platon. À défaut d'une religion universelle, Napoléon a réinstauré la religion, parce que même imparfaite, elle demeure un outil fondamental de développement pour l'humain et de cohésion sociale ; elle marque notre inconscient col-lectif et ainsi ne peut être balayée du revers de la main sans dommages. Par contre, elle doit être éclairée par une connaissance qui autrefois était cachée donc ésotérique, c'est-à-dire par le maître-modèle.

11 Dieu d'Égypte ancienne associé au cerveau analytique et à la personnalité.

du siège vacant de la polarité féminine. Une fois le plaisir contenté, l'ennui et une anxiété en sourdine s'installent ; le vide est toujours là. Il faut alors user d'artifices pour multiplier les plaisirs, giron financier d'une société de consommation.

Pour se libérer de cet esclavage, l'homme doit découvrir d'autres biens que ceux qui séduisent sa personnalité. Il doit découvrir en lui-même le monde du Soi inaltérable [12], de son individualité. Or ce Soi n'est pas un objet donc n'existe pas pour notre société dite libérée et n'est que conte de fées pour notre personnalité.

S'ajoute à ceci le fait que nos sociétés de plus en plus multiculturelles arborent des intérêts pragmatiques souvent opposés et ainsi ne peuvent servir un idéal de démocratie qui permettrait le développement et la manifestation de l'individualité de chacun. Il nous faut d'abord cher cher à établir une base universelle édifiante à ces identités diverses. C'est la fonction de ce que Platon appelait l'art royal [13]. Sans quoi, nous sommes condamnés à une démocratie de la polarité masculine ; c'est celle des pouvoirs financiers et corporatistes ainsi que celle des conflits qu'ils créent. C'est Seth qui revendique la suprême autorité. Mais le désir profond de l'humanité c'est une démocratie de la polarité féminine, celle de l'évolution, de la paix et du bonheur. C'est alors Horus le sauveur qui s'exprime. Le matérialisme de consommation ne saurait s'assimiler à une identité, car il ne s'adresse qu'au régulateur physique. Il ne peut satisfaire la raison et le régulateur psychique. Il ne peut répondre aux interrogations du Petit Prince.

En Égypte ancienne, le recours à une mythologie universelle et l'adoption de Maât comme principe et comme système permirent aux Égyptiens d'embrasser la diversité des besoins complexes associés à un état composé de citoyens d'horizons variés aux buts souvent opposés. Comment ? Leur modèle était complet. C'est la même chose pour toute société multiculturelle. Pour que l'harmonie existe, le gouvernement doit s'appuyer, se justifier, et exprimer un système universel [14]. Il doit en comprendre les règles applicables à tous. Si l'ordre universel et co-

[12] But de la vie humaine, c'est l'individuation selon Jung.
[13] Voir le volume 3.
[14] C'est-à-dire présent dans le maître-modèle et donc dans le cerveau de tout humain.

hérent exprimé par le concept de Maât n'est pas suivi, alors nous nous retrouvons avec celui d'Isfet : le chaos (cerveau reptilien), les mensonges et la corruption (cerveau analytique) et la violence (cerveau mammalien). Les membres les plus vocaux de la collectivité tirent alors les biens et le pouvoir vers eux. Isfet s'installe toujours lorsque par notre manière de voir, nous séparons la polarité masculine de la polarité féminine. Nous permettons cela par le laxisme d'un gouvernement qui ne connaît de l'humain que l'esprit utilitariste.

Alors, la polarité féminine, source de vie, ne peut être exprimée ; tout perd sa cohésion et se désintègre.

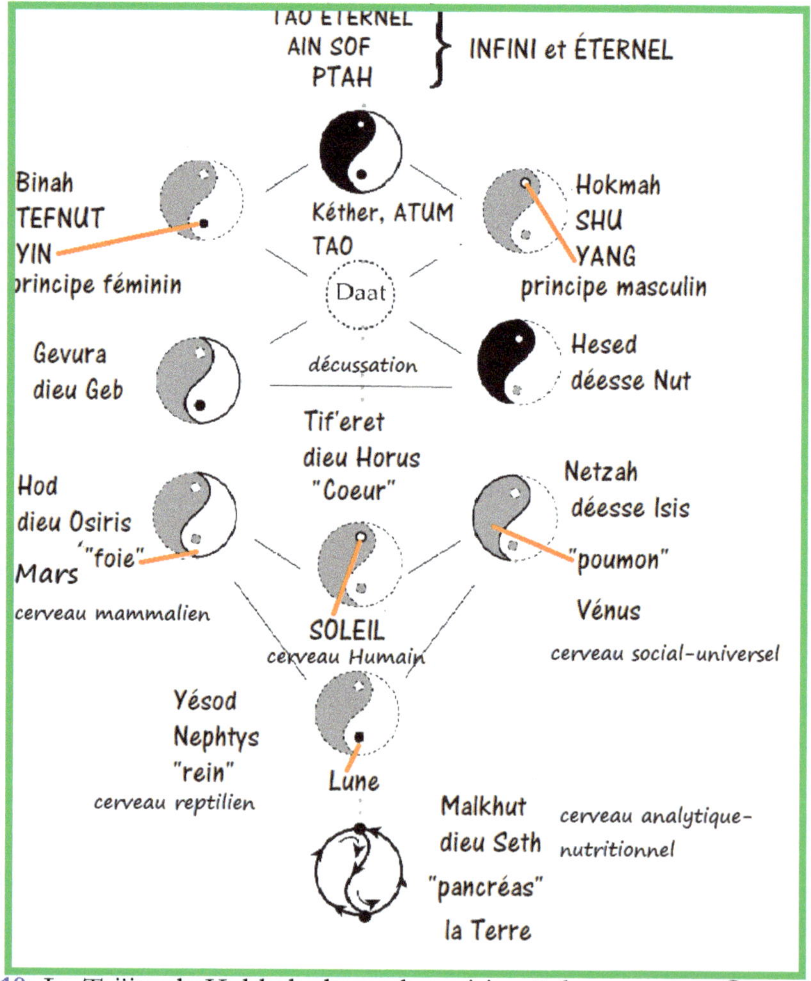

10. Le Taijitu, la Kabbale, le mythe osirien & les cerveaux. ©Ariane Page

En tout homme, il y a cet être pensant universel (car lié au maître-modèle de la nature), indépendant de l'organisme biologique et du personnage social et qui dépasse sa destinée temporelle. Cet être pensant, ce Petit Prince dit, tout comme dans le mythe *Gorgias* de Platon : le réel, c'est l'invisible [15]. Le visible n'est pas la totalité de la réalité, mais seulement la partie dont nous avons pris connaissance.

La recherche de stabilité et le désir d'offrir un espace pour grandir à nos jeunes malgré une société de plus en plus complexe requièrent un système naturel, donc universel. Ce modèle inébranlable saisissable par la réflexion et l'observation se doit de devenir Science [16] enseignable à tous. La pansystémologie grâce au maître-modèle pourrait ainsi nous affranchir des impressions du moment et nous permettre de faire des choix éclairés. Un bonheur stable ne saurait être fondé que sur le temporel.

-Qu'est-ce que le pansystémisme ?-

Le pansystémisme [17] est le mode de vie et de pensée qui résulte du changement de paradigme autorisé par les données de la pansystémologie. On ne peut le taxer d'idéologie puisqu'il s'appuie sur des réalités tangibles et des observations empiriques. Elles se font parfaitement écho : la nature, les études sur le cerveau humain, les recherches en psychologie, les traditions humaines millénaires, le modèle biocybernétique, et les découvertes quantiques. Une de ses particularités, comme nous l'avons constaté, est de permettre un discernement de la fonction exacte, mais limitée [18] de notre science occidentale actuelle dans l'univers beaucoup plus vaste qu'est celui de la psyché humaine. La psyché n'est pas *dans* la science ; une quelconque production du cerveau humain. Les limites de la science par contre sont le résultat de celle imposée à l'expression de notre psyché. En remettant notre vision des choses

---

[15] Aussi la rhétorique est-elle l'instrument de la personnalité alors que la philosophie de type platonicienne avec son instrument dialectique est, dans son essence, celui de l'individualité.

[16] C'est-à-dire possédant une polarité masculine et une polarité féminine saines.

[17] Il ne faut pas confondre pansystémisme et l'idéologie du panthéisme bien que certaines conclusions de la pansystémologie puissent apporter de nouveaux éléments au panthéisme et au naturalisme. On peut voir dans le pansystémisme des aspects de toutes les traditions millénaires puisque le modèle sous-jacent de son étude préexiste à tout.

[18] Puisque la science présente ne peut comprendre que le fini, le temporel et le mesurable elle ne peut donc émettre d'opinion sur ce qui déborde de ses compétences.

dans un contexte naturel plus complet donc plus vaste, nous nous évaderons d'un point de vue à deux dimensions dans lequel nous nous sommes confinés. Nous pourrons alors exister sur cinq plans, en tant qu'êtres humains vivants, aimants, capables, sociaux et résultat des précédentes vertus, heureux [19].

-Apport du modèle LIFE aux théories présentes.-

En neuroscience, les modèles de prise de décision [34] suggèrent que le cerveau humain traite l'information à travers deux systèmes régulateurs. Il n'existe aucune version générique[20] des théories à double processus, ou à double système selon le champ d'expertise. Par contre, de grandes lignes de convergence s'en dégagent, acquises, par exemple, grâce aux résultats IRM en ce qui concerne les structures du cerveau appartenant à chacun de ces régulateurs. Les méthodes expérimentales, psychométriques et neuroscientifiques supportent cette approche. Les travaux du Dr Roger W. Sperry, qui lui a valu le prix Nobel de médecine de 1981 pour ses découvertes concernant les fonctions particulières [35] de chaque hémisphère cérébral [21] lui sert de fondement physiologique. Rappelons que celui-ci a observé non seulement que chaque hémisphère a sa propre conscience [22], mais aussi que cette conscience est une présence globale organisatrice qui sculpte le cerveau à ses besoins.

Souvent, des chercheurs œuvrant dans des domaines différents tels

---

[19] Les dimensions physiques ont une analogie avec le monde invisible : tout est lié. Ainsi, comme je le disais dans Isis Code, p.25 : (traduction) « Les êtres sont vecteurs sur un plan physique. Plus l'être est évolué, plus les dimensions auxquelles il a accès et peut exprimer sont subtiles. Les première et deuxième dimensions n'ont pas d'intérieur ; elles sont ligne et plan. On y accède grâce aux cerveaux reptilien et mammalien qui sont actifs et réactifs (le monde physique et émotionnel). La troisième dimension présente dans un cube ou une sphère présente un intérieur. J'y associe le cerveau nutritionnel/analytique (le cube) et universel (la sphère) parce qu'ils se situent entre l'intérieur et l'extérieur (le monde analytique et universel). La quatrième dimension (temps) est une succession de points jusqu'à l'infini ; la cinquième est associée au cerveau Humain mature (monde conceptuel et symbolique), au monde de l'information et des pensées qui influence le monde physique sans pourtant en faire partie. Avec l'accès à la quatrième dimension, nous avons accès à un monde dans lequel la fonction domine la structure.

[20] C'est-à-dire aucune définition unique et précise.

[21] « *... que l'autre hémisphère est en effet [aussi] un système conscient à part entière, percevant, pensant, se souvenant, raisonnant, voulant, et s'émouvant, de façon typiquement humaine, et que l'hémisphère gauche et l'hémisphère droit peuvent être simultanément conscients même dans des expériences mentales différentes, voire contradictoires, qui se déroulent en parallèle.* » – Roger Wolcott Sperry, 1974, p.11

[22] Inconscient ne signifie pas non-conscient.

que neuroscience, sociologie ou psychologie sont arrivés à des observations similaires sans même savoir qu'une théorie analogue existait dans un autre secteur de recherche.

En général, ces théories supportent l'idée de deux modes de pensée. Ils sous-tendent d'une part un traitement intuitif, rapide et inconscient et de l'autre un processus plus lent de type réfléchi et attentif de l'information. On leur donne souvent les noms de Système 1 et Système 2 [36]. Dans l'ensemble, les chercheurs considèrent que ces réseaux fonctionnels dynamiques ont une corrélation inverse et font partie d'une organisation inhérente du cerveau [37]. En pansystémologie, en accord avec les autres domaines, le système 1 se compose de structures appartenant au premier régulateur, et le système 2 de celles du second.

Depuis 1991 [38], l'imagerie par résonance magnétique fonctionnelle (IRM) est un outil prisé par un nombre croissant de scientifiques [23] qui cherchent à enquêter sur les mécanismes sous-jacents aux phénomènes psychologiques[39].

Son approche non invasive se sert du contraste endogène fonctionnel associé à l'augmentation du taux d'oxygénation du sang (BOLD) suite à l'activation d'une structure du cerveau [24] par une tâche quelconque. Ceci crée une petite augmentation du signal de résonance magnétique détectable par l'appareil IRM. Le concept fondamental de l'imagerie fonctionnelle est une *comparaison statistique* des données par rapport à un IRMf standard, tel que défini par une fonction «référence» sur une matrice de voxel [25].

Par leur apparente simplicité, les recherches avec photographies colorées de zones du cerveau «activées» séduisent tout le monde. Tous les domaines de recherche, incluant la philosophie, se fondent maintenant sur les résultats obtenus en neuroscience. Cependant, la neuroscience elle-même s'appuie sur les vues théoriques élaborées en psychologie afin d'interpréter ses résultats [40]. En effet, les données empiriques en IRM fonctionnelle ne permettent pas d'indiquer quelle théorie serait la plus juste ou comment un humain pense [41].

---

[23] On compte plus de 2000 publications scientifiques par année dont la recherche est basée directement sur l'utilisation de cette technologie.

[24] Le terme BOLD, présent dans toutes les recherches IRM vient de «blood oxygenation level dependent», terme mis de l'avant par Ogawa and Lee en 1990.

[25] Mot anglais. Contraction du mot volume et du mot élément pour désigner des pixels en 3 D.

Les inférences tirées des données IRMf peuvent ainsi être sujettes à des erreurs d'attribution. Ceci tient aux limites de la technologie elle-même d'une part et à celles de nos théories en psychologie d'autre part, mais surtout au paradigme auquel les chercheurs adhèrent. Aussi, notre compréhension de ce qu'est un cerveau change avec notre compréhension de l'humain. La théorie se devrait de répondre aux observations pointues, mais également de permettre une vision globale cohérente dans laquelle les découvertes empiriques trouveraient leur explication et ceci en accord avec la psyché humaine et la direction de l'évolution.

Puisque cette technologie est, avec raison [42], la préférée de toutes les disciplines, voyons ici quelques-unes de ses limites telles qu'observées par les chercheurs eux-mêmes.

Les limites matérielles et celles d'interprétation :

- Inconfort des participants qui sont baignés dans un bruit constant. Le moindre mouvement incluant les battements cardiaques, la circulation de liquide céphalorachidien et la respiration influent sur les résultats.
- Résolution spatiale et temporelle améliorée, mais limitée.
- Les structures du cortex ne sont pas délimitées, il faut donc une analyse poussée de leurs cytoarchitectonie.
- Un schéma d'activation du cerveau pourrait résulter d'une activation préalable ou de pensées indépendantes de l'objet de la recherche.
- L'observation des zones d'activation seules ne nous permet pas une connaissance approfondie de l'humain. Par exemple les études montrent de très grandes similitudes d'activation [43] entre les structures du mode par défaut chez les humains et chez les chimpanzés. Nous pourrions conclure qu'un chimpanzé pense comme un humain. Or, des régions homologues du cerveau chez d'autres espèces peuvent assumer des fonctions différentes. C'est le cas par exemple pour l'aire de Brodmann no.44 (aire de Broca) utilisée chez les humains pour le langage et l'activité gestuelle.
- La très grande majorité des études partent du postulat que chaque élément cognitif produit une activité qui lui est propre, indépendamment d'un contexte. Ceci implique que l'activité neuronale serait linéaire. Aucun document publié ne montre de façon convaincante des cartes

d'activation d'un tel courant neuronal chez l'humain[44].

- Nécessité de soustraire le signal global non neuronal une fois les résultats collectés. Rapport entre signaux et « bruits » améliorés, mais toujours problématiques. Ainsi, la plupart des études impliquent une normalisation spatiale et une moyenne[26] .
- Des modèles animaux ont permis de comprendre qu'une augmentation du flux sanguin cérébral existe aussi dans le cas d'une *inhibition* d'action[45]. Ainsi, il est impossible de distinguer si une activité résulte d'une excitation ou d'une inhibition de la structure étudiée.
- *« La dynamique, l'emplacement et la magnitude du signal sont fortement influencés par le système vasculaire tel qu'il est échantillonné dans chaque voxel. L'amplitude du signal peut être importante (jusqu'à un ordre de grandeur supérieur aux effets capillaires), la mesure de temps est un peu plus décalée par rapport à la moyenne (un retard de 4 s pour les effets capillaires), et l'emplacement du signal quelque peu distal (jusqu'à 1 cm) de la vraie région d'activation[46] . »*
- Aspirations d'interprétation. J'ai noté cette remarque ma foi pertinente d'un chercheur : peut-on vraiment comprendre comment les ordinateurs fonctionnent en ouvrant leur châssis et en sondant ses composants avec un pistolet thermique ?
- L'opinion selon laquelle l'IRMf fournit une lecture des contenus mentaux est irréaliste, car elle nie le fait que pour un modèle observé d'activation cérébrale, des conditions antécédentes alternatives pourraient exister[47]. Les erreurs déductives de ce type ne sont pas uniques à la recherche IRM[48].
- Continuer à corroborer une hypothèse n'implique pas qu'il n'y ait pas de meilleure explication[49]. Cependant, la théorie psychologique de Hempel (1945) nous *contraint* à l'interprétation des données neuropsychologiques et neuroscientifiques[50]. Coltheart a fait valoir un argument similaire : *« aucune recherche en neuroimagerie fonctionnelle n'a jusqu'à présent produit de données permettant de faire la distinction entre des théories psychologiques concurrentes[51] »* .
- Les cerveaux présentent des fluctuations temporellement co-

[26] Ceci réduit la résolution spatiale à 10 mm3 au mieux et annule les avantages de la collecte de données à haute résolution.

hérentes[52,53] , *même en l'absence de stimuli sensoriels ou de réponses motrices* [27]. Dans le même ordre d'idées, de récentes études sur l'état au repos ont soulevé des questions sur l'interprétation des anti-corrélations dans le contexte de la correction globale du signal. La nécessité d'une étude plus approfondie de cette question apparaît essentielle [28].

- Et une dernière, de taille :
– Les régions cérébrales fonctionnellement spécialisées et structurellement ségréguées lors d'une activation sont soumises à une *synchronisation sur des réseaux à grande échelle* afin de permettre la formation de liens dynamiques et les fonctions d'*intégration*. La bande de fréquence est aussi impliquée dans ces corrélations entre la connectivité fonctionnelle négative (CFN) et le chemin d'activation le plus rapide [54]. Ces connexions à longue portée suggèrent une réalité non négligeable [29]. Néanmoins, afin d'éviter un sentiment d'incertitude, les études excluent souvent ces résultats liés à la CFN [30].

En fait, la question primordiale à poser est : les pensées peuvent-elles exister indépendamment de l'activité d'une zone cérébrale [31]? Peuvent-elles exister indépendamment? Trois points nous permettent de l'affirmer. Une première observation est celle d'analyses post-mortem de cerveaux endommagés. Dans de nombreux cas, ils appartenaient à des gens possédant un excellent niveau cognitif avant leur décès [32]. Le deuxième point est celui du professionnel et de la répétition automatique : souvent, dans ces cas les structures cérébrales ne sont plus activées [55]. Mais ce qui hors de tout doute confirme notre hypothèse est le fait que lors d'une activité mentale intense telle que visions ou halluci-

[27] Voir : Biswal et coll. 1995; Cordes et al. 2000; de Luca et coll. 2005; Fox et al. 2006 et Lowe et al.1998.

[28] Voir : Buckner et coll. 2008; Fox et Raichle 2007; Golland et coll. 2007; Honey et al. 2009; Murphy et coll. 2009.

[29] Voir Fox et coll., 2009, Scholvinck et coll., 2010, Schwarz et McGonigle, 2011.

[30] À ce sujet voir Buckner et al, 2009 ainsi que Meunier et al, 2009. CFN : des signaux BOLD spontanés dans deux régions du cerveau qui ont une anti-corrélation.

[31] Voir l'allégorie du piano à la section *Limite de la Théorie Scientifique moderne : la Psyché.*

[32] Le Dr Goldberg, professeur clinique de neurologie à l'École de médecine de l'Université York relate le cas de Sœur Mary, à Mankato, Minnesota. Jusqu'à son décès à l'âge de 101 ans, sœur Mary a obtenu un résultat excellent pour tous les tests cognitifs. Étonnamment, l'analyse post-mortem de son cerveau a révélé toutes les caractéristiques de la maladie d'Alzheimer. Comment un tel cerveau peut-il générer une cognition intacte? Dans cette étude, 12 % des cerveaux analysés appartenaient à des sœurs de la catégorie cognitive « excellente », mais après la mort, les autopsies ont montré que leur cerveau avait les signes physiques indéniables soit d'infarctus cérébraux ou de la maladie d'Alzheimer.

nations dues à des agents psychogènes, les chercheurs ne détectent aucune activité cérébrale ! En fait, dans cette étude récente [56], plus les images étaient vivides, *moins* on observait d'activation cérébrale. Les recherches démontrent aussi que le cerveau se moule *individuellement* aux expériences vécues et au psychisme (émotions, pensées) de son propriétaire. Ainsi une lésion physique, un état psychique répété verra le cerveau se modifier pour contrer la perte de cohérence, et ce, de façon individuelle.

Malgré tout, les résultats IRMf donnent des indications générales qui peuvent par la suite être insérées dans un modèle universel comme celui du LIFE qui se raffinera en détail au fil des améliorations technologiques et des révélations intuitives.

Puisque les neuroscientifiques se tournent vers la psychologie pour comprendre leurs résultats, voyons ce que dit la psychologie. Le chercheur et professeur de psychiatrie S. Sharma [57] a récemment décrit le concept de soi comme la somme de deux parties : le « je », et le « moi ». Ce dernier, semblable à un miroir, reflète le monde extérieur, alors que le premier utilise des paramètres internes et inconscients. Nous avons-là nos deux régulateurs. À mon avis, outre les paramètres biologiques, ce « je » prend en compte les données des différents étages humains, de l'inconscient [33] jusqu'au surconscient. De même, afin de générer un soi cohérent et intégré, nos deux hémisphères cérébraux doivent s'harmoniser. L'hémisphère droit agit dans une perspective globale et ondulatoire (la théorie du « je » en psychologie) alors que l'hémisphère gauche procède dans une perspective corpusculaire (la théorie de faisceau de Hume et le « moi »). Si le « moi » domine excessivement, le « je » risque d'être ignoré et refusé à la conscience. Des troubles physiques ou psychiques pourraient alors apparaître afin de compenser le déséquilibre. Fait intéressant, en psychothérapie on note que c'est bien l'hémisphère

---

[33] En pansystémologie par exemple, l'inconscient du cerveau social universel correspond à l'inconscient collectif social ; l'inconscient du cerveau reptilien c'est l'inconscient des règnes terrestres primitifs et familiaux ; l'inconscient du cerveau mammalien, c'est l'inconscient du « je » et le début de conscience de soi ; l'inconscient du cerveau Humain, c'est la conscience du soi dans le monde et le surconscient (inconscient du Soi toujours présent à chaque phase et qui demande à devenir conscient et régule la psyché) ; et le cerveau analytique est le régulateur physique du système à travers lequel s'exprime la conscience liée à l'ensemble du conscient, de l'inconscient et du surconscient. Il doit devenir l'outil pour faciliter la manifestation du Soi au travers du « je » et du « moi ». Voir schéma 11.

droit inconscient associé au «je» et au «Soi» qui dirige la guérison [58].

La psychologie conventionnelle fait un amalgame de tout ce qui est inconscient. La pansystémologie lui apporte la capacité de définir l'origine des différents types d'inconscient, les structures et fonctions qui leur sont liées ainsi que les phases de développement qui les mettent en lumière (voir schéma). Chaque phase a sa propre partie inconsciente vers lequel on doit pointer le faisceau lumineux de la conscience.

L'étude de la mémoire autobiographique et de l'identité semble un point de convergence des diverses approches en psychologie[59] . L'ère du déterminisme génétique censé expliquer l'identité est révolue[60]. L'épigénétique[34] et les effets des influences environnementales sont maintenant au cœur des recherches et des études. Le constructivisme qui considère que le social a un impact majeur sur l'expression psychologique n'est plus controversé. La psychologie cognitive, centrée sur les processus mentaux internes hérités de deux perspectives philosophiques [61], a collaboré avec la psychologie du développement à une meilleure compréhension des facteurs influençant le développement des individus. Suite au rejet de la religion par le monde scientifique, les psychologues dans la plupart des cas, sous-estiment son impact majeur sur l'inconscient collectif et personnel [62]. La majorité des chercheurs en psychologie se bornent ainsi à porter différents cha-peaux, associés à des points de discours qui décrivent la même réalité limitée à celle de la personnalité. Leur différence ne réside guère plus que dans l'utilisation des outils physiologiques (cognitifs), émotionnels (développementaux), analytiques (individualistes) ou sociaux (constructivistes) de la psychologie pour disséquer un outil qui s'intéresse davantage au « faire » plutôt qu'à une valeur ontologique [35].

-L'approche Psychologique-

La psychologie occidentale suggère que bien que les relations, la culture et l'environnement nous façonnent (l'approche constructiviste), nous possédons le sentiment d'un «noyau dur», d'une identité qui reste

---

[34] Pour donner un exemple d'épigénétique, des études sur des singes ont montré que si la mère recevait une décharge électrique chaque fois qu'elle tentait de se nourrir d'un aliment particulier, son rejeton évitera l'aliment dangereux.

[35] Qui se rapporte à l'être.

stable tout au long de notre vie. Bien que le concept de l'âme ait pu expliquer cette stabilité, le philosophe David Hume (1755) a jugé celui-ci redondant et l'a rejeté. Il disait : *« l'identité que nous attribuons à l'esprit de l'homme n'est qu'une identité fictive*[64] *»*. Pour lui, l'identité ne peut exister, car elle suppose quelque chose de stable et d'immuable. Il considère que tout n'est qu'impression et changement. Aussi, en psychologie expérimentale, est-il tabou de s'aventurer vers ce concept. Pourtant, des recherches récentes en psychologie [65] ont démontré que ce noyau dur et invariable est un ressenti universel. La dérision avec laquelle certains auteurs [66] accueillent ces résultats n'est pas une attitude rationnelle. La seule observation utilisée pour qualifier de phantasme ce sentiment humain universel est le témoignage d'un sociopathe affirmant que la moralité n'a pas d'importance pour *son* vrai soi. Donc ils nient qu'un Soi existe, et se basent pour cela sur l'avis d'un « moi » dissocié, donc qui de toute façon n'a pas de contact avec son Soi !

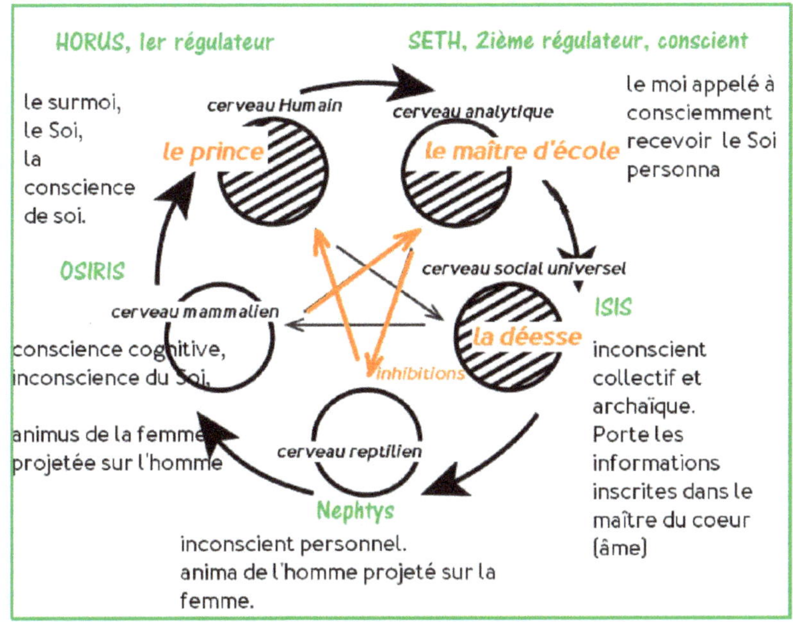

11. Théorie jungienne et Pansystémologie. ©Ariane Page

La troisième proposition de l'approche constructiviste de Ken Gergen [67] stipule que la société ne prend en compte que ce qui a de la valeur pour elle. On peut s'interroger : qui décide de ce qui a de l'importance ?

Les médias décident de ce qui est moral et guident l'opinion, assurément. Pour vendre, ils titillent impunément les réactions les plus égoïstes ou les schémas les moins raisonnés qui soient. Les maisons d'édition choisissent de faire la promotion d'idées qui leur plaisent. Rappelons que dans notre système LIFE, les communications sont asso-ciées au régulateur de la psyché. On ne peut que s'interroger alors sur la démesure entre d'une part la responsabilité des médias et d'autre part le peu de contrôle exercé sur eux. Il y a là un manque. Quelle autorité morale pourrait servir de garde-fou aux médias et aux gouvernements ? Platon répondrait : « Les philosophes ». Mais à quel genre de philosophes pensait-il ? Normalement, cette autorité devrait être associée au régulateur de la psyché et posséder un rôle de conseiller au sein du gouvernement et des médias. Dans nos sociétés, ce siège est malheureusement vide.

Les médias sont des compagnies qui avant tout vendent un produit. Pour cela elles recherchent ce qui choque, l'inusité, la controverse. Elles font du visuel et couramment du restaurant-minute de l'information. Trop souvent elles cherchent des boucs émissaires pour donner en pâture à la fois à certains pouvoirs et à la masse qui établit sa moralité sur leurs dictats. Nous sommes loin de la recherche assidue de la vérité et de la neutralité journalistique. Qui choisit et interprète les nouvelles ?

En tant que professionnelle des médias, j'ai pu constater l'emprise des pouvoirs tant politiques, financiers que corporatistes sur ceux-ci. Mais aussi, socialement, dans notre monde moderne basé sur le mesurable, un concept tel que celui de l'incommensurable n'a pas de place. Toutes mes observations suggèrent pourtant que d'avoir conscience d'un « soi stable » permet la résilience nécessaire pour choisir de poursuivre une vie pénible. La foi véritable calme le cingulaire antérieur, une structure du cerveau mammalien associée aux crises d'anxiété [68]. Ainsi la foi fournit un écrin stable pour donner un sens à sa vie, pour comprendre et agir au sein d'un environnement instable et éphémère. Elle agit comme un bouclier contre l'angoisse parce qu'elle nous place automatiquement dans un paradigme plus véridique (même s'il est incomplet) que celui de la science présente.

Je préfère le terme de Soi, pour identifier ce noyau dur de l'être, à celui d'âme, trop galvaudé. Également, les outils du soi (reptilien, mammalien, Humain, conceptuel et social) en sont tous imprégnés, et ne lui sont pas étrangers bien que le Soi puisse exister, indépendamment de ceux-ci. En général, la vision de l'âme inculquée par nos mères ressemble à une chose céleste emprisonnée dans un corps.

La culture, comme l'indique le constructivisme, a influencé le développement de mes différents corps (physique, émotionnel, conceptuel et social). Elle m'a donc incité ou non à communiquer avec ma polarité féminine. Voilà mon paquet, selon David Hume (1775), mon « sous-le-soi ». A priori, seul un élément qui différerait de ces corps a la possibilité de vraiment m'offrir une stabilité, une ancre et ainsi de demeurer à l'abri des changements et des influences, tout en motivant ma résilience. Aussi, Rossan [69] a noté que nos interactions n'aboutissent pas toutes à des modifications de l'identité de soi, mais affectent plutôt des sous-identités. Ces différents corps comportent des structures physico- psychiques permettant l'expression du soi.

Les recherches abondent dans le sens d'un noyau dur de l'être. Elles permettent d'appréhender un soi stable associé au premier régulateur puisqu'elles confirment qu'une des structures principales de celui-ci, le cortex préfrontal ventromédian, est associée à la prise de décision [70], au choix d'action, indépendant des stimuli antérieurs [71]. En cela, l'ocytocine, cette hormone associée à la polarité féminine aidera en quelque sorte à « nettoyer l'ardoise » du maître d'école intérieur pour permettre de nouvelles expériences. Le cortex préfrontal ventromédian est similaire à un ordinateur appliquant instantanément les motifs en écho de la matrice de notre Soi. Il permet de s'affranchir des réponses automatiques liées à la personnalité et au passé.

Ce noyau stable n'est pas étudié parce que toutes les recherches se limitent à l'état conscient et non à l'inconscient. Nous devons cela à la division de l'être par Freud en surmoi, ego et id. Ces trois aspects cernent une figure paternelle ou plutôt une polarité masculine attachée à la personnalité. Dans ce modèle, la source du « je » et du « moi » est physique. Il n'y a pas là de figure maternelle outre celle qui appartient à la polarité masculine et au cerveau reptilien. Mais ce n'est pas l'essence de la mère. Avec celui d'une figure-mère plus complète, le noyau qu'est le Soi serait plutôt conceptuel, parce que son origine transcende le temps et l'espace. Cependant, il s'exprime au travers des structures physiques du « je ». La figure maternelle de la polarité féminine est une présence holistique, invisible et inconsciente qui vous a soutenue et menée jusqu'à votre naissance. Elle seule donne un sens et permet la vie ; c'est un reflet de notre polarité féminine.

Le philosophe américain Dan Dennet [72] a en partie raison d'affirmer que notre outil narratif décrivant un « moi » n'est en réalité que cela : un faisceau de perceptions, et un résultat d'interactions avec les multiples niveaux d'un environnement (Dennet cité dans Dickerson[73]). L'erreur est de croire que nous ne sommes pas davantage que cela. Son être humain ne pense pas, ce n'est qu'un automate ; il ne fait que réagir. Cela n'implique pas l'absence d'un « qui », se mouvant en dehors des contingences de l'espace et du temps et s'efforçant de s'exprimer à travers eux. De ne pas voir le monde lorsque mes yeux sont couverts de mes mains ne prouve pas que le monde n'existe pas. En harmonie avec la théorie freudienne, Dennet aperçoit la polarité masculine, mais pas de polarité féminine. Son assertion en dit beaucoup plus sur lui et sur son « moi » que sur la réalité. La théorie de la personnalité [36] du courant individualiste est valide, mais l'être n'est pas limité à cette personnalité consciente, et le « je » n'est pas limité aux sens et à l'inconscient du cerveau reptilien et mammalien. La structure réelle de l'être humain est tripartite. Elle est formée d'un « je », d'un « moi » à l'intérieur d'un « Soi » qui utilise les deux premiers pour s'exprimer.

Les résultats de recherches récentes sur un sens moral inné des bébés sont en accord avec la théorie de l'identité sociale qui façonne le soi (je + moi) sans contredire le point de vue également individualiste de la pansystémologie. Les recherches de J. K. Hamlin [37] suggèrent que les bébés préverbaux démontrent des motivations et des réflexes moralement pertinents [74]. Par l'évolution, les facteurs épigénétiques ont choisi cette tendance « morale ». En effet, chez l'humain le cortex insulaire, une structure cérébrale sous-jacente à l'empathie et à la conscience du

---

[36] Donc en partie du « moi ».
[37] Sur Internet:http://www2.psych.ubc.ca/~klonsky/PSYC102/babies.pdf.

moi, compte un plus grand nombre de neurones de von Economo que chez tout autre animal [75]. Ces neurones se développent surtout *après* la naissance. Ils sont donc très sensibles à la qualité environnementale tant physique, psychique que sociale. On peut se demander dans quel but.

L'empathie [38] est la base sur laquelle *se développent* les émotions morales telles que la culpabilité et le remord. Cependant, *« la biologie de l'évolution nous enseigne que les comportements altruistes sont apparus avant l'acquisition de cette capacité d'empathie*[76] *»*. Ainsi, on retrouve ces comportements même chez certains insectes. Ils ne possèdent pas de structures connues liées à l'empathie (abeilles, fourmis). J'explique ceci par le fait que la nature est un organisme global doté des mêmes qualités que celles que ses créatures doivent développer dans le cours de leur évolution, chacun selon son espèce. L'empathie est donc une fonction importante dans le maître-modèle et primordiale chez les humains. Nous soulevons ici un voile sur la polarité féminine de la nature et sur celle de l'humain. Sharma définit un développement sain de soi comme *« des étapes au cours desquelles les facettes différenciées tendent à devenir plus indivisibles* [77]*»*. Un autre psychologue important, M.H. Erickson, a reconnu huit étapes qui décrivent

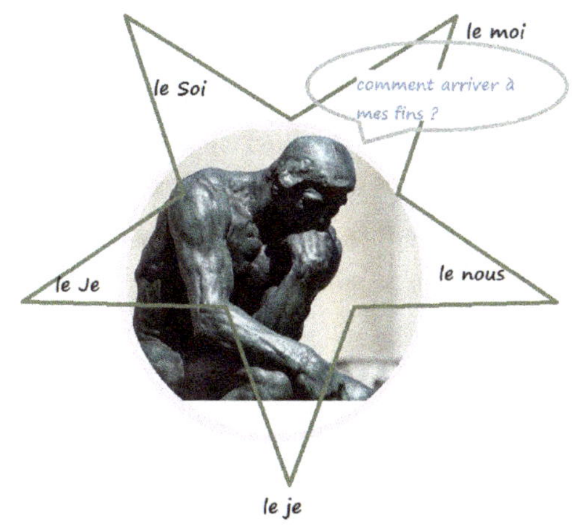

12. *photo©sanngat/depositphoto*

[38] L'empathie implique les circuits neurophysiologiques de l'expression des émotions (soit le lobe pariétal postérieur ou cortex somatosensoriel, l'insula, le cortex cingulaire, le cortex préfrontal ventromédian, temporal et l'amygdale). Sans oublier le nerf vague qui régule entre autres la respiration et le rythme cardiaque.

comment une personnalité humaine, un ego, se développe et s'adapte dans un contexte social [78]. La théorie de l'identité sociale associe l'identité à des comparaisons, des catégories générées par l'hémisphère gauche du cerveau, tandis que la théorie de l'identité l'associe aux rôles sociaux[79]. Nous sommes encore ici dans une identité de la personnalité et non dans celle de l'individualité qui est celle qui compte le plus. L'identité de type individualité est ancrée dans le Soi. Dans les pays individualistes —nous devrions plus justement dire où la personnalité prime— le soi [39] est plus délimité et conscient. Dans les pays collectivistes, avec des valeurs partagées, les gens peuvent assimiler leurs aspirations, leur idéal [80] à ceux de leur communauté. Laquelle est la plus apte à nous mener au Soi ? Pour lors, aucune, puisque toutes les sociétés mettent l'accent sur le régulateur physique.

En exemple de l'esprit collectiviste, l'anthropologue social Signe Howell (1989) a observé le peuple des Chewong [81] de Malaisie. Ils n'ont aucun instinct d'agression, aucune division entre hommes et femmes et aucun détachement de la nature. Dans notre société occidentale, le concept de soi réside dans la conscience que l'on est différent de la nature, des autres et de la société[82] . Les Chewong ne partagent pas ce concept. Ces gens vivent dans un monde psychique où les êtres ne sont pas séparés, tel un enfant pendant la période dominée par l'hémisphère droit du cerveau, ou comme l'implique la synesthésie[40] néonatale[83] . Ainsi, lors d'un documentaire sur cette communauté, un biologiste a vainement tenté de leur inculquer la notion abstraite de durabilité. Ils ne peuvent se détacher et voir la nature, ils sont la nature. Leurs jeunes, maintenant conscients de l'existence d'un monde différent, partent. Leur cosmogonie est complexe et antérieure à l'utilisation de l'outil ana lytique (de la personnalité) que les Occidentaux ont développé à outrance. On peut dire qu'ils expriment un individualisme d'ensemble [84]. Sharma assimile les concepts de soi à des structures cognitives qui incluent le contenu, les attitudes et les jugements évaluatifs. Ils évoluent au cours de la vie et permettent de donner un sens au monde.

---

[39] Le je + le moi.

[40] Les sens forment alors un tout.

Dans les pays où l'individualisme est la norme, les citoyens se concentrent sur leurs concepts de soi, leurs objectifs personnels et leur estime de soi[85] . Le concept du soi [86] inclut le contexte culturel [87]. Les schémas automatiques, les stéréotypes et les catégories sont basés sur la culture. Ils ont un impact sur le traitement cognitif. Cette observation est une contribution plus générale de Tajfel (1969) à la catégorisation. Il a noté que la pensée par catégorie accélère notre traitement cognitif[88] . En effet, les catégories sont inévitables et automatiquement générées par l'hémisphère gauche du cerveau, par la polarité masculine, pour accéder rapidement aux informations. Les autoschémas sont ainsi liés à la personnalité davantage qu'à l'individualité. Les stéréotypes, les concepts moraux, les idées manipulées par les médias que nous acceptons et qui nous font réagir automatiquement, les jugements religieux et politiques ne sont pas pour la plupart associés à la polarité féminine, mais plutôt à la polarité masculine. Bien qu'automatiques, ils ne font pas partie des schémas du premier régulateur inconscient, mais bien du deuxième. La théorie « d'avare cognitif[41] » (cognitive miser en anglais[42]) considère que les catégories sont créées pour éviter l'effort de penser[43] . Elles sont créées, entre autres, pour éviter d'avoir à étudier un sujet à fond. La catégorisation pour se décrire ou pour définir les autres mène ainsi aux opinions, aux réflexes sociaux et aux stéréotypes. Cette catégorisation s'effectue par l'hémisphère gauche du cerveau, par la polarité masculine et la personnalité. *Cependant, qu'il s'agisse d'un paradigme, d'une foi, ou d'un mythe auquel je souscris, ce qui me définit sans que je le sache exerce son influence sur les catégories que ma polarité masculine établit.*

Les psychologues occidentaux, influencés par leur culture, qualifient les deux modes de pensée observés de diverses façons : Système 1 versus Système 2 tel que discuté précédemment, mais aussi associatif/ana-

---

[41] Je préfère le terme d'économie cognitive.

[42] L'avare cognitif est une théorie de la psychologie sociale qui suggère que les humains, en valorisant leurs ressources de traitement mental, trouvent des façons différentes de gagner du temps et des efforts lorsqu'ils négocient le monde social. Le terme d'avare cognitif a été utilisé pour la première fois par Susan Fiske et Shelley Taylor dans Social Cognition (1991).

[43] Fiske et Taylore ont également noté l'effet d'homogénéité appliqué à l'exogroupe. Ainsi, j'aurai peu d'adjectifs pour les personnes extérieures à ce que je considère « mon groupe » : je les stéréotyperai. Nous apprenons à le faire dès notre premier contexte culturel : notre famille.

lytique [89], intuitif/empirique ou analytique/rationnel [90]. En dehors de certains psychologues culturels, peu abordent la distinction holistique versus analytique comme nous le faisons en pansystémologie. Pourtant ce sujet est fondamental pour bien comprendre l'action des deux régulateurs. Nous avons parlé des insectes sociaux qui, répondant à la nature,

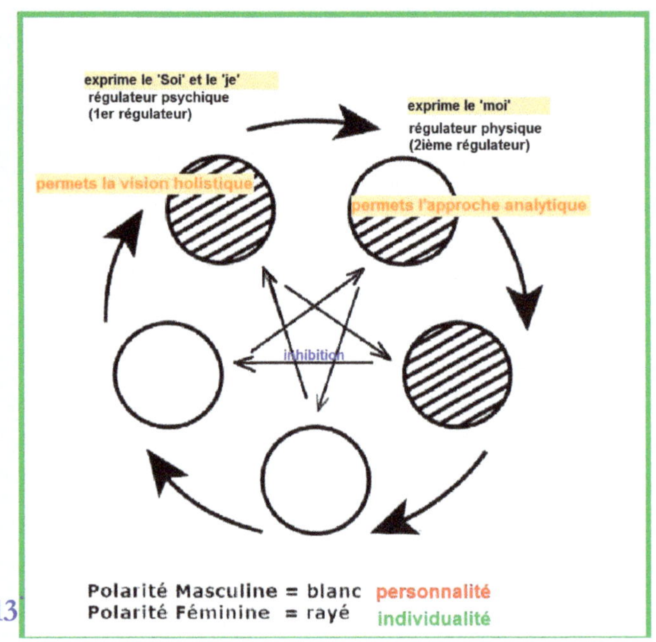

13

semblent agir de façon collectiviste. Chez l'humain, cette attitude semble inciter à une vision holistique du monde [91]. Or, les psychologues occidentaux ont tendance à considérer le Système 1, intuitif et plutôt associé à l'hémisphère droit du cerveau comme primitif et issu du domaine animal alors qu'ils considèrent le Système 2 comme proprement humain. Je crois que ceci vient du fait que le cerveau reptilien, mammalien, les structures physiologiques nerveuses et les sens régulent l'expression du premier régulateur. On a alors tendance à associer «aspect animal irréfléchi» avec ce premier régulateur et à lui attribuer tous les automatismes. Ceci se résume à dire que les sociétés collectivistes sont moins évoluées que les sociétés individualistes. La pansystémologie a une approche différente. Les automatismes se retrouvent aussi avec le deuxième régulateur. Ce sont des automatismes de catégorisation, attachés à l'hémisphère gauche.

Comme démontré par la recherche, l'éducation, en écho aux valeurs sociales, forme chez l'enfant des habitudes de pensée. On peut résumer ceci par des approches pédagogiques différentes. La première privilégie le «moi» alors que la seconde insiste sur le «nous [92]». Ainsi, dans les recherches, les Asiatiques ont tendance à automatiquement utiliser la vision holistique et conservent un point de vue contextuel alors que les Américains dans l'ensemble se concentrent sur un point et décontextualisent[44] . Les recherches confirment l'utilisation du premier régulateur par les Asiatiques suite à l'observation que leurs processus psychiques ont un caractère moins verbal [93] donc qu'ils utilisent davantage leur hémisphère droit. Pour certains chercheurs, l'utilisation du premier régulateur mène à *«accepter sans penser des jugements par défaut générés de manière heuristique [94]. »* Bref, sans réflexion. Or, les études démontrent que les Asiatiques ont aussi tendance à décontextualiserlorsque la charge cognitive est trop importante . Cependant même à ce stade ils le font moins que les participants américains. Evans dans sa recherche de 2006 a par ailleurs noté que l'analyse ne déviait de la perception automatique et heuristique [45] que si celle-ci ne permet pas d'atteindre le but désiré [95]. Ce but de l'être conscient est, en général, celui de la personnalité.

Un dernier point importe à noter : le premier régulateur peut emmagasiner une somme infinie d'information. Le deuxième régulateur associé au conscient n'a pas cette capacité. Ce fait a mené le taoïsme et confucianisme à développer l'idéal du wuwei, que je traduis personnellement par «l'action juste automatique, fruit d'un état d'harmonie avec le maître modèle [46].» Le Wuwei sert l'individualité.

Je fais un aparté ici pour parler des races, de la culture et de l'immigration. Tout humain est un homo sapiens. Certains disent que son berceau est l'Afrique donc que les races en tant que telles n'existent pas. Le vulgarisateur scientifique et généticien André Langaney affirme qu'il

---

[44] Sortir un événement, un fait de son contexte, ce qui tend vers une approche catégorielle et souvent binaire, certains diraient une vision absolue des choses et des événements (bon/mauvais, vrai/faux).

[45] Se rapproche du concept de FOR (feeling of rightness, sentiment de justesse) des psychologues. De façon intuitive.

[46] Qui est l'ordre cosmique originaire (BELLINGER, Gerhard J., Encyclopédie des religions, Le Livre de Poche, 2000.

n'y a pas de différence de gènes entre les races et qu'il est impossible de dire quelle était la couleur des premiers humains. En fait, une caractéristique particulière comme la couleur de la peau, par exemple, requiert le travail concerté de *plusieurs* gènes. De plus l'effet de l'environnement (le phénotype) est primordial pour d'autres caractéristiques. Ajouté aux altérations du milieu sur les caractéristiques physiques il y a toute l'histoire d'un peuple, de son éducation ainsi que de sa religion qui a profondément orienté la psyché de ces êtres. On ne peut prétendre que l'épigénétique n'a pas d'effet sur le phénotype. Aussi l'inconscient universel est marqué du vécu de ce peuple et suivra ses membres, peu importe où ils iront ; ce sont leurs racines, même si elles sont inconscientes.

Il serait aussi naïf de penser que tous les peuples traversent la même phase de l'évolution humaine. Ou de croire que le racisme, alors qu'en fait il s'agit d'une catégorisation naturelle, ne concerne pas toutes les races et tous les groupes. Il serait tout aussi irresponsable de penser qu'un groupe d'immigrés provenant d'un même pays ne dira pas « nous » en pensant à leur groupe et « eux » en pensant aux hôtes[47] . Ceci est le fait de notre polarité masculine qui a la fonction nécessaire d'établir des catégories. Ce n'est pas une anomalie. Mieux vaut en prendre note que de se cacher la tête dans le sable.

Voici une petite anecdote pour illustrer mon propos. J'étais en visite chez un de mes fils en Colombie-Britannique. Nous entrons dans une pâtisserie. Je m'approche du comptoir et attends qu'on me serve. Derrière son comptoir, la serveuse me voit, mais s'occupe à autre chose. Deux longues minutes passent. La cloche sonne, quelqu'un entre et vient se placer à côté de moi. Une femme de mon âge. Elle interpelle celle qui est derrière le comptoir, qui ne servait personne, et lui parle dans une langue étrangère. Les deux ont des traits similaires, de type asiatique. Visiblement elles ne se connaissent pas, mais celle derrière le

[47] La série télévisée La Petite Maison dans la prairie (Little House on the prairie puis Little House: A New Beginning) a été jugée raciste parce que la famille de colons en vedette éprouvait colère et peur vis-à-vis des autochtones. Pourtant c'est une image véridique du passé. Allons-nous aseptiser et éliminer les étapes de l'évolution de l'humain de son histoire ? Avec l'immigration massive que nous connaîtrons de plus en plus, ne risquons-nous pas de devenir les autochtones de demain si nous fuyons la réflexion et les réformes nécessaires de protection des cultures ?

comptoir se sent obligée de la servir avant moi. Je suis heurtée de ce manque de civisme. Ma réflexion se poursuit alors que j'attends patiemment qu'elle soit servie : si j'étais dans leur pays, je pourrais comprendre, mais chez moi, dans mon pays natal ? Et si elles sont toutes deux nées ici alors d'où vient cette réaction ? Parce que je suis blanche ? Donc je suis victime de racisme ? Il y a toute une réflexion urgente à poser sur l'équilibre et le rapport des différents groupes ethniques dans un pays. Il en va de la paix et de la cohésion sociale.

La phase humaine que nous traversons dans les pays industrialisés est celle du cerveau analytique. Ceci correspond chez l'humain à la période de 21 à 28 ans [48]. L'évolution, au-delà du stade analytique présent, nous guide maintenant vers une vision plus globale de la société humaine et de la nature, vers une contextualisation [49]. En effet, suite à la phase analytique qui décontextualise, vient la phase sociale et universelle. Le premier régulateur inconscient, celui qui a une vision globale et prend en compte tous les éléments, bref, celui qui contextualise régulera cette phase.

Nous avons reçu beaucoup de la nature. L'aspect physique nous a donné la structure physique (cerveau reptilien). L'aspect émotionnel nous a donné nos sens pour accéder à l'information environnante, que celle-ci soit physique ou psychique (comportement, cerveau mammalien). L'aspect idéaliste/symbolique nous a donné les facultés d'idéer et d'imaginer (cerveau Humain). L'aspect réaliste nous a donné les outils d'application (cerveau analytique nutritionnel). Enfin l'aspect collectif nous a donné les vertus [50] (cerveau social universel). Devenir un humain complet implique le tissage de tous ces éléments en un tout cohérent. Pour ceci il nous faut un but qui nous permette non seulement de devenir plus que la somme de nos parties, mais aussi de contribuer à la marche de l'humanité. Nous aurons alors une conscience de l'ici et de l'au-delà.

Ce que nous avons appris et compris du monde physique, nous

---

[48] Voir plus loin le chapitre sur le cerveau analytique.

[49] Alors que nous avons tendance à décontextualiser les races, à les dénuder de leur culture, de leur passé et de leur fonction essentielle au sein de l'espèce humaine.

[50] Force qui nous oriente vers le bien et qui perçoit les règles pour y arriver.

pouvons maintenant l'appliquer au monde psychique. Pour donner un exemple, avant que les lois de l'hygiène ne soient connues et développées, à Paris le peuple succombait au choléra et à la fièvre typhoïde. À cette époque, l'Académie médicale disait que l'eau de la Seine était potable, et même recommandée, puisqu'on n'avait pas encore conscience de l'existence de virus ; ils étaient invisibles. Tenant son éprouvette le scientifique de 1832 pouvait doctement affirmer que cette eau constituée uniquement d'hydrogène et d'oxygène était bonne à boire. On peut dire que son outil analytique manquait de raffinement et que son outil de contextualisation manquait à l'appel. En effet, les Parisiens buvaient l'eau de la Seine qui fournissait autant l'eau à boire qu'elle servait d'égout !

Heureusement, nous avons progressé. Notre science présente nous permet le contrôle de notre environnement physique. Cependant, elle est impuissante en ce qui concerne notre environnement psychique. À quoi bon un bel environnement bien contrôlé lorsque le matin l'énergie de vivre nous échappe ? La pansystémologie peut nous permettre de développer une hygiène psychique qui augmentera notre résilience face aux virus psychiques [51] qui nous empoisonnent la vie. Je vous convie donc à aborder les notions liées à cette aventure d'une conscience plus profonde de l'humain.

---

[51] Information sous forme de sentiments, de pensées ou de concepts acceptés au détriment de l'équilibre du LIFE personnel ou collectif.

14 

©Ross Henry/dreamstime.com

Limite de la Théorie Scientifique Moderne : la Psyché

« L'homme qui s'asseyait sur le sol de son tipi pour méditer sur la vie et sur sa signification avait accepté une filiation commune à toutes les créatures et avait reconnu l'unité de l'univers ; de cette façon, il infusait à son être l'essence de l'humanité. Lorsque l'homme abandonna ce développement, il ralentit alors son évolution. »

—Chef Luther Standing Bear, My People the Sioux (1928). (ma traduction)

Jung nous dit : *«Quand on parle de la foi, c'est qu'on a perdu le savoir. Foi et non-foi en Dieu ne sont que des succédanés. Le primitif dans sa naïveté ne croit pas, il sait, car il donne avec raison autant de valeur à l'expérience intérieure qu'à l'expérience extérieure. Il n'a pas encore de théologie, et ne s'est pas encore laissé obscurcir l'esprit par des concepts sottement astucieux. Il oriente sa vie —par nécessité— d'après des faits extérieurs et intérieurs qu'il n'éprouve pas comme nous comme étant séparés. Il vit dans un monde entier, et nous vivons, nous, dans une moitié du monde et nous croyons seulement, ou ne croyons pas, à l'autre moitié… nous vivons à la lumière d'une électricité que nous fabriquons nous-mêmes et —comble du ridicule— nous croyons au soleil, ou n'y croyons pas* [96]*. »*

Voilà le résultat de notre vision tronquée du monde. Dans la société occidentale, depuis le quatrième siècle av. J.-C., soit depuis le temps du philosophe grec Démocrite, nous avons favorisé l'analyse, certains affirmant que c'était là l'*unique* outil permettant la rationalité. C'est inexact. Il n'est que l'outil qui utilise l'hémisphère gauche du cerveau, celui qui exprime le plus les valeurs de la polarité masculine. Sans une vision globale soutenant cette analyse, il n'y a pas de rationalité et notre bateau ne vogue que dans les eaux troubles de la personnalité. Bien sûr, cela nous a permis de répondre en bonne partie aux questions : *quoi*, *comment* et *où*. Mais nous passons à côté des questions fondamentales (*quand*, *quel*, *qui* et *pourquoi*) et de leurs réponses. Une vision plus rationnelle ainsi que des réponses plus complètes sont permises lorsque nous adoptons le modèle complet de la nature.

Galilée (1564-1642) a définitivement lancé le bal mécanique analytique lorsqu'il a réduit les planètes à des choses sans essence, mues par des forces mesurables. Impressionnés, d'autres lui ont emboîté le pas et ont commencé à limiter toute la nature à ce précepte. Ce fut une époque merveilleuse de découvertes, d'exploration et d'améliorations à tous les niveaux. Mais cette nouvelle attitude une fois généralisée a eu pour conséquence de limiter notre perception de nous-mêmes et de la nature à celui d'objets soumis aux lois mécaniques. Nous faisons fi du reste, donc de l'essence. Avec le temps, tout a subi ce même sort, même ce que l'humain avait de plus intime, de digne et de sacré. Ceci remplaça l'approche vitaliste vieille de quatre millénaires. La biologie devint un ensemble de mécanismes ingénieux, à l'image de notre outil analytique qui sectionne tout, et la Nature un objet mort à disséquer. Le sens du sacré, c'est-à-dire l'intuition d'une complétude et d'une réalité plus vaste s'insérant dans l'espace et le temps disparut. Certains, tout comme le personnage de Seth dans le mythe osirien, ont alors allègrement proclamé « Dieu est mort ! » Mais c'est notre aspect divin qui s'est tu. Il devint dès lors impossible à l'humain de projeter son intériorité sur la nature. Du coup, il devint un objet de chair parmi d'autres objets remplaçables.

Mais tout humain psychologiquement sain ne peut se réduire à n'être qu'un objet. Il en va de sa dignité, de son identité et de sa liberté. Tout comme Osiris, il étouffe enfermé dans le cercueil de la matière. Son LIFE tente obstinément de rétablir l'harmonie d'une réalité plus vaste qui inclut son inconscient, et ce, coute que coute. Comme il échoue parce qu'il cherche la solution dans l'environnement social —celui-là même qui crée le déséquilibre—, il manifeste toutes sortes de troubles.

Depuis le siècle des Lumières, nous croyons que tout ce qui existe est uniquement le fruit du plan matériel. Entre le quinzième et le vingtième siècle on a donc cru, analyse oblige, devoir «prouver» l'existence de l'objet nommé âme. Mais l'âme, tout comme l'homme, n'est pas un objet. Elle est la réponse à la question du *qui*; inutile dès lors de la chercher dans le monde de l'objet (le *quoi*, voir dessin de la croix mentale humaine). Peu importe, assidûment nous avons disséqué l'univers manifesté jusqu'à son élément le plus minuscule, le quantum. Enfant, j'agissais de même, émerveillée par un transistor, plaidant pour que ma mère me le donne afin de le mettre en pièces dans l'espoir d'y trouver le son. Voilà bien le royaume de l'hémisphère gauche du cerveau, celui de l'analyse. Je n'ai pas trouvé les sons dans la radio et ils n'ont pas trouvé l'âme. Mais comme j'entends toujours la musique provenant de ma radio, je crois encore au son… et à l'âme.

Avec la théorie des atomes, une philosophie positiviste (le positivisme logique) de la science naquit. Les positivistes arguaient (encore et toujours) que la science ne devait s'occuper que de ce qui est visible et palpable, exclusivement de ce qui peut se mesurer. Ceci avait du sens puisque dans leur monde binaire, ce qui ne se pèse pas et ne se voit pas appartient au domaine religieux honni, ce joug des gens crédules, superstitieux et, contrairement à eux les scientifiques, inintelligents.

L'erreur c'est de déclarer que comme ils ne s'en préoccupent pas, ça n'existe pas. Pour eux, tout ce qui est en dehors de leur science (forcément limitée puisque nous le sommes) n'est qu'élucubration intellectuelle au mieux pseudo-scientifique. Ce n'est pas modeste. Leur mental n'a que deux cases : si ce n'est pas mesurable selon leurs critères à eux-mêmes incertains, c'est forcément illusoire. Il le rejette en bloc. Heureusement, tous les scientifiques ne sont pas ainsi.

Dans l'univers scientifique, jusqu'au début du vingtième siècle, rappelons-le, l'incertitude était inacceptable puisque la mission de la science était de comprendre la matière. Pour le maître d'école, il s'agissait là de la totalité. Donc, grâce à l'acceptation du paradigme disant que tout provient de la matière, la science pouvait tout prédire et de façon plus importante tout contrôler puisque tout était matériel. Du moins en théorie. La science était une arme rassurante dans un monde incertain. Ceci explique comment elle devint la préférée des grands pouvoirs financiers qui lentement mais sûrement, abandonnèrent la religion.

Comme le chimiste français Antoine Lavoisier l'a démontré vers la fin des années 1700, rien ne se perd, rien ne se crée, tout se transforme. Longtemps avant Lavoisier, Socrate disait que tout vient de tout. La notion de flux énergétique (telle que présentée par exemple par Louis de Broglie ou David Bohm) n'étant pas analysable, il fallut donc imager ce flux pour pouvoir effectuer des calculs. Il fallait l'objectiver, c'est-à-dire le fixer dans un temps et un espace précis —un peu comme une photo de vous prise lorsque vous aviez 18 ans, trois jours et deux minutes—, et ce, hors de tout contexte. Puis on vous dit : ça, c'est toi, alors que vous en avez soixante. Vous êtes flatté bien sûr, mais ce n'est plus vrai en ce qui concerne votre apparence. La vie s'accorde mal de la soustraction de l'élément temps de nos formules mentales. Donc les scientifiques considèrent l'univers comme un système fermé bien que selon leurs calculs l'espace augmente. Nous en arrivons maintenant à un univers de moins en moins physique et de plus en plus composé d'énergie[1].

Dans cet univers fermé, où placent-ils les pensées et les sentiments ? Selon la description scientifique de l'énergie, n'ont-ils pas *le potentiel de créer au travers d'un médium approprié une réaction aussi forte sinon plus que n'importe quel agent mécanique*? La nature n'est-elle pas ouverte à ce niveau? En fait, on a prétendu qu'ils n'existent pas en soi puisqu'on ne peut les mesurer. Ils ne seraient que le résultat de la mécanique et chimie de

[1] La matière noire qui n'interagit pas avec la radiation électromagnétique était le composant principal de l'univers au début de celui-ci et estimé à 63 %. Maintenant c'est l'énergie noire qui domine avec 68 à 74 % de la masse — énergie de l'univers. Il y a un peu plus de 13 milliards et demi d'années, les atomes comptaient pour 12 % de l'univers. À présent, ils sont estimés à 4,6 %. Le but de l'univers est donc plus d'énergie et celle-ci doit interagir avec le champ électromagnétique.

notre corps physique, au même titre que le sont les excréments. Ceci n'est pas faux si on considère l'aspect analytique des humains : on n'en retire pas davantage d'éléments que ce qu'on y met. Mais ceci n'est qu'une infime partie de la psyché humaine, celle liée à un *processus* d'analyse et à la polarité masculine.

En accord avec ceci, le physicien quantique Freeman John Dyson écrivit —avant même que ne soit connue la théorie de l'énergie noire : *« Ce ne serait pas surprenant si l'origine et la destinée de l'énergie dans l'univers ne sauraient être complètement comprises en les considérant comme isolées du phénomène de la vie et de la conscience… Contre toute attente, la vie aurait peut-être réussi à mouler l'univers à ses desseins [2]. »* (Ma traduction) Dans la même veine, *« Je considère la conscience comme fondamentale. Je considère la matière comme dérivée de la conscience. Nous ne pouvons pas être derrière la conscience. Tout ce dont nous parlons, tout ce que nous considérons comme existant, postule la conscience. [3] »* Max Planck, le physicien théoricien à l'origine de la théorie quantique qui lui a valu le prix Nobel de physique en 1918. Rappelons au passage que la science analytique actuelle ne sait pas comment « émerge » la pensée humaine.

La conscience dont ces deux scientifiques parlent ici n'est pas la lucidité, cet « awareness » qui se rapporte à une connaissance corporelle du champ immédiat sans valeur réflexive. Je crois qu'ils désignaient la conscience attentive et compréhensive liée à un échange avec l'environnement physique et psychique non seulement rapproché, mais aussi éloigné dans l'espace et dans le temps.

Puis un beau jour, un hiatus apparut entre ce que la science théorique affirmait et ce que les expériences de laboratoire pouvaient révéler de la réalité matérielle, observable, mesurable [97]. La possibilité de pré-

[2] Extrait de sa conférence Templeton. Freeman Dyson est physicien, mathématicien et professeur Émérite à l'institut des Études Avancées, Princeton, New Jersey. Ses contributions incluent l'unification des trois versions de l'électro-dynamisme quantique inventé par Feynman, Schwinger, et Tomonaga. Ses écrits sur la signification de la science et de ses rapports aux autres disciplines tout particulièrement avec la religion et l'éthique mettaient au défi l'humanité de réconcilier la technologie et la justice sociale.

[3] *« I regard consciousness as fundamental. I regard matter as derivative from consciousness. We cannot get behind consciousness. Everything that we talk about, everything that we regard as existing, postulates consciousness. »* Source: *The Observer* (25 Janvier 1931). Voir également : Max Planck. *Where is Science Going?* (Woodbridge, Connecticut: Ox Bow, 1981) p. 67, 77-78.

diction de la science devint approximative [4]. La science reposait maintenant, tout comme la religion, sur un consensus lié à un dogme. Son dieu —la matière brute— se dissolvait soudain et prenait un visage inconnu. Une scission se créa sans trop d'éclaboussures entre la mécanique mécaniste et la mécanique quantique. Une s'intéresse au visible, l'autre à l'infiniment petit, invisible.

Le plan théorique qui englobe plusieurs lois permet de rendre compte de davantage de phénomènes. La psyché doit y trouver sa place. D'ailleurs, comme nous l'avons déjà fait remarquer, cette nécessité incita Einstein [5] à solliciter de Jung qu'il trouve une façon d'insérer la psyché à l'intérieur du paradigme scientifique. Or, seul l'inverse est possible, comme ont été forcés de le constater William Heisenberg et Wolfgang Pauli après des années d'efforts infructueux. Dans ce nouveau paradigme, science et religion doivent s'épouser pour demeurer fidèles à leurs racines et à leur mandat; elles doivent se compléter. La seule différence entre elles se situe au niveau du point de référence utilisé et à leur fonction respective au sein de l'humain. La science analytique s'associe au régulateur physique alors que la religion s'occupe du régulateur psychique (du moins, le devrait).

Les deux doivent s'insérer dans un même paradigme afin de nous permettre de ressentir la cohérence du monde naturel. Il est forcément plus complet que celui auquel nous adhérons à l'heure actuelle.

En lui, la science de l'extérieur et celle du subtil, de l'intérieur, pourront se rencontrer et s'enrichir mutuellement. Pauli, connu pour sa théorie du spin et son principe d'exclusion, a démontré ce lien de façon très nette. Ses intuitions ont été vitales pour les découvertes attribuées à Heisenberg et à Niels Bohr. Comme plusieurs autres, il respectait Jung. Pour Pauli, le monde extérieur jaillit du centre de l'atome

[4] Par exemple, le chimiste Gilbert Lewis théorisait que la lumière contenait des photons. Personne ne voyait ces photons. La rencontre entre un de ces photons (quantum de lumière) et un électron devint un événement quantique. Max Born, un physicien britannique allemand, lauréat du prix Nobel de Physique de 1954 avec Walther Bothe, a démontré que cette rencontre peut donner plusieurs résultats. Selon Pauli, un pionnier de la physique quantique, ceci signifie que l'observateur doit mesurer ou bien le mouvement (énergie) ou bien la position (espace) d'un élément quantique. Ce que le récipiendaire du prix Nobel Niels Bohr ajouta c'est que toute mesure dérange et influence l'élément mesuré. William Heisenberg par la suite ajouta que la mesure d'un aspect ferme la porte à l'exactitude de toute autre mesure.

[5] Carl G. Jung invita Einstein à dîner chez lui de 1909 à 1912.

qui lui, provient de la psyché ; il était sur une piste.

Voici ce qu'il disait [6] au sujet de sa perception concernant le noyau: : *« Le noyau radioactif est un parfait symbole pour la source de l'énergie de l'inconscient collectif. Ceci indique que la conscience ne vient pas d'une activité qui lui serait propre, mais est constamment produite par une énergie qui vient des profondeurs de l'inconscient et donc a ainsi été figurée comme des rayons depuis les temps immémoriaux .*[98] *»*

Ce n'est dès lors pas surprenant qu'un nouveau mouvement apparaisse en science, au grand désarroi de ceux qui n'utilisent qu'une psyché de type maître d'école. De la même façon que l'électricité crée un champ magnétique, la science devient métaphysique. Dans les mots de Pauli : *« [il faut] trouver un nouveau langage qui pourrait rendre l'aspect caché de la nature accessible à l'intellect… et neutre en ce qui concerne la distinction entre la matière et la psyché* [99]*. »*

Dans ce sens il est naturel que les plus éminents physiciens quantiques se soient intéressés à la psyché. En fait, ils s'intéressaient à la fonction oscillatoire et à l'origine de l'univers. Les scientifiques théoriques, dans leur recherche d'une vérité plus complète, un jour se retrouvent forcément confrontés à cette psyché. Comme l'a démontré le professeur de neuroscience Antonio Damasio [100], les émotions —qui l'expriment — contrairement aux instincts, sont nécessaires aux fonctions cognitives supérieures du cerveau [7]. Pour Jung également, elles

---

[6] Ma traduction.

[7] Damasio souligne la rationalité des émotions dans son livre, Descartes' Error, ainsi que l'importance des émotions dans un cas de prise de décisions. Damasio a constaté que les patients présentant des lésions dans les régions du cerveau qui intègrent les systèmes cognitifs et émotionnels ne peuvent plus fonctionner normalement dans leur quotidien. Pourtant, leur capacité analytique est parfaitement normale. Avec ses collègues, il a ainsi démontré que les patients présentant des dommages au cortex préfrontal médian (une structure liée au cerveau Humain de la polarité féminine) ont de la difficulté à ressentir et à choisir. Par exemple, dans certains tests les participants étaient confrontés à un dilemme : « Que feriez-vous si en pressant un bouton vous pouviez sauver cinq personnes, mais que ceci implique que vous provoquez la mort d'un spectateur ? » Bien sûr que certains interrogeraient qui sont ces gens ? Ou éprouveraient un pincement au cœur de devoir choisir ? Les patients au cerveau endommagé n'éprouvaient aucune réticence à agir. Ils adoptaient seulement un regard détaché, comptable, que la victime soit un enfant, une femme ou autre. Ceci montre leur facilité à considérer les êtres vivants comme des objets. Nos valeurs sociales, fondées sur notre paradigme matérialiste créent des habitudes de pensée qui finissent par changer la façon dont nous utilisons notre cerveau. Ainsi, si l'on présentait le même test à une foule, il y a fort à parier que peu poseraient la question : « qui sont ces gens que je risque de sauver/tuer ». Ceci est normal puisque la question qui suis-je a été mise de côté dans notre société. De ce *qui*, nous avons

sont la source principale de prise de conscience [101]. *L'émotivité a toujours un effet inconscient sur toute réflexion*, qu'elle soit celle d'un scientifique ou non. Cependant, si nous utilisions les deux outils conceptuels ensemble de façon consciente —donc en prenant soin d'exprimer une vision plus entière et cohérente de la réalité — nos observations auraient de la profondeur et seraient plus complètes. Elles ne se limiteraient pas au monde apparent et permettraient ainsi d'inestimables découvertes. Elles seraient surtout, de fait, plus rationnelles et moins subjectives.

« ... Une nouvelle manière de concevoir les causes suggère une multitude d'expériences à tenter, d'explications à vérifier. » Disait le physicien-chimiste André Ampère [102]. C'était en 1824.

Les grandes découvertes, les grands exploits, les incroyables avancées technologiques qui ont propulsé l'humanité en avant ne sont pas le fruit d'esprits sceptiques ou dogmatiques, mais bien novateurs et préparés à élargir le paradigme officiel tel que requis par l'observation. Ceci tient du fonctionnement de notre cerveau. Le monde du deuxième régulateur, physique et conscient, agit dans les limites du régulateur psychique (inconscient). Les structures du cerveau que je qualifie de « cerveau mammalien [8] » l'inhibent. Ce cerveau exprime un étage inconscient directement lié aux émotions. Il n'est pas assujetti au premier régulateur inconscient parce qu'il fait partie de la polarité masculine (mémoire explicite de l'hippocampe et implicite de l'amygdale et mémoire sémantique). Il est passé maître dans la compilation en fonction des perceptions de l'individu [9]. La culture de ses pairs l'influence. Ses catégories sont fondées sur des concepts abstraits, des listes de propriétés communes ou une référence (prototype), selon le cas. Si un concept véridique [10] est refusé au niveau du premier régulateur psy-

gardé uniquement ce qui se rapporte au social c'est-à-dire, à la fonction sociale, et à l'apparence. Il est alors naturel bien que triste que nous considérions les autres de la même façon et que nous ne posions pas de question.

[8] Presque similaire au cerveau limbique.

[9] Des études dans les années 70 ont démontré que l'état physiologique lors de l'apprentissage d'une notion a un impact sur la mémorisation de celle-ci. Nous mémorisons plus facilement des notions qui sont en affinité avec nous-mêmes.C'est-à-dire en harmonie avec le maître-modèle.

[10] Appartenant à la polarité féminine, lien avec l'individualité et l'identité profonde.

chique et inconscient , il ne pourra activer le régulateur physique conscient ; ce concept n'existe pas. Le concept véridique peut aussi être présent dans le premier régulateur, mais se voir refusé par le second. Pour cette personne dissociée, les échanges entre ses deux régulateurs et ses deux polarités seront compromis. Un concept en désaccord avec les buts fixés par la personnalité ou la culture, même vrai, risque le panier. L'automatisme de la personnalité le rejettera avec violence. Aussi, même la vérité peut être rejetée, refusée. Ceci explique la justesse de l'exemple du corbeau noir [11] (Raven Paradox de Carl Hempel, 1905–1997). Voici un théoricien majeur, —bien que par la suite opposé— de la logique positiviste [12]. En bref, il disait que si votre paradigme affirme que tous les corbeaux sont noirs, un corbeau blanc passant par-là n'attirera pas votre attention. Et si par hasard vous êtes un vrai scientifique et relatez que vous avez vu un corbeau blanc, vous serez la risée de vos collègues. C'est le problème de la science présente, et de ceux qui se disent sceptiques. Michel de Montaigne disait justement : *« Nous ne sommes savants que de la science présente. »* Il faut plutôt penser en conformité avec les dires de l'astrophysicien Carl Sagan [103] lorsqu'il affirmait en 1996 que le concept de réincarnation demande une étude sérieuse. Mais était-il sincère dans son affirmation ? J'en doute, parce que contrairement à Ampère, il affirme par ailleurs que de garder ouverte la possibilité d'un paradigme plus vaste entraînerait une attaque à notre liberté. Il fait sans doute référence à l'inquisition ? Je crois que la science limitée est tout aussi dangereuse en ne permettant pas à la psyché humaine de s'exprimer dans son intégralité. Dans ses essais, Michel de Montaigne disait

---

[11] L'exemple du corbeau noir, tel qu'énoncé par Carl Hempel, nous montre pourquoi la science a autant de difficulté à se libérer de sa perception de la matière et des vieux principes. Un membre du Cercle de Vienne, Carl Hempel a proposé que si nous devions établir une loi disant que tous les corbeaux sont noirs, chaque fois que quelqu'un trouve un corbeau noir, la théorie s'en trouve confirmée. Ceci devient enraciné dans l'esprit. Si bien que si par hasard un corbeau blanc apparaissait, personne ne ferait de lien entre cet oiseau et un corbeau, ou si quelqu'un affirme avoir vu un corbeau blanc, il serait prestement ridiculisé. En d'autres mots, pour trouver quelque chose de nouveau, on doit être ouvert au nouveau et à l'unique. Sinon, ce que nous rejetons, même véridique, est dès lors en dehors de notre compréhension. Il est pour ainsi dire effacé de notre ardoise et de toute possibilité de prise de conscience. Sans nous surprendre, le nouveau est contrôlé par l'hémisphère droit du cerveau, celui aux caractéristiques de la polarité féminine. Les recherches sur le cerveau confirment le « black raven paradox ».

[12] La logique positiviste soutient que seul ce qui peut être mesuré existe.

aussi : *« C'est une bonne drogue que la science ; mais nulle drogue n'est assez forte pour se préserver sans altération et corruption. »* Par sa censure, la science présente empêche ceux qui souffrent d'utiliser des solutions si celles-ci dépassent son dogme. Bien sûr que les menteurs sans scrupules, scientifiques ou non, doivent être montrés du doigt. Il faut aussi enseigner aux *médecins* des thérapies créées par des médecins et qui portent fruit, même si leur mode d'action n'est pas compris (après tout, c'est ce que nous faisons [13] avec de nombreux produits pharmaceutiques [104]). En fait, au-delà du diagnostic et du traitement des maladies qui sont l'apanage des médecins, et pour ce dernier surtout celui des compagnies pharmaceutiques, on doit ajouter la promotion de la santé. Ceci ne peut se faire sans vision holistique de l'être humain, ce qui est impossible pour les médecins actuels, car leur science est dépourvue de polarité féminine. Elle seule peut permettre une approche cohérente du monde physique, émotionnel, social et mental (analytique et symbolique) de chaque être humain.

C'est pourquoi je salue le courage et l'audace de la France ; son gouvernement a permis la diffusion de l'homéopathie avec 36 % de la population qui l'utilise régulièrement. Aussi, mes enfants n'ont jamais eu à prendre d'antibiotiques, leurs maladies infantiles sont passées presque inaperçues, je n'ai jamais fait la queue à l'hôpital la nuit avec un enfant souffrant. Je pouvais soulager leurs maux, et les miens rapidement par une connaissance de base de l'homéopathie. Je l'ai aussi utilisée lors de ma deuxième grossesse avec beaucoup de soulagement. Aux mains d'un *médecin biocybernéticien* expérimenté, éduqué en homéopathie, cette approche peut faire des miracles. Elle ne traite pas les maladies, car elle ne s'attaque pas aux symptômes ; elle les prend en considération pour comprendre les incohérences du système en étude. En permettant une meilleure cohérence, l'homéopathie de type pansystémologique renforce la résilience donc la santé. Elle fait partie des thérapies de type oscillatoire et situe son action à l'interface de la psyché et du corps physique. Elle permet de nettoyer les scories psychiques lorsqu'on identifie

---

[13] Deux médecins français, Jean-Paul Giroud et Charles Hagege estiment que sur les huit mille remèdes répertoriés dans le Dictionnaire Vidal utilisé par les médecins français pour établir leurs prescriptions, au moins la moitié d'entre eux n'ont aucun effet pharmacologique démontré.

et rectifie la source du problème. Elle a une action indirecte sur les cellules, par le biais du système nerveux. Ce n'est pas du placebo, [14] car des réactions psychiques et physiques intenses imprévues peuvent en découler qui relèvent de l'individualité du traitement. Je ne connais pas d'autre thérapie qui ait une action à la fois aussi étendue, aussi pointue et aussi profonde [15].

Pour en revenir à notre propos et illustrer différemment les limites de nos théories scientifiques de type analytique, j'utiliserai l'analogie du piano. Pour moi, le corps avec son cerveau pensant (le «je» et le «moi » dans le Soi), est comme un piano. J'essaie de jouer la musique de mon choix. Peut-être que mon répertoire n'est pas très varié et que je ne suis pas doué. Mais, on est d'accord, je ne suis pas qu'un piano et encore moins la musique. Bien sûr, je dois intégrer ces trois éléments (moi, le piano et la musique) en un tout cohérent pour me qualifier de pianiste. Le piano peut être étudié en tant que *quoi*, *où*, et *comment*. Dans le modèle LIFE, ceci correspond à la polarité masculine. Au-delà de ces trois questions, le pianiste lui-même, par contraste, peut surtout être compris en répondant aux questions *pourquoi* et *qui*. Ceci s'adresse au cerveau Humain, social universel et à leurs mondes respectifs, c'est-à-dire à la polarité féminine. En quelque sorte, le pianiste et le piano sont une extension de la musique. La musique, c'est l'âme universelle. Ainsi, Heisenberg [16] disait justement que le monde est composé de musique. L'essence derrière la musique, son potentiel, en affinité avec le pianiste a en quelque sorte généré le pianiste et le piano donc permit la manifestation de la musique sur terre. Par analogie, l'essence de la musique c'est la Conscience. Elle sera toujours là potentiellement lorsque piano et pianiste cesseront d'exister et que l'essence de la musique cessera d'être manifestée.

Maintenant, si je n'ai aucun intérêt ou respect pour le piano, je ne

[14] Cette accusation de placebo peut être dirigée bien plus vers la médecine conventionnelle qui en essence conforte et sécurise le malade parce qu'elle semble toute puissante, que vers l'homéopathie. Pour lors, elle ne peut attirer que des êtres courageux ou désespérés surtout au Québec où elle est écrasée sous le poids nocebo des sceptiques et de ceux qui n'ont aucun intérêt financier ou intellectuel à la voir prendre de l'expansion!

[15] J'ai aussi été témoin privilégié d'un suivi de plus de 10000 patients en homéopathie et biocybernétique médicale.

[16] William Heisenberg est un physicien théoricien récipiendaire du Prix Nobel de Physique de 1932 et qui a fait des contributions fondamentales à la mécanique quantique.

peux espérer participer à une grande symphonie. Si mon but n'est que de faire du bruit, seul dans une pièce, même un piano désaccordé auquel il manque des touches peut faire l'affaire. Mais la plus belle musique provient d'un pianiste inspiré par le Soi, doté d'un piano en santé. S'ils sont en parfaite harmonie (le «je», le «moi» et le Soi [17]) leur expression musicale peut alors enchanter, élever et même guérir puisqu'alors elle exprime une ambiance universelle de complétude et de cohérence.

Jusqu'à présent, la science n'a pas su développer d'outils pour comprendre le pianiste ou la musique. Cela lui est impossible tant et aussi longtemps que son paradigme sera essentiellement réduit à ce qui se mesure. Pour elle, il n'y a pas de pianiste, les pianos sont mécaniques et la musique n'existe que grâce au piano. Difficile alors d'établir un lien entre le pianiste, le piano et la musique. De la même façon, nos ancêtres anthropocentriques ont cru que le soleil tournait autour de la terre ou de même, un enfant peut croire que des gens très petits conversent, enfermés dans le téléviseur. Leur perception, cette fenêtre de l'imagination est fermée à toute autre explication. Nous sommes bien enfermés dans le paradoxe du corbeau (the Raven Paradox) décrit par Carl Hempel.

Toutefois, si je crois être libre, alors en quelque sorte mon Soi doit aller à l'encontre du déterminisme impliqué par les limites de nos convictions présentes. Certainement que cela n'est pas acceptable pour un point de vue analytique donc ponctuel. Mais les propriétés des quanta offrent le même dilemme, nous le verrons. Alors, pourquoi certains refusent-ils de postuler une théorie joyeuse, inspirante et belle qui concevrait que je suis peut-être pianiste et piano avec un Soi porteur d'une Conscience? C'est que leur Seth intérieur ne veut pas perdre le contrôle.

Bien que de nos jours le concept d'un Soi transcendant soit tabou, ce serait indispensable de toute façon pour poser les bonnes questions et récolter des réponses satisfaisantes et surtout différentes en ce qui concerne le piano, le pianiste et même la musique. Sinon nous nous rassurons avec des réponses déjà toutes faites et nous nous emprisonnons davantage dans une existence dissociative qui tend à excuser notre inhu-

[17] Dans la tradition chrétienne, ils sont respectivement les manifestations du Saint-Esprit, du Fils et du Père.

manité. Jung nous dit : le seul critère de la validité d'une hypothèse, c'est sa valeur d'explication[105].

De toute façon quel mal y a-t-il à s'interroger sur un tel concept intuitif ? Je ne vois que moins de misère et plus de liberté et surtout de dignité naître de celui-ci.

Bien sûr, l'étape analytique était cruciale et naturelle pour permettre l'évolution humaine. Pour observer le monde matériel de façon soi-disant objective, nous devions le manipuler hors de nous donc feindre de pouvoir nous en détacher autant psychiquement que physiquement. Ceci était preuve que nous accédions, globalement, à une phase plus mature. Malheureusement par cette décontextualisation, nous avons souvent utilisé l'outil d'analyse de façon irresponsable dans le but d'acquérir des choses de façon pas très durable pour l'écosystème. Dans l'histoire de l'humanité, toutes les races y sont passées. La polarité masculine malade de l'humanité harcèle la nature — incluant l'humanité— à grandeur de globe avec son avidité, sa violence, son insensibilité et sa prétention, dans un désir à peine voilé de domination, de génitalité et

© *drmonochrome/dreamstime.com*

15. La Galerie des Glaces, Versailles

de cupidité. C'était Seth[18] au service du reptile. Aussi avons-nous abîmé cet aspect de nous-mêmes qui est mère du vivant, de façon inéluctable et croissante.

J'en vois un symbole dans ce qui était alors la nouvelle Galerie des Glaces du château de Versailles. C'était en 1684, les visiteurs disaient que la lumière des chandelles était aveuglante. Maintenant, nous savons que le tout équivalait à peu près à une ampoule de 55 watts [19]. L'éblouissement était une réaction normale compte tenu des habitudes de vie de l'époque. L'humain s'adapte. Je crois que nous ferons un bond similaire dans l'évaluation de notre vie intérieure. Ce monde qui nous semble si lumineux et excitant nous apparaîtra soudain pour ce que nous en avons fait : une pièce sombre et sans fenêtres, aux murs lézardés et à l'air infect. Accroupi dans un coin, on peut y voir un petit prince enguenillé et sale; il sanglote.

18 Dieu d'Égypte ancienne associé au cerveau analytique, au régulateur physique, au moi et à la personnalité.

19 À l'origine, de nuit, la galerie était éclairée par un total de 3000 chandelles. Je crois donc que le calcul utilisé pour arriver à ce chiffre est le suivant : 1 lumen= 1/186 W ou .0795 candelas3000chandelles = 37 736 lumens/.0 014 577W = 55W…. Mais il y avait aussi beaucoup de miroirs…donc mon affirmation n'est qu'une image.

16. ©Katarzyna Bialasiewicz/iStock

©DrAfter123/iStock

Chapitre 2

Sortir de la Grande Guerre Fragmentaire

« J'avais dix ans [1873] l'hiver ou j'ai vu un Wasichu [homme blanc] pour la première fois. Les bisons étaient si nombreux alors qu'on ne pouvait les compter. Mais les Wasichu les ont tués et n'ont laissé que des carcasses là où les bêtes avaient l'habitude de paître. Les Wasichus ne les ont pas tués pour se nourrir ; ils les ont tués pour le métal qui rend fou [l'argent]. »

——Black Elk[1]

David Bohm dans son livre *Wholeness and Implicate Order*, nous met en garde contre la fragmentation illusoire [106] qui résulte de notre vision tronquée du monde. Il y voit la source de *tous* nos problèmes [2]. Alors que nous devenons adultes cette fragmentation devient une habitude de pensée à laquelle nous ne pouvons plus échapper. Il dit aussi : *« En recherche scientifique, une grande partie de notre pensée se fait en termes de théorie. Le mot "théorie" dérive du grec "theoria", de la même racine que "théâtre" dans un mot qui signifie "voir" ou "faire un spectacle". Donc, on peut dire qu'une théorie est avant tout une forme de perception, c'est-à-dire une façon de voir le monde, mais non une forme de connaissance du monde tel il est[107]. »*

Comme l'affirmait Einstein, nous avons rejeté trop de faits : maintenant il faut avoir l'audace d'une vision inclusive. Ceci implique l'adoption d'un point de vue plus global. Nous vivons mentalement baignés

---

[1] Ma traduction – Black Elk Holy Man of the Ogdala Lakota Sioux, 1863–1950. Sur Internet: http://www.unitedearth.com.au/blackelk.html.

[2] Ses entrevues, en anglais malheureusement permettent de cerner trois points fondamentaux : Les propriétés de l'ensemble ne peuvent être déduites de la propriété des éléments. La relativité affirme que l'univers est indivisible. L'univers n'est pas fait de particules. https://www.youtube.com/watch?v=r-jI0zzYgIE.

dans un paradoxe. L'effet placebo de l'idéologie scientifique contemporaine est si puissant [3] que si une hypothèse n'entre pas dans le cadre de sa convention, on crie automatiquement au charlatanisme ou on l'ignore. Aussi, l'unique, le complet et le vrai risquent-ils fort de toujours nous échapper.

David Bohm poursuit sa réflexion : *« Donc ce que nous devons faire en regard des grandes sagesses du passé, autant celle de l'Est que de l'Ouest, est de les assimiler et d'en tirer une nouvelle perception originale pertinente pour notre condition de vie présente* [108]*. »*

Seule la conscience de l'existence du maître-modèle invisible nous permet de percevoir que toutes les grandes traditions humaines parlent d'un système similaire, même si ce discours est ésotérique et intuitif. Après tout, le cerveau humain est conçu grâce à ce modèle donc la similitude entre les traditions est naturelle. Le système taoïste chinois est celui qui a développé une observation cybernétique de l'organisme humain de façon la plus compréhensible pour notre mental de type linéaire. L'interprétation enseignée à l'Académie Médicale d'Acupuncture de Paris est celle que j'aie vérifiée et qui est la seule à mon avis à donner une juste place à la polarité féminine [4]. Quelques milliers d'années d'observations, de réflexions, d'expérimentation, et d'application au travers de deux systèmes médicaux, soit celui de la tradition médicale chinoise et de l'ayurvéda de l'Inde, nous rassurent sur l'exactitude du modèle naturel. L'efficacité de ces systèmes médicaux est maintenant scientifiquement [109] reconnue à travers le monde. Ils sont tous deux issus du maître-modèle universel. Ils ne divergent que dans son interprétation et la manière de l'exprimer.

Certains philosophes aussi ont pressenti ce modèle universel. Platon par exemple discutait des universaux [5] et donnait ainsi l'exemple d'une Beauté qui pour lui existe en état idéal, indépendamment de notre

---

[3] Les hommes sont plus réceptifs au conventionnel et au social. Donc pour eux ce que leur groupe social accepte aura un effet placebo plus profond.

[4] La loge la plus importante en ce sens est le « poumon », mais la plupart des écoles enseignent que c'est le « foie » ou le « rein ».

[5] La notion d'archétype se rapproche de celle des universaux qui pour moi ont une réalité potentielle puis réalisée si les conditions le permettent, de la même façon qu'un gland donne un chêne. Qui n'a jamais vu un chêne lorsqu'il regarde un gland peut certainement douter de cette possibilité.

conception ou description. Cette Beauté devrait donc répondre à l'expression parfaite du maître-modèle de la nature. J'ai montré dans *Isis Code* [6] qu'en effet, outre une beauté subjective, il existe une beauté objective [110] scientifiquement mesurable [111]. Sa présence active des structures particulières du cerveau qui appartiennent à la polarité féminine[7] alors que la beauté subjective active des structures qui dépendent de la polarité masculine . Le monde idéal de Platon ne serait-il pas, alors, l'ordre implicite de Bohm ? Aussi le Professeur Joseph Moreau de l'université de Bordeaux remarquait-il, dans son étude sur le sens du Platonisme : *« Il y a dans l'Univers un principe d'organisation antérieur à toute genèse et soustrait à toute destruction. La génération et la corruption ne s'effectuent qu'à l'intérieur de l'Univers, et le principe de l'organisation universelle, même s'il est conçu comme immanent à l'Univers et solidaire de sa durée (Platon dans Timée 36e), n'est pas compris en lui comme une partie sujette à naître et à périr* [112]. *»*

Vers un cerveau du bonheur

Qu'est-ce que ce cerveau du bonheur ? C'est le cerveau de l'être humain développé harmonieusement dans ses deux polarités, exprimant à travers celui-ci tout son potentiel, tel que permis dans le LIFE et codifié dans le maître-modèle. L'humain est conçu pour le bonheur. Les valeurs fragmentaires adoptées par le groupe social auquel il appartient l'en empêchent. Elles déséquilibrent non seulement son action sur l'environnement naturel, mais aussi l'expression de sa psyché. Le point de vue présent étendu à la planète entière est né de l'ignorance de la structure complète de l'humain. Il censure et empêche toute action et pensée qui dérogerait de celui-ci. Jung nous dit : *« L'esprit corporatiste est toujours l'ennemi de l'innovation, fût-ce la plus utile. Que l'on pense seulement à la déplorable attitude du corps médical, jadis, face à l'antisepsie et en particulier à la lutte contre la fièvre puerpérale* [113]. *»* Politiquement, cet état de fait nous mène à d'énormes contradictions et des propos qui font dire à un président tel que Nicolas Sarkozy que si les Français n'acceptent pas le métissage celui-ci leur sera imposé de force [114]. De quel droit se permet-il

---

[6] voir P.320-22.

[7] Ceci sera élaboré au volume 3.

d'attaquer ainsi l'identité des races ? Elles ne valent rien pour lui ? Voilà une porte ouverte à toutes les misères du monde. Les pays et les races sont devenus des objets interchangeables parce qu'on a objectivé l'humain. Non, les races n'ont pas toutes la même fonction au sein de l'humanité. Oui, toutes ces fonctions sont essentielles. Ces différences sont aussi primordiales à la vie humaine que le sont le genre masculin et féminin ou la biodiversité pour l'écosystème naturel. Je voyage pour me plonger dans ces différents parfums. Leur différence permet de nourrir ma propre identité et d'enrichir ma pensée. Aucune race ne se suffit à elle-même. Aucun propos indiquant de la haine ou du mépris pour une race humaine ne devrait être toléré. J'inclus ici aussi ceux adressés aux « blancs » [8] [115]. Chaque race doit protéger ses particularités. L'amour décide. Si l'amour décide d'un métissage, alors soit. Les parents doivent être conscients qu'un être humain métissé ne peut être 50/50 ; ce n'est pas un objet. Il aura des anxiétés, des problèmes d'identification. Les *deux* groupes raciaux devront le protéger et le soutenir.

Tous les humains cheminent sur le même sentier. Jalonné d'étapes essentielles, nous devons nous arrêter pour un temps plus ou moins long à chacune en fonction de qui [9] nous sommes. Chaque phase comporte des éléments de transformation soumis à des besoins particuliers soit de la polarité féminine, soit de la polarité masculine. Les monastères existaient pour la raison précise que celui ou celle qui chemine en phase de polarité féminine ne peut exprimer celle-ci dans un monde où règne une polarité masculine malade. La polarité masculine malade est celle qui, encore, règne généralement. La polarité féminine est celle que l'humain doit développer, celle qui fait son Humanité. Elle a des règles et des besoins qui diffèrent de ceux de la polarité masculine. Je pense à

---

[8] J'entends souvent cette idée que l'esclavage est une idée de « Blancs. » Mais en Afrique par exemple, l'esclavage existait avant l'arrivée des « Blancs. » Ceux-ci ont utilisé des circuits qui existaient déjà. Christian Delacampagne (voir référence) nous apprend qu'elle existait déjà en Antiquité et serait originaire du Moyen-Orient. En fait, son origine se retrouve dans la tête humaine de la logique de l'emploi ; faire travailler des inconnus ou étrangers au maximum en échange du minimum. Aussi à toutes les époques y a-t-il eu des esclaves bien traités — comme faisant partie de la famille — et d'autres de façon hideuse — qu'on considérait comme des objets. Ce n'est pas une idée née d'un racisme déshumanisant, elle prend sa source surtout dans notre polarité masculine séparée de la polarité féminine. En ce cas, elle catégorise à outrance. Dans cette logique, elle peut facilement rationaliser une idée aussi saugrenue et répandue que celle de l'humain en tant que chose utilitaire.

[9] De notre Soi.

un cher ami qui se faisait une joie d'aller passer quelques jours dans une yourte, dans un des parcs du Québec. Il me racontait le bonheur qu'il avait vécu l'année précédente de s'être ressourcé et reposé dans les bras d'une nature silencieuse et pure. Or, peu après son arrivée, des gens sont venus s'installer dans la yourte d'à côté. Visiblement, leur but était différent. Du bruit, des cris, des rires d'excitation jusque tard dans la nuit lui servirent d'ambiance. Il en est revenu triste et fatigué. Est-ce juste ? La polarité féminine protégée nous permet une meilleure résilience, et ce, à tous les niveaux. Les conditions nécessaires à son expression doivent être encouragées et promues.

De montrer la polarité féminine serait le rôle d'un vrai roi, même si on le nomme président. Ce serait « l'art royal » comme Platon le nommait si bien.

Un enfant ne vit pas isolé. Il se développe grâce à tous les apports de sa communauté humaine. Grâce à l'intégration et à l'inclusion. C'est encore plus vrai pour les humains que pour tout animal. La plante ne peut s'enfuir ; elle se nourrit de la terre sur laquelle elle pousse et subit toutes les agressions de l'environnement. L'animal peut se cacher, se protéger des éléments et se défendre. Lui aussi est tributaire d'un territoire, bien que plus vaste. Il est soumis à ceux qui dominent ce territoire et aux échanges avec l'environnement. Le territoire nourricier d'un humain est le monde social et celui de la culture qui l'ont vu grandir. Aussi plusieurs structures du corps de l'enfant à naître termineront leur maturation après la naissance. Il sera en affinité avec le social du milieu au sein duquel il grandit. Sa personnalité, ses racines inconscientes sauront puiser les nutriments pour se nourrir et se protéger. Il peut être déraciné ou se déraciner pour suivre le destin de son Soi. Je ne crois pas qu'il le doive pour suivre les seuls intérêts de sa personnalité ; pour des raisons économiques. Si le pays où je suis né a besoin d'être amélioré, dois-je fuir si ma vie n'est pas en danger ? Ne dois-je pas devenir ce qui sera un jour pour mes descendants un de ces ancêtres qui a travaillé à la paix et à l'amélioration de mon pays ?

La recherche du bonheur débute donc par la nécessité présente d'ajouter les notions de la polarité féminine à notre vision du monde, et ce, dans tous les domaines.

En autre exemple, notre définition de la fonction du cerveau humain est aussi à réviser. Certaines recherches ont démontré de façon réitérée que le cerveau peut démêler les signaux de nerfs volontairement croisés. Lors d'un accident vasculaire, il peut réquisitionner une structure pour supporter une fonction orpheline. Le journal Stroke a publié une numérisation de cerveau d'adulte accidenté. La fonction du langage était passée à l'hémisphère non endommagé. Ceci n'est pas commun [10], mais indique un potentiel insoupçonné. Dans *Isis Code*, j'ai cité plusieurs cas de personnes au cerveau tellement endommagé que rien ne peut expliquer la normalité de leur vie. Des personnes atteintes d'hydrocéphalie grave, par exemple, dont le cerveau n'était plus qu'une mince couche tapissant la boîte crânienne, cependant fonctionnaient normalement dans leur quotidien [116]. Ou ce 10 à 40 % des autopsies [117] effectuées par le chercheur en gériatrie J.A. Mortimer qui révélèrent des cerveaux malades chez des gens ne manifestant aucun trouble cognitif [11]. Quelle surprise aussi de constater dans une autre étude que pour 12 % des sujets jugés sains, les analyses post-mortem révélaient un cerveau marqué de signes avancés de la maladie d'Alzheimer ou d'AVC ![118] Si nous poursuivons la logique du paradigme scientifique présent, des structures déficientes ne peuvent pas miraculeusement générer un mental sain. Même l'hypothèse d'une réserve cognitive choque. Si le cerveau était la source unique et ultime des pensées, des sentiments et des facultés cognitives, ces nombreux cas sont inexplicables, à moins d'utiliser une forme de « pensée magique ». Notre perception de ce qu'est un cerveau

[10] Voir pour ceci l'importance de la qualité fonctionnelle de certaines structures de l'hémisphère droit. Sur Internet (en anglais) : https://www.aan.com/PressRoom/Home/PressRelease/1449.

[11] Dans la publication académique *Insights*, Mortimer (1997, cité dans Bialystok et al. 2007) a observé qu'entre 10 % et 40 % de toutes ses autopsies qui ont exposé des dommages au cerveau excédant les critères pour la maladie d'Alzheimer (AD) appartenaient à des patients qui n'avaient aucun déficit cognitif avant leur décès. Dans la même veine, le niveau cognitif de 636 participants a régulièrement été évalué avant le décès. Dans l'analyse cérébrale post-mortem, 12 % des cerveaux analysés présentaient des lésions associées à la maladie d'Alzheimer ou à un AVC et pourtant appartenaient à des sujets en excellente santé cognitive (Tyas, Snowdon, Desrosiers, Riley, & Markesbery, 2007). Sur Internet : http://www.depthinsights.com/Depth-Insights-scholarly-ezine/how-jungian-psychology-brain-research-quantum-physics-and-systems-science-lead-to-pansystemology-and-depth-psychologyby-nicole-de-bavelaere/

doit donc aussi évoluer.

Notre compréhension et perception de ce que représente le cœur sont aussi à élargir parce que les recherches démontrent que celui-ci a un effet d'entraînement sur toutes les oscillations du corps et plus particulièrement sur celles du cerveau.

-Une cause aux maladies cardiaques-

J'ai démontré ailleurs [119] que le cœur, le nerf vague dans sa branche myélinisée [12], l'insula [120], le cortex préfrontal médian et l'hémisphère droit sont une unité fonctionnelle appartenant à la polarité féminine. Le cœur par sa position à la gauche du corps est déjà plus en harmonie avec l'hémisphère cérébral droit et la polarité féminine. Lorsque les oscillations du cerveau s'harmonisent avec celles du cœur, les deux opèrent à un plus haut niveau d'efficacité. C'est ce que les recherches de l'Institut HeartMath ont démontré. Les chercheurs ont nommé *cohérence* cette harmonisation de divers systèmes oscillatoires. Celle-ci dépend pour beaucoup de notre univers psychique. De plus en plus de gens vivent loin d'une possible cohérence. Comprendre notre physiologie est indispensable à une connaissance de soi plus complète. Elle nous mène à une meilleure compréhension de notre psyché, car les deux sont liés.

Par exemple, le mécontentement n'est pas naturel chez l'humain. Artificiellement induit dans les sociétés par des mécanismes de propagande avec pour but de stimuler la consommation [121], c'est un héritage d'Edward Bernays [13] et de son oncle et mentor Sigmund Freud. Dans les sociétés traditionnelles, celtes par exemple, les marchands ne faisaient pas partie de l'élite. En effet, leur fonction relève du régulateur physique. Intuitivement les Celtes (entre autres) sentaient que de leur

---

[12] Le nerf vague est de type parasympathique et sensorimoteur. Il comporte certains nerfs sympathiques qui varient dans leur localisation et quelque peu en nombre en fonction de l'individu.

[13] Sous quel modèle les humains vivnt-ils en ce moment ? Les pays industrialisés dominent, avec « l'ingénierie du consentement », une invention d'Edward Bernays, le neveu de Freud. Dans les années 1920, Bernays a fait avancer ce modèle dans lequel le désir de consommer ne doit jamais être satisfait. C'était un bon moyen pour accélérer l'industrialisation, mais en conséquence il a transformé le système économique et lui a asservi tous les humains. Ce modèle est à la base de notre économie de marché. Sans éthique universelle à sa base, il ne peut que générer un mécontentement continuel et infini.

donner prééminence emmènerait la ruine de leur communauté en mettant l'accent sur le deuxième régulateur. Alors, pourquoi accepter un système basé sur le mécontentement? Et pourtant, nous savons que le mécontentement chronique affecte la santé du cœur. Donc, parlons-en de la santé de ce cœur.

Plus de la moitié des accidents cardiaques ne sont pas associés aux facteurs de risque habituels tels que cholestérol élevé, hypertension artérielle, tabagisme, obésité ou vie sédentaire.

Une étude canadienne internationale (INTERHEART) a démontré que les facteurs psychosociaux contribuent de façon substantielle (32,5 pour cent, ce qui est presque autant que le tabagisme à 35,5 pour cent) au risque d'infarctus aigu du myocarde. Les citadins sont les plus vulnérables [122]. Pourquoi? Ils l'ignorent.

Outre celle du mécontentement chronique, le LIFE offre une explication qui couvre tous ces facteurs de risque. Comme l'être humain est *avant tout* un être social, des facteurs psychosociaux créent un déséquilibre chez le patient, épuisant éventuellement certaines structures de son LIFE. Au début, pour rectifier cette situation, celui-ci adoptera un comportement intuitif dans le but de stimuler la fonction de ces structures; nourriture trop salée, sucrée, grasse, alcool, tabagisme et autres. À ceci s'ajouteront des attitudes psychologiques de défense telles que fuite en avant, évitement, réclusion ou hyper socialisation. À court terme, ce mode de vie produit un sentiment de bien-être tant que les loges [14] associées à ces stimulants sont encore fonctionnelles. À long terme, ceci se fera au détriment de la santé générale et de certains organes en particulier, en fonction du déséquilibre. C'est comme si on utilisait le plancher de bois de sa maison pour se chauffer en hiver.

Les animaux sauvages cessent de s'alimenter en cas de maladie. C'est une façon intuitive de se soigner. Chez l'humain au contraire, une déficience des structures psychiques et énergétiques liées au rein par exemple peut provoquer un désir de salé. À la longue, la prise de sel deviendra une habitude. Ceci peut endommager le cœur en provoquant une aug-

[14] Loge : Dans la tradition médicale chinoise, on parle de loge énergétique. C'est une structure dans son aspect énergétique et fonctionnel et/ou une phase, selon le niveau d'observation. J'emploie ces mots en fonction du contexte.

mentation de la tension artérielle.

En général, nos sociétés présentent d'ores et déjà un déséquilibre prononcé des fonctions de résilience de la polarité féminine, donc en

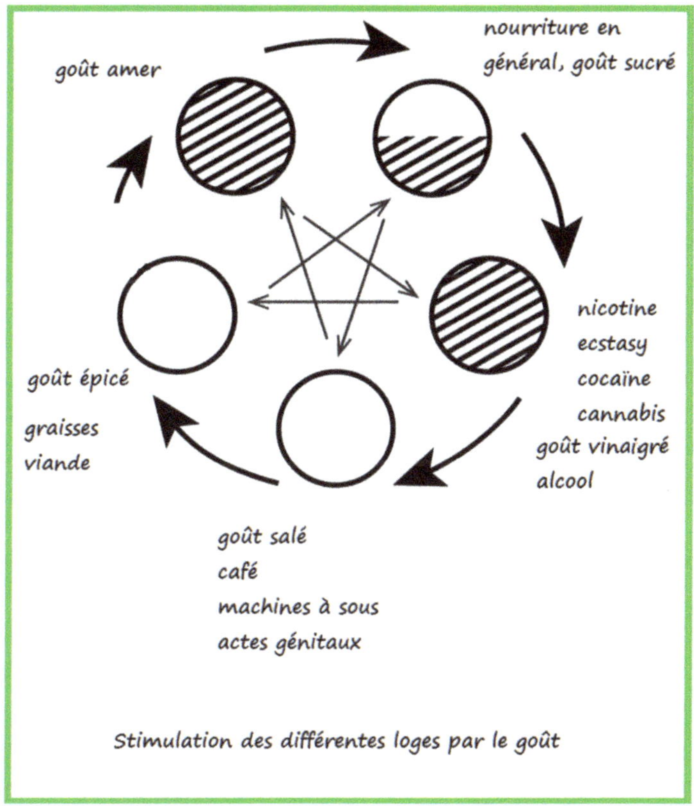

Stimulation des différentes loges par le goût

18.

partie de l'aspect psychosocial[15] . Les loges énergétiques[16] liées à celle-ci sont toutes en difficulté. Avec le temps, les structures matérielles le deviennent aussi. Ainsi, le nerf vague, cette structure clef de l'équilibre entre les polarités devient dysfonctionnel. S'ensuivent toutes sortes de troubles fonctionnels et chroniques selon le sujet. La femme, tout comme le nourrisson, dépend structurellement des structures de sa polarité féminine, ce qui implique que chez elle les fonctions associées au

---

[15] Ainsi, on note souvent chez les gens âgés une diminution des fonctions de résilience (système parasympathique). En fait ceci est un résultat du milieu psychique de notre société. Elle nous empêche, par le paradigme tronqué qu'elle a adopté, tout lien avec notre polarité féminine. Les structures qui lui sont attachées deviennent non fonctionnelles.

[16] Il s'agit de la structure dans ses aspects énergétiques, fonctionnels, ou de phase.

nerf vague prédominent. On comprend dès lors les résultats d'une étude canadienne sur 143 000 sujets [17]. Une femme a 42 % de chance de mourir dans l'année qui suit sa première attaque cardiaque. Pour un homme, ce chiffre diminue à 24 %. Aussi, chez la femme, les symptômes liés à un infarctus du myocarde se rapportent au nerf vague [18] : nausée, sueurs, essoufflement, fatigue, douleurs au niveau du plexus cœliaque (aussi nommé plexus solaire) confondues avec des douleurs d'estomac, etc. Notons qu'en médecine cette primauté du nerf vague chez la femme n'est pas relevée. Nous parlerons plus en détail de celui-ci au troisième volume.

Si nous considérons les humains à travers le LIFE, en médecine biocybernétique par exemple, tout s'éclaire parce que ce système est universel et entier ; potentiellement, tous les cas possibles s'y retrouvent.

Physiquement, le LIFE tend vers une expression cohérente du maître-modèle [123]. Au sein des recherches en cardiologie, cette cohérence peut être observée par l'ECG sous forme de graphie du cœur en forme de vague[19] . Ceci s'accompagne d'un accroissement de l'activité parasympathique, d'une meilleure synchronisation cerveau/cœur, et d'une harmonisation entre tous les systèmes du corps [124].

Nous avons tous un LIFE identique dans ses structures et fonctions. Une étude approfondie, une sorte de spectrographie [20] des polarités sur les différents étages physiques et psychiques de l'être pourrait offrir un portrait des incohérences et fragmentations de l'individu. Ceci permettrait non seulement d'anticiper les troubles à venir, mais d'améliorer la cohérence de l'individu en indiquant les points à améliorer. Mais de toute façon, nous gagnerions tous à vivifier le lien avec notre polarité féminine.

---

[17] Et ce, dans 17 pays différents pendant six années ; l'étude visait à établir le rapport entre la force de poigne et certaines maladies mortelles, notamment l'infarctus du myocarde. McMaster University en Ontario au Canada. Cette étude a été publiée dans *The Lancet*, Volume 386, no. 990, p266–273, du 18 juillet 2015.

[18] Le nerf vague contient 75 % de toutes les fibres nerveuses parasympathiques. Voir le volume 3 .

[19] On peut voir ceci dans la première recherche sur Internet: http://tir-training.de/wp-content/uploads/2015/09/HeartMath_Cardiac_Coherence.pdf.

[20] Une interview exhaustive concernant la physiologie, la psychologie et les habitudes de vie de l'individu serait le meilleur outil pour établir cette spectrographie.

L'utilisation systématique de molécules qui mentent au corps, de complexes chimiques peut malheureusement dérégler davantage le système. Il est facile et astucieux de prendre une pilule pour que les résultats chiffrés de tests nous rassurent —bien que souvent ceci ne serve qu'à déplacer le problème [21] —. Que faire pour les facteurs psychosociaux et environnementaux qui ne se mesurent pas, mais qui sont à la base du problème ? On a observé que la présence de marqueurs pro-inflammatoires s'associe à une diminution de la fonction cardiovagale et indique un état morbide. Ainsi, l'étude des interactions vagales immunitaires pourrait aider à éclairer la voie par laquelle les facteurs psychosociaux peuvent influer sur la santé [125]. Dans les cas de stress post-traumatique, le nerf vague est affecté dans sa fonction [126]. Le nerf vague sécrète de l'acétylcholine qui combat l'inflammation dans le corps [22]. Il transporte aussi l'ocytocine, cette molécule du bonheur. S'intéresser à la santé du nerf vague me semble dès lors un acte préventif non négligeable.

L'état physiologique et énergétique du système cardiaque, couplé au nerf vague, et la qualité psychologique du cerveau Humain, expriment la santé de notre lien avec notre polarité féminine. Lorsque les deux polarités travaillent de concert, les facteurs de risque pour toute maladie s'en trouvent forcément grandement réduits puisque la résilience augmente.

[21] « Le taux de cholestérol LDL des Français est comparable à celui des Étasuniens, pourtant ils ont 50 % de moins d'infarctus. »Michel de Lorgeril.

[22] Il est intéressant de noter que dans le cas de la maladie d'Alzheimer, les sujets ont un effondrement du taux d'acétylcholine dans leur cerveau.

19. Platon et Aristote par Raphaël Sanzio

Chapitre 3

De la Nature Virtuelle à la Nature Réalisée

« Tout est psychique avant d'être quoi que ce soit d'autre[127]*. »*
– Carl Gustav Jung

« Tout arrive par les idées, elles produisent les faits, qui ne leur servent que d'enveloppe. »
—François René de Chateaubriand, Mémoires d'outre-tombe

les Quanta

« Tout ce que nous nommons réalité est fait de choses que nous ne pouvons pas considérer comme réelles. Si la mécanique quantique ne vous a pas profondément bouleversé, c'est que vous ne l'avez pas encore comprise. »
—Niels Bohr

Que savons-nous à présent de ces éléments qui se meuvent entre virtualité et réalité ? Que savons-nous de ces éléments premiers ? Quels sont les attributs de ces mystérieux quanta ?

- Ils sont à la fois corpusculaires et oscillatoires (mais on ne peut mesurer ces deux états en même temps).
- Ils communiquent entre eux instantanément, plus rapidement que la vitesse de la lumière.
- Leur fonction est déterminée seulement au moment alors qu'ils deviennent réels, et en fonction des quanta qui leur sont liés.
- Une paire de quanta, lorsque séparés, même de plusieurs kilomètres gardent un lien. Si un des deux est assujetti à une interaction

—par exemple il est mesuré ou observé — son jumeau choisira un état « réel » complémentaire, mais pas similaire.

- Si une paire de quanta est en rapport avec un troisième, celui-ci sera instantanément corrélé à la paire, peu importe où se trouve ce troisième atome, quantum ou photon.
- Les quanta ayant partagé le même espace-temps sont liés à jamais, peu importe s'ils ne partagent plus ni le même temps ni le même espace.
- Si un des quanta devient « réel » soit suite à une mesure ou l'observation, tous ceux qui lui sont liés deviennent réels en même temps.

Ces qualités laissent supposer une autre réalité que celle de l'énergie dans l'univers (ou matière et énergie pour des termes plus conventionnels), une réalité plus subtile qui informe, connecte et permet ce lien quasi instantané entre les quanta. Ceci en fait est une évidence puisque les agissements de ces quanta ne s'expliquent qu'à travers l'acceptation de l'ordre implicite de Bohm. Les recherches les plus récentes confirment que même les organismes et leur environnement sont intriqués [1] les uns aux autres de façon similaire[128] .

Ceci ressemble à la définition de l'aether selon Platon. Dans Cratylus, il disait que celui-ci a un pouvoir pénétrant qui imprègne le monde entier et qu'il a trouvé celui-ci aussi bien à l'intérieur qu'à l'extérieur du corps humain. Je l'assimile au système maître du cœur (MC) du modèle taoïste et du LIFE. C'est une structure clef de la polarité féminine. Nous y reviendrons [2].

Einstein a fait remarquer que son modèle —qui remplaça de façon définitive l'approche vitaliste— ne nie pas l'aether, puisqu'il implique que l'espace entre les objets possède des propriétés physiques. Il disait : *« … la théorie de la relativité ne nous incite pas à nier l'aether. »* Il ajoute que *« la validité des équations de la mécanique newtonienne a été ébranlée par les expériences avec les rayons B et les rayons cathodiques rapides* [129]*. »* Le récent modèle qui suggère une hypothétique énergie noire —baptisée quintessence ou cinquième force fondamentale par ses partisans— apparaît en fait comme une réintroduction masquée au sein de la physique d'une forme

---

[1] « entangled » est le terme scientifique anglais.
[2] Voir le volume 3 . Sous-titre : Physiologie de l'Âme et Nutrition de la Polarité Féminine.

de la théorie entéléchique [3] vitaliste [4]. Nous pouvons émettre l'hypothèse selon laquelle le LIFE serait du vide —en fait cet aether[5] — duquel sont retirés les quanta, ces porteurs d'information. Curieusement, dans la tradition de l'Hindouisme, Aditi, l'aspect le plus haut de l'Akasha est de façon similaire à la fois la matrice de l'espace, la sagesse divine et la synthèse de toute chose. Dans la Kabbale on l'associe à Binah, la Grande Mère et la Conscience. Dans la tradition égyptienne, il s'agit de Tefnut. Dans la tradition chrétienne, ce serait l'âme universelle. Cet aether, indépendant du temps et de l'espace, pourrait être le domaine de Maât qui exprime le maître-modèle, ce « Q », cet ordre implicite de Bohm.

Les scientifiques ont calculé que la probabilité pour notre univers d'être ce qu'il est et de posséder une planète viable est de l'ordre d'un sur 1099. Pas étonnant qu'on soit sceptique de son fonctionnement. Mais peu importe le niveau supérieur d'intelligence, si je dis à qui que ce soit voici quelques éléments, crée quelque chose de vivant et d'autorégulé ; il aura évidemment besoin d'un plan. Pourquoi croire alors que la nature n'en suive pas un ? Celui-ci est forcément global. L'humain fait partie de ce plan. Les gènes ne suffisent pas à tout expliquer parce qu'entre autres ils ne peuvent expliquer la direction de l'évolution. De plus, les nouvelles données de la science démontrent que le phénotype[6] et l'épigénétique [7] sont plus importants [130] que le génotype [8]. L'expression génique ne se fait pas sans eux. L'évolution est globale.

Pour comprendre, retournons par la pensée à la source de notre univers. Dans la cosmologie que nous offre la théorie des supercordes et celle du Big Bang, l'expansion a débuté par une énergie quasiment infinie à l'intérieur d'un espace minuscule. Donc notre univers est une

---

[3] La définition d'entéléchie est tirée des ouvrages d'Aristote ; il s'agit d'une potentialité dynamique issue de l'âme organisatrice. L'âme est l'entéléchie première d'un corps naturel doué d'organes et ayant la vie en puissance. — (Aristote, De l'âme, II, I, § 5)

[4] Pour les enseignements intuitifs traditionnels, la matière naît de l'aether.

[5] Selon Einstein cet aether ne doit cependant pas être conçu comme étant doué de la propriété qui caractérise les milieux pondérables. D'après lui, la notion de mouvement ne doit pas lui être appliquée. (Albert Einstein, L'éther et la théorie de la Relativité Générale, 1928, Leiden Lecture, traduction Maurice Solovine, Éd. Gauthier-Villars).

[6] Interaction de l'environnement sur le génotype qui influencera l'apparition de certains traits.

[7] Un exemple de facteur épigénétique : Un œuf de crocodile donnera un crocodile mâle ou femelle en fonction de la température environnante.

[8] Comme Stephen J. Gould et Niles Eldredge, je vois le gène comme un enregistreur de ce qui est préférable pour un groupe d'organismes. Ma perception provient peut-être du fait que dans le taoïsme, les gènes sont liés à un principe féminin réceptif.

manifestation, une extériorisation d'un *intérieur.* Sa réalité première est liée à cette condition d'un intérieur.

On retrouve ce fait en embryologie. Par exemple, afin de devenir externes, épidermiques, les cellules de l'ectoderme doivent rencontrer un facteur de croissance, sinon elles iront former les nerfs. Notre cerveau, intérieur, provient de cellules *non modifiées* de cet ectoderme. Notre psyché qui utilise ce cerveau est en affinité avec cet intérieur primordial dont nous parlerons plus loin. Curieusement, l'intériorisation est en ce cas naturelle, l'extériorisation ou manifestation demande *l'inhibition* de cette tendance. Ce facteur d'inhibition est une fonction très répandue à l'intérieur du LIFE, et du cerveau [9] d'après les recherches. Et pour cause, sans inhibition, le système ne peut être autorégulé. Certains neurotransmetteurs comme la sérotonine ou le GABA ou les endorphines sont essentiels dans ce sens. Un bas taux de ceux-ci engendre des symptômes de TDA (trouble déficitaire de l'attention). En psychologie, il est évident que le manque d'inhibition [10] de certaines tendances engendre des déficits cognitifs dangereux.

Poursuivons l'hypothèse. Il est raisonnable de penser que l'extérieur entourant ce Bindu [11] primitif à l'énergie intérieure démesurée était ce qui est devenu la réalité espace-temps [12]. L'intérieur échappant à cet extérieur jusqu'à ce qu'arrive le Big Bang était une énergie soumise au maître-modèle et d'où proviennent les quanta. Comme un océan, cette organisation intérieure qui serait un aspect fractal du maître-modèle, cet aether, s'est manifesté à l'extérieur en LIFE. C'est l'ordre implicite

---

[9] Par exemple, les structures du cerveau plus récentes telles que le lobe frontal ont fait de l'inhibition une fonction majeure (voir le cas de la cognition).

[10] Ceci s'applique aussi à la société. Ce n'est pas une question de liberté, mais celle de permettre à la vie de s'épanouir. Aucun ordre social n'est possible si toute forme d'inhibition est refusée. Il est nécessaire de comprendre le LIFE par contre pour savoir quelles inhibitions aident le fonctionnement et l'évolution de l'ensemble. La vision binaire commune voulant que toute inhibition soit mauvaise est ainsi à repenser.

[11] La cosmogonie hindoue décrit le commencement de l'univers par un point, un Bindu qui aurait explosé et enfanté toute la manifestation.

[12] Le mythe de la Genèse nous a bien montré que « Dieu Créateur » organise un espace informe qui n'est peut-être pas ce que nous connaissons comme espace. Son action y introduit les fonctions de cycle et le temps. Ce personnage, cette fonction de « Dieu Créateur », cet archétype peut très bien être le maître modèle. De la même façon, nous disons qu'une maison est celle de l'architecte, monsieur Untel. Sauf que pour notre univers, les bâtisseurs ont suivi le plan jusqu'à ce que le système autorégulé ait donné l'homo sapiens. La mère a enfanté, mais demeure tant que l'enfant a besoin d'elle.

qui se manifeste et qui organise. Tout ce qui vit, tous les quanta proviennent de ce champ premier et sont toujours connectés à sa source hors des dimensions du temps et de l'espace. Ceci explique leur rapidité de communication, bien au-delà de la vitesse de la lumière. Qui sait, ce champ premier ouvre peut-être sur d'autres dimensions dont semble discuter la théorie des supercordes et la Kabbale. Quoi qu'il en soit, cette intériorité infinie et éternelle nous affecte toujours à travers l'organisation du LIFE, du modèle implicite, de la même façon que nos pensées affectent nos « humeurs » intérieures. Une maison, si les bâtisseurs sont qualifiés, finit par exprimer le plan, même si l'architecte vit à l'étranger.

20. Big Bang *© l_g0rzh/deposit photo*

Comme le disent avec dérision certains scientifiques tel Elkhonon Goldberg 131 [13] par exemple, l'homoncule [14] qui dirigeait tout de l'intérieur de notre cerveau n'existe pas. En effet, un champ oscillatoire organise l'énergie selon un plan préétabli dont les gènes ne sont qu'une petite expression et d'ailleurs tributaire de celui-ci. La psyché, le cerveau et le corps sont unis. Le « Soi », de fait, utilise une synarchie [15], c'est-à-dire un corps physique, émotionnel, mental et social comme autant d'outils. Il utilise la matière de la même façon qu'une plante utilise le sol. Il est aussi personnel que nos empreintes digitales. Il ne se limite

[13] Écrivain, neurologue et professeur à l'École Médicale de l'Université de New York.

[14] L'homoncule en alchimie est une réplique de l'être humain en miniature. Ces premiers scientifiques recherchaient la création artificielle d'êtres humains. Ici, Goldberg parle de l'âme que nulle recherche n'a pu localiser dans le corps.

[15] Selon le Littré : Règne de plusieurs princes qui gouvernent simultanément les diverses portions d'un même empire. Le mythe d'Osiris reflète une synarchie intérieure. Je fais ici une analogie avec les diverses parties de l'être (Osiris, Isis, Nephtys, Seth et Horus).

pas au corps.

Le philosophe grec Plotin disait, *«Seul l'Un existe»*. Dans Cratylus, pour sa part, Platon disait que «l'aether» est une force qui infuse l'univers entier. Il me semble raisonnable de penser que le pentemychos (cinq cavités) du philosophe Phérécyde de Syros [16] [132], l'ordre implicite de Bohm et le LIFE sont associés à cet aether. Pour la Grèce antique, Tartaros (ou Chaos pour Hésiode) est la source de l'univers. Émergeant dans le temps et l'espace, il fut ordonné en passant par le filtre du Pentemychos, le maître-modèle. La tradition dit que Tartaros n'a jamais cessé son influence sur l'univers. Si celui-ci en est un aspect fractal, une reproduction en évolution, ceci s'explique. De même, la psyché pour Jung constitue non seulement l'âme, mais aussi toute manifestation [133]. Similaire au LIFE et à son maître du cœur dont nous discuterons au troisième volume, elle provient de cette source première. La tradition dit que cette noirceur infinie (Ain Soph, lumière infinie pour la Kabbale) influence l'univers à travers Mychos ou Krater [17].

Ce qui est lié à la polarité féminine demeure plus près de cet océan premier et de sa source. Alors, même les quanta sont en affinité directe avec la source de cet intérieur éternel et peuvent ainsi échapper en quelque sorte aux dimensions associées au temps et à l'espace jusqu'à ce qu'ils se réalisent. L'évolution vers la Conscience permettrait à cette source de s'exprimer directement dans une dimension de temps et d'espace. La psyché est donc essentielle pour y arriver.

Mais peu importe ces hypothèses, selon les recherches d'Alain Aspect et coll. (1990 s) reproduites par Nicolas Gisin en 1998 [134], l'information entre quanta est transmise à une vitesse supérieure à vingt fois la vitesse de la lumière dans le vide. Dans les expérimentations de Gisin, des particules situées à dix kilomètres de distance étaient en communication vingt mille fois plus rapidement que la vitesse de la lumière, cette

---

[16] Oncle maternel de Pythagore, il lui enseigna ses connaissances, entre autres une connaissance de la nature et une théologie de source égyptienne.

[17] Peut-être s'agit-il du Kether de la Kabbale. Il est intéressant de noter qu'à l'origine, le mot «Graal» est un nom commun provenant du même nom grec «krater» qui a donné «cratalis» en latin puis «grazala» en occitan. En fait, ce mot féminin désigne toujours un récipient. En principe, le Graal est donc un vase creux. Voir le site de Jacques Henri Prévost : http://jacques.prevost.free.fr/cahiers/cahier_26.htm.

supposée infranchissable barrière selon la théorie de la relativité. Donc la communication entre quanta fait appel à un niveau qui **échappe** au contrôle de l'espace et du temps. Ceci ressemble beaucoup à celui de la pensée. Le paradigme scientifique doit intégrer cette approche, même si pour la science cela demeure une simple hypothèse.

La Cellule

21. ©fotosearch

« Les particules élémentaires sont en réalité des systèmes à la structure interne très compliquée, agissant essentiellement comme des amplificateurs d'informations contenues dans une onde quantique. »

—— David Bohm

Que nous regardions dans le rétroviseur le chemin parcouru de l'évolution ou que nous nous penchions sur la lunette de notre microscope, nous constatons que l'information et les énergies permettent la vie. Elles s'expriment de façon cyclique à travers des structures qui se sont développées par affinité, et permettent ainsi l'expression de fonctions particulières.

En ceci, nous pouvons observer que les fonctions de reproduction, de défense, ainsi que de la nutrition sont communes à tout organisme vivant. Développons un circuit récursif sur ces fonctions : situons A pour la reproduction, B pour la défense et C pour la nutrition. Que constatons-nous ? Nous ne pouvons avoir un système vivant autorégulé ainsi parce que les êtres vivants sont ouverts sur l'environnement. Un être vivant se reproduit, se défend (ou alors s'impose) et mange. Ceci forme la base expressive, donc la polarité masculine d'un être terrestre avec un élément réceptif : la nutrition. Cependant, aucun être vivant ne saurait survivre sans la possibilité d'échanger avec l'environnement et sans un élément primordial du système qui assimile, régule et répartit l'information intérieure et extérieure. Pour les humains, ceci inclut la psyché. Ces deux derniers éléments ajoutés à la fonction nourricière composent la polarité féminine. Sans surprise, ces fonctions se retrouvent dans la cellule eucaryote [1].

Les cinq éléments de base du LIFE (que l'on retrouve dans la tradition taoïste) sont ainsi associés aux différentes fonctions et structures de la cellule. Dans ce petit microcosme, miroir du macrocosme, nous avons donc, comme le montre la médecine biocybernétique [2] :

- Le noyau avec l'ADN responsable de l'énergie génétique (en affinité avec le cerveau reptilien selon le LIFE).
- Les mitochondries et les lysosomes pour l'énergie de défense (en affinité avec le cerveau mammalien selon le LIFE).
- L'ARN qui lit l'ADN [3] pour synthétiser les protéines et permettre

---

[1] Cellule possédant un noyau.

[2] Nous devons cette description au docteur Jean-Claude Darras qui a fait un travail scientifique remarquable pour tenter d'intégrer le système pentane chinois à la médecine occidentale.

[3] Des chercheurs de l'Université Purdue et de l'Université du Texas à Austin ont utilisé la structure cristalline de la molécule d'un champignon primitif pour comprendre comment la vie a évolué du simple au complexe. Leur étude montre comment l'ARN a évolué. *« On pense que l'ARN, ou une molécule comme celle-ci, a pu être parmi les premières molécules de la vie à porter un code génétique transmissible de génération en génération et à se plier dans des structures de sorte que ces molécules pourraient travailler à l'intérieur des cellules », explique Barbara Golden, biologiste structurelle de Purdue. « À un certain point, l'ARN a évolué et est devenu capable de fabriquer des protéines. Alors, les protéines ont commencé à prendre en charge les rôles que l'ARN jouait précédemment, agissant comme catalyseurs et comme structures de construction dans les cellules. »* Agriculture Magazine, Purdue University (Printemps 2008) Sur Internet: https://www.agriculture.purdue.edu/agricultures/past/spring2008/Spotlight/Spotlight6.html. Ce n'est donc pas une simple coïncidence si la science a accepté l'ADN comme cause de beaucoup d'expressions dans les organismes vivants. Il est plus stable que l'ARN, ce qui peut expliquer pourquoi il a finalement été choisi par l'évolution comme une bibliothèque lue par l'ARN. Au sein du système

ou bloquer les différents gènes agissant ainsi comme régulateur de l'information dans le système (épigénétique) (en affinité avec le cerveau Humain ou *régulateur psychique* selon le LIFE).

▪ Le cytoplasme et le réticulum endoplasmique supportant l'énergie nutritive en tant que régulateur du système (en affinité avec le cerveau analytique/nutritionnel ou *régulateur physique* selon le LIFE).

▪ Et la membrane, permettant la régulation des échanges avec le milieu environnant (en affinité avec le cerveau social universel selon le LIFE).

Par analogie, ces cinq fonctions ont aussi une correspondance avec les mondes attachés aux différents cerveaux. Nous avons :

- L'énergie génétique et le cerveau reptilien (corresponds à toute chose près au complexe R du cerveau triunique du Dr Paul D. MacLean) — le monde physique.
- L'énergie de défense et le cerveau mammalien (corresponds presque au cerveau limbique) — le monde émotif.
- L'énergie d'information (nerveux) et le cerveau Humain — le monde conceptuel, abstrait, symbolique et de type oscillatoire.
- L'énergie nutritive et le cerveau analytique — le monde conceptuel de type linéaire et corpusculaire.
- L'énergie environnementale et le cerveau social universel — le monde social, la nature et les échanges.

Régulation et Inhibition

« J'entends, j'oublie. Je vois, je me souviens. Je fais, je comprends. »

—Confucius

En disant cela, Confucius résumait en une phrase les grands axes du système cybernétique taoïste traduits par la pansystémologie. J'entends, j'oublie : c'est le cerveau reptilien de la polarité masculine, seul. La mémoire consciente ne lui appartient pas. Même en utilisant l'attention

---

biocybernétique, les énergies sont condensées à un maximum au niveau du noyau. Comme nous l'avons appris, néanmoins, les énergies ne proviennent pas des gènes. Un cadavre a toujours tous ses gènes, mais très probablement plus d'oscillations. Dans notre modèle, l'ARN est connecté à la régulation de l'information, alors que l'ADN est associé à la reproduction.

consciente de l'axe du cerveau analytique/reptilien, on finit par oublier. Je vois, je me souviens : c'est l'axe du cerveau mammalien/cerveau analytique, lorsqu'on réfléchit à ce que l'on voit. Mais c'est l'axe mammalien/social universel lorsqu'on voit les autres agir. Je fais, je comprends : demande la capacité d'imitation qui fait appel aux structures du cerveau Humain. La compréhension implique qu'on saisit un concept exprimé dans un environnement. L'axe Humain/social universel permet cela. Faire pour comprendre implique que nous utilisions tous les aspects du cerveau. Puis le cerveau reptilien traduit l'ensemble du concept ou de l'idée par l'action. C'est le système complet, manifesté par l'action qui touchera la mémoire de la polarité féminine. Je comprends et je me souviens. Voilà *la vraie culture; celle qui reste lorsqu'on a tout oublié* [4].

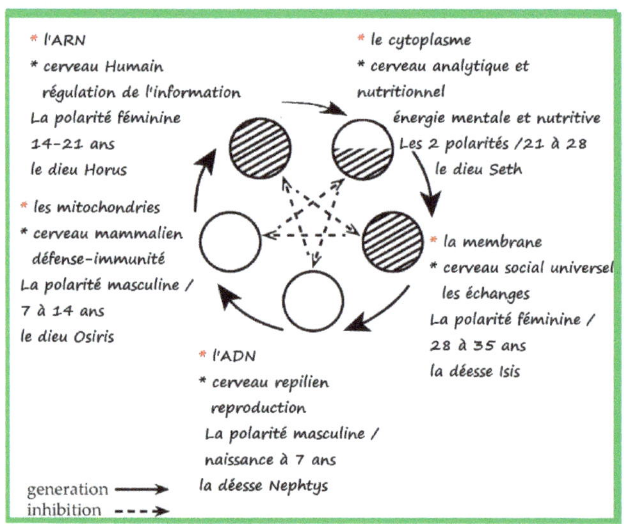

22.

- Le dynamisme du système nous enseigne également que dans un système sain, le monde physique génère le monde émotionnel et régule le monde abstrait.
- Le monde émotionnel engendre ou nourrit le monde abstrait/symbolique et contrôle le monde nutritif analytique (linéaire).

---

[4] Ellen Key (1849 — 1926), voir le premier volume. Aussi Michel de Montaigne disait de la culture qu'elle n'est pas une accumulation de notions (polarité masculine), mais la conscience qui naît par leur assimilation dans notre être (polarité féminine). Il dit ailleurs : « *Savoir par cœur n'est pas savoir : c'est tenir ce qu'on a donné en garde à sa mémoire.* »

- Le monde symbolique permet le monde analytique et régule le monde social.
- Le monde analytique nourrit le monde social et régule le monde physique.

Les implications sont infinies.

Toute oscillation, élément fractal du LIFE, porte en germe l'information de ces cinq types d'énergie fondamentale. Ces cinq phases exprimées de façon fractale par les structures cellulaires révèlent les différentes fonctions du système. Les structures de type biocybernétique sont universelles puisqu'on peut les appliquer aux molécules, aux éléments de la cellule, aux organes, ainsi qu'à toute structure construite par l'homme : compagnies, cités, sociétés. Ceci ressemble au modèle dynamique des systèmes biologiques basés sur la théorie du Chaos [135].

Le neurochirurgien Kaoru Sakatani de l'Université de Tokyo explique que dans ce modèle, les interactions au sein de systèmes partiaux traitent les signaux entrants. Avec la variation des paramètres de ces systèmes, le signal de sortie variera de stable à une période de deux, de quatre ou au chaos[136] . Ainsi, dans le modèle LIFE, les interactions entre les cinq phases traitent les facteurs exogènes et endogènes. Le résultat dépend de la résilience et de la qualité des deux systèmes régulateurs ainsi que de ceux des divers éléments. Si nous supposons que les cinq phases sont les systèmes partiaux dans le modèle mathématique des systèmes biologiques basé sur la théorie du Chaos, le LIFE est alors semblable au modèle biologique.

Ceci implique que le modèle de la tradition médicale chinoise attache plus d'importance aux fonctions qu'aux structures et voit le corps humain avant tout en tant que *système dynamique*. Notons que les dimensions qui échappent au temps et à l'espace, soit celles attachées à la psyché, s'intéressent davantage aux fonctions qu'aux structures. L'information est d'abord et avant tout liée à des fonctions. Le dicton «la structure dicte la fonction» s'applique aux protéines, mais pas à l'aspect évolutif puisque les cerveaux actuels utilisent certaines structures primitives pour combler de nouvelles fonctions. C'est le cas par exemple pour les noyaux gris centraux (voir cerveau mammalien). De façon similaire, les abeilles au courant de leur vie assument successivement des fonctions très différentes.

La Nature s'est donné beaucoup de mal pour faire collaborer différents réseaux neuronaux grâce aux différents types d'oscillation. L'étude de celles-ci est née de la nécessité de comprendre les associations fonctionnelles entre différentes structures du cerveau. La découverte que celui-ci opère à différents niveaux rend cette science des plus intéressantes. Par exemple, la synchronisation de fréquence gamma entre des ensembles neuronaux, comme démontré au sujet du cortex frontal et du striatum [137], joue un rôle primordial pour *l'intégration d'information sensorielle*. La même structure peut produire des oscillations différentes (alpha, beta, delta, gamma, thêta[5]) non seulement en fonction de sa maturité, mais aussi de signaux environnementaux. Tout porte à penser que ces oscillations sont sensibles au psychisme tel qu'observé chez les adeptes avancés de la méditation [138]. De plus, nous savons maintenant que les stimuli extérieurs ne sont pas seuls à lancer ces oscillations. Comme les structures ne peuvent générer toutes les oscillations, plusieurs structures travaillent de concert pour couvrir toutes les fréquences [6].

Bref, de la même façon que pour les atomes, toute cellule vivante oscille.

---

[5] Le rythme delta est de 0,1–3,5 Hz. Le rythme theta de 4–7,5 Hz. Le rythme alpha de 8–13 Hz. Le rythme bêta de 14–30 Hz, et le gamma 30-80 Hz.

[6] La recherche concernant la pratique de la méditation montre que cette méthode est hautement efficace pour modifier les oscillations du cerveau. Donc notre volonté peut agir sur celles-ci. Les débutants de cette pratique démontrent une augmentation d'activité de type alpha dans la région occipitale (pour le LIFE il s'agit du lobe associé au physique). Un adepte de niveau intermédiaire exhibe davantage d'oscillations dans la région corticale et la fréquence des oscillations alpha décroit. En ce qui concerne les maîtres de cette technique, pour une grande partie de leur cerveau, de larges oscillations de type thêta dominent. Cette oscillation a été démontrée capable de réduire l'anxiété. Scouarnec RP, Poirier RM, Owens JE, Gauthier J, Taylor AG,Foresman PA.« Use of binaural beat tapes for treatment of anxiety: a pilot study of tape preference and outcomes. » AlternTher Health Med. 2001; 7 (1):58–63) et d'induire un état hypnotique (Sabourin, M. E., Cutcomb, S. D., Crawford, H. J., & Pribram, K. [1990]. « EEG correlates of hypnotic susceptibility and hypnotic trance: spectral analysis and coherence ». *International Journal of Psychophysiology*, 10 – 2, p.125–142). Il est privilégié par le cortex préfrontal médian de la polarité féminine (Neuroreport Mar 17, 1999; 10–4–:675-9. 'Medial prefrontal cortex generates frontal midline theta rhythm.' Ishii R.Shinosaki K., Ukai S., Inouve T., Ishihara T., Yoshimine T, Hirabuki N., AsdaH., Kihara T., Robinson SE., Taked M.

Lorsque l'amplitude des oscillations augmente, tous les systèmes ont tendance à devenir non linéaires. L'oscillation apparaît ainsi être un but et un comportement global inhérent aux systèmes vivants. L'organe qui influence de façon prédominante toutes les oscillations du corps est le cœur. Chez l'humain, il commence à battre dès 21 jours de la conception.

En 1998, les chercheurs Xiaonan Gu et Nicholas Spitzer ont montré que ce sont bien les *fréquences oscillatoires* qui *contrôlent la régulation de différents gènes* (et la synthèse ARN) [139]. Les oscillations [140] dirigent les cellules le long de chemins spécifiques de développement. Les structures cérébrales liées au cœur, cet organe oscillatoire par excellence, et plus spécifiquement le cortex préfrontal médian, sont donc de première importance pour l'activation ou l'inhibition de certains gènes.

Nous pouvons alors supposer que les organes qui possèdent une fonction oscillatoire primordiale, comme le cœur et les poumons sont également intimement liés à l'évolution. Ce n'est pas une coïncidence si ceux-ci sont liés à la polarité féminine et respectivement à la loge du cerveau Humain et à celle du cerveau social universel. *La qualité d'une oscillation dépend de l'intégrité des deux polarités. Notre qualité psychique, ancrée dans le régulateur inconscient, influence ces oscillations.* Aussi comprenons-nous les effets d'une désynchronisation chronique neuronale ou autre. Un grand nombre de recherches récentes rapportent une telle désynchronisation de l'oscillation bêta et gamma chez les patients qui souffrent de schizophrénie [141] par exemple. Dans le cerveau ou les cellules, un changement de potentiel semble produire les oscillations. Dans la cellule on parle d'échanges d'ions positifs et négatifs, mais en ce qui concerne les ondes, c'est plus complexe.

L'idée de résonnance liée à ces oscillations fait son chemin en ce qui concerne la mémoire. Ainsi, lorsque par exemple une odeur nous rappelle un souvenir, les quanta liés à ces impulsions synchronisées, aux sens impliqués dans l'événement passé vont se réunir : nous nous souvenons. La résonnance et la synchronie sont donc fondamentales aux processus mentaux et à la mémoire. Elles sont liées à la polarité féminine. Ce qui lie la mémoire et la polarité féminine peut s'observer par son absence par exemple lors de relations sexuelles répétées, surtout chez les hommes. Difficile de se souvenir en détail d'une de ces fois, et aussi le besoin de répéter l'acte est constant. Ceci s'explique par le fait que tout comme pour l'estomac, la génitalité s'exprime dans le monde de la personnalité et de la polarité masculine. C'est le monde de l'instant qui s'évanouit aussitôt. C'est l'instinct qui domine, à moins qu'il s'agisse d'une première fois, d'un geste violent[7] ou d'une relation qui touche la polarité féminine (le cœur). On oublie nos relations sexuelles, mais pas ce qui a profondément touché notre cœur. Lorsque la polarité féminine est aussi impliquée, bien des années après, on se souvient de l'environnement, des moindres gestes, des regards et du cœur dilaté. La polarité féminine ne connaît pas la répétition, elle vit et s'épanouit dans l'unique.

Le développement d'un réseau neuronal artificiel nous permet de comprendre comment se développe le cerveau. Ainsi, pour permettre une meilleure intégration de données, Stephen Grossberg, fondateur de la neuroscience computationnelle, a découvert que le système doit être divisé en deux. Une section sera alors responsable des nouveaux signaux intrants[142]; l'autre des signaux routiniers. Nous avons là nos deux hémisphères cérébraux. Des chercheurs ont également démontré que sans décussation, un relai central de plus de 1000 neurones ne pourrait pas sentir et reproduire avec précision un environnement en trois dimensions. La décussation entre les aspects moteurs et sensitifs du cerveau est un exemple[143]. Ceci explique pourquoi des structures plus petites comme c'est le cas pour le faisceau olfactif et reticulospinal ne sont pas décussées. Sur un plan plus subtil, il y aura un changement de polarité manifesté par une différence de synchronisation comme c'est le cas par exemple entre les structures limbiques et le cortex[144]. Ainsi, le système taoïste suggère que comme le jour succède à la nuit, dans tout procédé vivant la polarité masculine protège puis se fond dans la polarité féminine. Celle-ci nourrit et se fond dans la polarité masculine. Les éléments réceptifs et émissifs, indiqués ici par les signes -et+, sont toujours en rapport l'un avec l'autre. Les deux doivent se compléter et se succéder pour compléter un cycle. Si nous ajoutons l'exem-

---

7 Ceci marque la rupture d'un des liens entre la polarité féminine et masculine et s'imprime dans la polarité féminine, inconsciente.

ple de la vague électromagnétique avec ses phases d'expansion-accélération et de rétraction-décélération aux énergies élémentaires de notre circuit de base à 5 éléments, nous avons un système biocybernétique général. Nous percevons ici la propriété oscillatoire de la matière vivante. Plusieurs sinon tous les processus cellulaires et métaboliques sont modulés dans le temps. Les oscillations requièrent un chiffre impair (boucle de rétroaction négative) d'au moins trois éléments (dans le LIFE, nous en avons 5). Pour obtenir l'oscillation voulue, une fonction mutuelle d'inhibition et d'engendrement doit lier ces éléments. Dans notre modèle, sur le plan physique, l'aspect nutritif analytique est la valeur centrale de l'oscillation. Sur le plan psychique, ce sera l'aspect Humain. Nous avons là aussi nos deux régulateurs du cerveau.

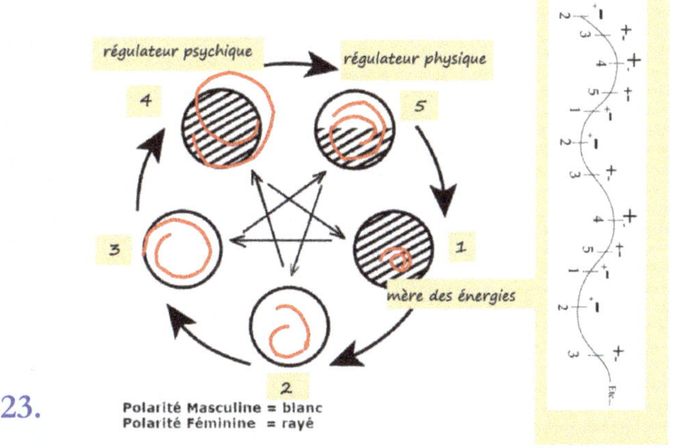

23.

Le principe cybernétique [8] découvert par les ingénieurs est général : le contrôle indirect du système s'effectue sur plusieurs points en présence de variables étroitement couplées. Ce principe est applicable grâce à l'universalité des systèmes. Dans le système cybernétique du cerveau, ceci demeure vrai. Cependant, puisque la psyché est essentielle chez les humains, le régulateur de celle-ci contrôle indirectement le régulateur physique et par là le système entier. Une action sur un autre élément en contradiction avec l'information psychique sera refusée ou aura un effet limité même dans le cas d'événement déséquilibrant. C'est ce que nous nommons la résilience. Intuitivement, les campagnes publicitaires tentent de contrôler indirectement notre système cybernétique personnel

[8] Cybernétique : Processus autorégulé de commande et de régulation chez les êtres vivants.

en créant des besoins fictifs qui vont influencer une des cinq variables. Toutes ces publicités visent à augmenter la consommation. Elles sollicitent à outrance notre régulateur physique, jusqu'à provoquer son épuisement. Le journaliste scientifique Pierre de Latil écrit : *« le régulateur n'est pas concerné par les causes ; il détectera la déviation et la corrigera. L'erreur peut être causée par un facteur dont l'influence n'a jamais été proprement déterminée ou même d'un facteur dont l'existence même n'est pas suspectée* [145]. »

Avec le besoin évolutif d'homéostasie tant physique que psychique présent à tous les niveaux de notre être, les désordres s'expriment entre autres sous forme de maladies. Celles-ci peuvent résulter d'un déséquilibre physique, émotionnel, symbolique, mental et même social du système ainsi que de difficulté de rapport entre ces niveaux. Chaque régulateur est responsable d'exprimer une polarité. Ainsi, les hommes s'expriment plus volontiers à travers leur polarité masculine. Ils ont une tendance naturelle à privilégier le régulateur physique alors que les femmes, structurellement liées à la polarité féminine, sont plus sensibles à l'état de leur régulateur psychique. Ces deux régulateurs ne sont pas en opposition, mais bien complémentaires. Seul un point de vue modulaire [9] les dichotomise [10].

Dans le système biocybernétique, dans ce LIFE humain, la fonction de nutrition couplée à une analyse autant physique que conceptuelle a sa phase placée entre l'introversion et l'extroversion de l'oscillation. Comme nous l'avons dit précédemment, c'est le régulateur physique du système. Tout déséquilibre qui touche à l'une des phases fera d'abord appel au régulateur psychique qui permet la résilience et est central chez l'être humain. Puis en fonction de la qualité identitaire, le déséquilibre aura tendance à envoyer cet humain en direction du réfrigérateur, du compte en banque, des boutiques, du casino ou de l'intellect pour stimuler la loge du régulateur physique. Il partira aussi en quête d'un stimulant pour les loges en difficulté. L'excitant choisi correspondra au principe nécessaire pour contrer au déséquilibre. Si les régulateurs ne peuvent rééquilibrer le système, des symptômes ou à tout le moins des

[9] Ou par catégories, apanage de la polarité masculine.
[10] Diviser en deux par opposition.

vulnérabilités vont apparaître. Le système tente de compenser.

Le régulateur physique est également lié à la fonction d'analyse. Pendant l'évolution, celle-ci nous a permis de trouver des solutions à des problèmes concrets. Les hommes en sont expressifs alors que pour l'autre fonction du régulateur physique, soit la nutrition, ce sont plutôt les femmes qui le sont. Mais, comme nous l'avons déjà précisé, il s'agit là du deuxième régulateur. Le premier est inconscient et lié à la psyché. Pour ce premier régulateur, les hommes sont expressifs si leur polarité féminine est vraiment fonctionnelle ; or, elle ne l'est que rarement parce que les valeurs de notre société s'opposent au « petit prince » donc à une partie importante de la polarité féminine.

Les femmes sont réceptives sur le plan du premier régulateur ; elles ont soif, mais elles ne sont pas désaltérées. Elles s'abreuvent de quelques gouttes rédemptrices pour trouver leur identité. Mais lorsqu'une femme est dans l'impossibilité d'exprimer ou de se lier à sa polarité féminine, elle doit solliciter davantage son régulateur physique et sa polarité masculine [11]. De plus, pour une femme dont la polarité féminine est fonctionnelle, le sens du sacré (c'est-à-dire une vision holistique) est une nourriture indispensable. Or, les hommes qui ne sont pas structurellement de la polarité féminine ne partagent pas ce besoin d'une ambiance sacrée de façon consciente. Sans le savoir, ils ont eu tendance à enfermer la femme dans le monde matériel.

Jusqu'à présent, c'était là le lot des femmes parce que tous les humains, même les plus mystiques sont passés par cette phase ; on n'échappe pas à son temps. Pour exemple, le Bouddha aurait dit dans le Dhammapada, chapitre 20, verset 284 : *« Aussi longtemps que l'homme aime une femme, fût-ce la moindre d'entre elles, il est réduit en esclavage, comme le jeune veau qui tète sa mère. »*

À lire les Évangiles, Jésus il me semble considérait la femme comme une égale et une sœur. Il se rapprochait ainsi de l'attitude à avoir, celle de percevoir en la femme une polarité féminine plutôt que de projeter l'aspect féminin de sa polarité masculine [12] sur elle. Jung disait que l'homme a une forte tendance à projeter son ombre sur la femme, car

[11] Les cas d'anorexie sont un exemple de ce processus.

[12] L'aspect reptilien.

« la femme est toujours là où se trouve l'ombre de l'homme [146]*»*.

Une parabole concernant Jésus nous enseigne qu'il s'est révolté contre un figuier qui ne portait pas de fruits. Il avait faim, mais ce n'était pas la saison des figues. On peut faire un rapprochement entre la forme et la couleur de ce fruit et la polarité masculine. L'arbre maudit c'est notre polarité masculine qui ne donne pas de fruits. Mais il faut que ce soit le temps indiqué pour que polarité masculine et féminine travaillent de concert [13]. Avec une plus grande conscience de la polarité masculine, la polarité féminine se lèvera. Le prince embrassera la belle endormie, ils formeront un couple. Ils auront beaucoup d'enfants, c'est-à-dire que leurs actes seront comme de beaux et bons fruits. Les polarités masculine et féminine lorsqu'elles sont en harmonie et œuvrent ensemble manifestent le maître-modèle sur terre. Ainsi, ils vivront heureux. Même « Dieu » sur terre doit se soumettre aux cycles [14] et attendre la maturité de l'humain.

Outre les différentes phases, puisqu'un humain est un système ouvert sur l'environnement lui-même chargé d'informations collectives et inconscientes, il est difficile d'atteindre la cohérence et de la maintenir. Nous pouvons fuir vers la campagne... et encore. Cependant, nous devons impérativement rechercher cette cohérence et nous en donner les moyens. Malheureusement, sans un ancrage solide de la psyché, c'est une chose quasi impossible à accomplir en société. Ceci tient du principe que deux horloges à pendule (donc oscillatoires) montées sur un mur commun auront tendance à se synchroniser. En sorte, tous les humains sont sur le même mur. Déjà en 1665 le mathématicien et scientifique Christiaan Huygens avait observé ce phénomène [147]. Les humains font de même, c'est un phénomène biologique connu.

À titre d'exemple, les périodes menstruelles de jeunes femmes se synchronisent [15] lorsqu'elles vivent ensemble. Ou bien, on observe que

[13] Dans l'Histoire d'Horus et Seth, Seth finit par accepter qu'Horus aient la gouverne de l'humanité et ceci coïncide avec l'arrivée à maturité d'Horus, ce qui n'est pas un hasard et se retrouve dans l'humain sain dont le corps calleux du cerveau a atteint sa maturité.

[14] Voir la *Genèse*.

[15] La première recherche, maintes fois répliquée, a été effectuée en 1971 quand la professeure Martha McClintock a étudié 135 femmes vivant ensemble dans un collège américain. Au cours d'une année scolaire, les élèves ont tenu « un agenda menstruel ». Elle a constaté que, alors qu'au début de l'année les jeunes femmes commençaient leurs périodes à des moments diffé-

l'état de cohérence cardiaque de quelqu'un entraîne la cohérence du cœur des gens autour de lui [16]. Comme le démontrent nombre d'événements d'hystérie collective (maintenant nommé syndrome psychogène), qui d'ailleurs sont en hausse, cet effet est observé aussi pour le psychisme. Les deux sont intimement liés. Les symptômes physiques manifestés pendant ces crises, sans nous surprendre, se rattachent au nerf vague (boule à la gorge, pleurs, nausée, souffle court, vomissements, évanouissement, tremblements) [17]. Lorsque nous vivons avec quelqu'un, nos oscillations se synchronisent sur tous les niveaux. La dimension pour laquelle je suis expressive par exemple prendra le dessus dans le couple. Si les amoureux sont expressifs sur le même plan, le plus expressif des deux dominera à ce niveau. Ainsi, en tant que femme, ma réalité spirituelle est soumise à la qualité symbolique de mon compagnon. Mais dans l'ensemble, mon compagnon est limité dans sa polarité féminine à la qualité de la mienne, parce que celle-ci est *structurelle* chez moi. De fait, les compagnons de vie s'assemblent au niveau des oscillations et forment un tout qui est leur expression du maître-modèle. Il nous faut donc rechercher un compagnon ou une compagne qui permette une expression la plus complète possible du maître-modèle. Se connaître soi-même est ici un merveilleux cadeau à faire à notre couple.

En physique, le mot cohérence décrit deux ou plusieurs ondulations synchronisées pour former une vague. Voilà ce qu'un couple essaie de reproduire : une oscillation commune de qualité. On peut observer un exemple de ceci au plan physique dans la danse nuptiale de certains oi-seaux. Le laser est aussi un exemple dans lequel plusieurs oscillations lumineuses sont en verrouillage de phase pour produire un puissant rayon unifié et cohérent. En physiologie, la cohérence se présente lorsque deux ou plusieurs systèmes oscillatoires du corps tels que la res-piration, le rythme cardiaque et les oscillations corticales se synchroni-sent et opèrent à la même fréquence. Ceci se nomme entraînement [18].

---

rents, à la fin de l'année, elles étaient toutes synchronisées à quelques jours d'intervalle.

[16] Puisque les femmes sont émissives sur le plan émotif, je crois que dans un groupe, leurs oscillations cardiaques ont davantage d'effet d'entraînement.

[17] Le milieu médical commence seulement à accepter que les sphères digestives, neurologiques et dermatologiques, puissent avoir un lien avec l'état psychologique de l'individu.

[18] L'entraînement cause graduellement une variation de phase pour permettre à l'oscillation

L'avantage de ceci est que cette dépendance des systèmes développe la synchronie et un effort de groupe pour réaliser un but commun. Pensez à une équipe de soccer (foot). Pour le couple, un idéal, un but commun permettra de synchroniser tous les éléments, sur tous les plans. Les polarités se complèteront et le couple sera lui-même un système autorégulé très efficace. L'action d'un couple sincèrement amoureux sera beaucoup plus puissante et régulatrice du social que celle d'un être seul. Mais attention au mensonge ; le groupe social le reconnaît intuitivement et finit par rejeter un tel couple, et ce, malgré nombre de campagnes de presse dithyrambiques.

Le LIFE est composé de cinq oscillations qui en forment une générale. Ceci est en harmonie avec la représentation d'un modèle non linéaire de contrôle [148] : le physique, l'émotif, le mental de type symbolique (conceptuel), le mental de type analytique (linéaire) et le collectif (environnement naturel et social). Nombre de phénomènes psychologiques s'accordent avec l'idée que les événements cognitifs suivent une hiérarchie dans leur lecture d'information psychique. Chaque cycle oscillatoire est une fenêtre dans ces procédés et signale le début et la fin des messages encodés ou transférés, analogue au début et à la fin de la lecture des signaux génétiques. En d'autres mots, le cerveau n'opère pas de façon continue, mais de manière discontinue, en utilisant des paquets temporels de quanta [149].

Un être qui possède un but holistique directeur dans sa vie peut plus facilement atteindre une cohérence de ses plans physique, émotionnel, mental et social. Ceci permet une meilleure synchronisation neuronale ; il peut vivre et s'exprimer de façon optimale, en fournissant moins d'efforts à tous les niveaux. De plus, par effet d'entraînement il influence positivement ceux qui sont dans son entourage immédiat [19].

L'environnement naturel aussi nous influence directement. Les oscillations des cellules neuronales peuvent être bloquées en laboratoire pendant des jours entiers. Lorsqu'elles sont délivrées, elles reprennent le rythme qu'elles poursuivaient avant le blocage. Le rythme circadien est ainsi non seulement inhérent à toutes les cellules, mais aussi aux

---

de se synchroniser avec un rythme ou un signal.

[19] Malheureusement l'inverse est aussi véridique tel que suggéré, par exemple, par le taux de suicide chez les femmes psychologues. Il est le triple de celui de suicide au sein de la population générale (J. S. Mausner, R. C. Steppacher; Suicide in professionals: A study of male and female psychologists. *Am. J. Epidemiol.* 1973; 98 – 6 – : 436-445. doi : 10,109 3/oxfordjournals.aje. a121573).

neurones individuels. Si notre but est en harmonie avec les cycles de la nature, nous aurons alors celle-ci de notre côté.

Un lien entre plusieurs oscillations de type biologique ou chimique est une constante des procédés observés en biologie et représente la réponse adaptée de l'organisme à un environnement qui est fondamentalement de type cyclique ou oscillatoire, comme présenté dans le modèle Kuramoto [150]. On observe un entraînement de fréquence entre les oscillations. Ceci diffère d'une simple réponse à un stimulus donné. À mon avis, les oscillations sont liées et expriment l'information issue d'un océan énergétique primordial que la médecine chinoise nomme le maître du cœur (MC). Nous en rediscuterons lorsque nous aborderons la physiologie de l'âme et le sens de synergie. Le mécanisme exact des oscillations du cerveau et de leur déclenchement n'est pas connu à ce jour. Afin de répondre à cette question, je crois que nous aurions avantage à prendre en considération et à étudier de façon plus pointue la structure des méridiens d'acupuncture, du maître du cœur et du nerf vague.

Nous savons cependant que la manifestation de la conscience, dans son sens de perception, demande la collaboration de plusieurs larges groupes de neurones qui vont présenter une activité persistante. Mais la conscience est un mot fourre-tout difficile à définir avec le seul outil analytique. Tout comme pour l'amour, une définition de la conscience entre les mains de la polarité masculine donne quelque chose comme : *« Un procédé dans lequel l'information de diverses modalités liées aux sens et à la perception est combiné dans une représentation unifiée et multidimensionnelle de l'état du système et de son environnement et intégré avec l'information des souvenirs et des besoins de l'organisme, générant ainsi des réactions émotionnelles et des programmes de comportement pour ajuster l'organisme à son environnement*[151] *. »*

Ceci pour moi s'apparente davantage à une cognition assujettie au temps et à l'espace qu'à la Conscience qui se rapproche d'un état. Les mots qui nous intéressent par contre ici sont « unifiés », « multidimensionnel » et « perception ». Ce sont des qualités essentielles présentes de la perception la plus primaire jusqu'à la plus complexe des mémoires et projections dans le futur, jusqu'à la Conscience. Ces notions appartiennent toutes trois au monde de la polarité féminine. *« L'information complexe est l'information partagée par tous les modules du système et ceci suggère que c'est là plutôt l'activation qui détermine ce qui est conscient (Tononi 2007)*[152]

Ce qui est intéressant dans cette citation c'est l'importance de l'information. Nous abordons le monde des quanta. Pour Bohm, l'information est un aspect inhérent de la nature biologique donc d'abord psychique, un procédé qui forme le récipiendaire, un niveau fondamental de la Nature. Au lieu de voir l'information en tant qu'élément de type corpusculaire, imaginons-le comme formant un tissu invisible, celui d'un aether[20] . Nous avons là ce que le taoïsme nomme le maître du cœur. C'est l'aspect fractal et vivant d'un modèle organisateur originel que Bohm nomme l'ordre implicite. C'est le régulateur invisible de l'information. Ce n'est pas le modèle premier, qui est stable (l'ordre super implicite pour Bohm), mais son miroir en devenir. Les Égyptiens de l'Antiquité nommaient ce miroir la déesse Maât [21]. Pour moi, elle est l'âme universelle. Jung aussi sentait ce monde de polarité autorégulé (Maât). Sa psyché n'est pas la réalité ultime, mais celle que nous ne pouvons dépasser pour l'instant. Nous ne pouvons connaître le modèle super implicite, seulement un aspect fractal de celui-ci [22] dans lequel nous avons notre existence. À cet effet il disait : *«Par mon effort qui vise à dépeindre la nature délimitée de la psyché, je ne veux précisément pas suggérer qu'il n'existe "que" la psyché. Mais là et dans la mesure où il s'agit de perception et de connaissance, nous ne sommes simplement pas en état de voir par-delà la psyché* [153]*.»*

Bohm considère le monde physique et celui de la psyché comme faisant partie d'un même tout. Il dit aussi qu'*« à chaque niveau, l'information est le pont ou le lien entre ces deux pôles».* L'image rejoint celle de la terre avec ses deux pôles du champ magnétique qui se rencontrent à l'équateur. Bien qu'invisible, ce champ a de l'importance [23] pour tout ce qui vit sur terre [154]. Pourtant il nous intéresse peu. Le lien entre la psyché et le monde physique existe au travers de couches de plus en plus tangibles du maître du cœur sans que chaque pôle perde de son autonomie relative et de sa stabilité. Un peu comme les couleurs d'un arc-en-ciel

---

[20] Le taux d'énergie d'un oscillateur (donc son contenu en photons). C'est le cas des oscillateurs du champ quantique qui fourmillent de particules éphémères. Ils ont donc une probabilité importante d'avoir une haute énergie. Dans ce cas, cette énergie peut être transformée en masse selon le principe de la relativité restreinte qui stipule l'équivalence de l'énergie et de la masse selon la formule E = mc2. C'est pourquoi les photons peuvent donner naissance à des particules de masse comme l'électron. On passe alors de la non-matière à la matière.

[21] Voir le Volume I

[22] Maât.

[23] Par exemple, des changements dans le champ magnétique sont perçus par les plantes qui modifient alors l'expression de leurs gènes et leur phénotype.

passent des rayonnements les plus lents aux plus rapides du spectre lumineux. Ces deux pôles sont des expressions des deux principes [24]. Bohm soutient aussi que *« notre connaissance de la matière [ainsi que de la psyché] a changé de telle façon qu'elle soutient cette approche. De poursuivre davantage celle-ci pourrait peut-être nous permettre d'étendre nos connaissances des deux pôles dans de nouveaux domaines* [155]. *»*

Les interactions du cerveau avec le corps et les réalités physiques se nomment cognition, comme nous l'avons mentionné précédemment, mais pas Conscience. Bien que ce soit là un premier pas nécessaire, la Conscience est forcément inclusive et holistique, un but ultime à atteindre. Par exemple, l'athlète par sa pratique acquiert une virtuosité physique. Ce meilleur contrôle de son corps dans la dimension physique, bien que non négligeable, ne concerne qu'un des plans du tout humain. Quelle est cette Conscience que nous devons rechercher ? Elle mène au bonheur, à la source, elle permet de retrouver l'Éden et elle nous libère du temps et de l'espace. La façon de la cultiver passe par le contrôle de la personnalité, de notre polarité masculine et de son assujettissement à l'individualité, à notre polarité féminine. C'est la quête du Graal qui mène à l'union harmonieuse de nos deux polarités. C'est le mariage sacré (hiérogamie initiatique [25]). Sans ce but intuitif qui nous fait rechercher l'amour, nous ne sommes que de grands singes sans cohérence, passés maîtres dans l'art de la duperie [26] de nous-mêmes et des autres.

[24] Et non pas les deux polarités. Il est sensé de penser que la matière oscille afin de recevoir des énergies ou de l'information liée à la psyché.

[25] L'acte sexuel entre deux personnes est la manifestation sur le plan physique d'une vérité qui englobe tous les plans de l'être : la complétude se manifeste de l'union harmonieuse de la polarité féminine et de la polarité masculine. Elle doit s'accomplir en chaque personne pour que l'individualité puisse s'exprimer. Un couple est ainsi deux polarités féminines qui se joignent à deux polarités masculines. (voir schéma)

[26] Seth dans ce cas nous guide sur les chemins du monde d'Isfet, un monde aride et dénué de sens dans lequel les êtres sont, dans leur cœur, isolés les uns des autres : c'est le chaos.

24.

© lilkar/shutterstock

Chapitre 4

Les Âges de la Vie

La Personnalité et sa Part d'Ombre[1]

Bien des cœurs se perdent dans le général
Mais le plus noble se consacre à l'Un
—Goethe

De la même façon que nos sens nous informent sur notre environnement physique, les structures de la personnalité apportent des réponses aux questions posées par le cerveau reptilien («qu'est-ce?» et «où?»); à celle du cerveau mammalien («quand?») ainsi qu'à la question «comment?» du cerveau analytique. Le surplus ne l'intéresse guère. Malgré tout, la personnalité est essentielle parce que les réponses apportées à ces questions assurent notre survie en ce monde. Elles permettent à notre polarité masculine de s'y enraciner et de s'orienter. Sans polarité masculine, la psyché ne saurait être manifestée.

Pour illustrer ceci, comparonsà la page suivante le dessin de Jung, la plage 55 de son *Livre Rouge* avec l'illustration de notre couverture. Dans la mythologie égyptienne, les tableaux décrivant la course du soleil montrent souvent le dieu Seth à la proue de la barque solaire. Il contrôle de sa lance le serpent Apep (Apophis) et l'empêche de ce fait d'engloutir la barque sacrée, ce qui mènerait au chaos. Seth inhibe ainsi les actions du serpent. En harmonie avec ceci, dans le LIFE, l'aspect séthien inhibe

[1] Notre part d'ombre est attachée à l'inconscient de notre personnalité, donc à notre polarité masculine. Elle résulte de notre vie sur terre et prend ses racines dans le cerveau reptilien. La part de lumière de l'être, c'est son individualité, sa polarité féminine. Elle est essentielle à la vie. Elle prend ses racines dans le cerveau Humain. La lumière peut éclairer et envahir l'ombre, mais l'ombre n'existe qu'en fonction de la lumière lorsqu'elle ne peut pénétrer l'opacité matérielle. Platon disait justement : *« On peut aisément pardonner à l'enfant qui a peur de l'obscurité; la vraie tragédie de la vie, c'est lorsque les hommes ont peur de la lumière. »*

l'aspect reptilien. De la même façon, notre part de personnalité consciente doit choisir quotidiennement et pour nos moindres gestes et pensées entre l'ordre et le chaos.

25. *©Heritage Image Partnership Ltd/Alamy Stock Image*

Elle est à l'avant-scène, à la proue de notre vie. Sur quelle référence se base-t-elle pour juger entre ce qui la mènerait au chaos ou ce qui la conduirait à la vie et à la cohérence ? Elle doit savoir et sentir ce qu'est cette cohérence. Sans le modèle de Maât et sans Horus qui nous guide vers lui, c'est impossible.

Or par notre vision empirique et analytique, nous nous éloignons d'un concept comme celui du Tao ou de Maât. Nous perdons la vue d'ensemble. Comme tout être humain, Jung devait vivre dans un monde social avec les dictats et les laxismes de son époque. De plus il était scientifique de profession. Aussi, dans cette gravure, il n'y a pas de Seth qui de son harpon et selon sa seule fonction serait en contact avec les forces chaotiques. Il n'y a pas de serpent Apophis non plus ; Jung y figure les forces inconscientes reptiliennes par un poisson bien vivant et libre d'agir aux canines impressionnantes et bien acérées. La barque solaire y est figurée voguant sur des flots tourmentés dont le motif se retrouve inscrit dans le ciel. Par contre, Jung y montre un être cagoulé à quatre bras se tenant à l'arrière du navire, dans l'ombre. Si nous transposons ceci au mythe égyptien, il s'agirait du dieu Horus, mais d'un dieu

26.

From THE RED BOOK by C.G. Jung, edited by Sonu Shamdasani, translated by Mark Kyburz, John Peck, and Sonu Shamdasani. Copyright © 2009 by the Foundation of the Works of C. G. Jung Translation copyright (c) 2009 by Mark Kyburz, John Peck, and Sonu Shamdasani. Used by permission of W. W. Norton &Company, Inc.

Horus caché dont deux bras tiennent le gouvernail et deux bras brandissent ce qui semble être un éclair.

Dans les deux cas, la barque solaire de Ré est bien présente et nous sommes en présence du disque solaire. Cette œuvre d'art nous révèle le monde dans lequel vivait Jung. Il était freudien sans conteste, mais son aspect petit prince était bien présent et tenait fermement la direction malgré tout. Quelles angoisses ont dû être les siennes ! Quelle audace d'avoir ainsi gardé le cap malgré tout et malgré tous ! Son histoire est la nôtre. Pourquoi ? Parce que sans conscience d'un modèle autorégulé, notre vision empirique des choses ne peut apporter de sens profond à notre vie. Jung avait la chance d'avoir un petit prince bien présent, mais ce n'est en général pas le cas. Si dans l'avenir, nous acceptons le regard permis par la connaissance du maître-modèle, notre Seth pourra être vraiment présent et agir dans la bonne direction plutôt que de contrecarrer l'orientation de notre Horus intérieur. Il saura ainsi contrôler l'ombre et nous permettre de manifester la psyché en toute cohérence.

La phrénologie avait tenté d'expliquer la psyché par l'analyse des re-liefs crâniens. Notre science moderne la déduit par l'étude des lésions. Elle extrapole ce qui devrait être par ce qui n'est plus. Ces modèles dis-sociatifs ne nous éclairent pas sur ce que serait une psyché qui s'expri-merait de façon idéale. En conséquence, la prochaine étape dans l'étude du cerveau devra être fondée sur une vision systémique de celui-ci et s'intéresser aux associations, aux oscillations et aux cycles. Contraire-ment à un ordinateur, et en accord avec Goldberg, le cerveau ne possède pas d'unité centrale de traitement. Des dommages sélectifs le verront tenter de contourner le problème. Cependant, les fonctions de contrôle et d'inhibition sont distribuées à travers l'ensemble avec deux régulateurs [156] principaux. Voilà pourquoi le modèle du LIFE fait d'inhibition, de régulation et d'engendrement sera si précieux pour cette nouvelle étape de la connaissance du cerveau *et* de la psyché. L'un ne peut être considéré sans l'autre ou sans l'environnement.

Il serait puéril de cartographier les fonctions du cerveau de façon fixe en oubliant de considérer les changements inhérents aux phases de la vie, aux déséquilibres et à l'évolution. Les variations dynamiques

27.

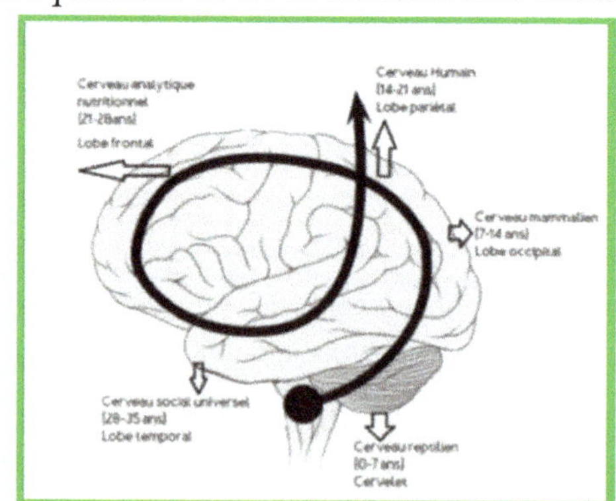

[2] Structure neuronale servant de processeur cognitif spécialisé. Un mental de type modulaire s'illustre par un ensemble de boîtes (catégories de la polarité masculine) souvent sans rapport les unes avec les autres. Pour un mental de type modulaire, toute observation doit être mise dans une boîte ; jugée et catégorisée. La première catégorie se réfère au « bon/mauvais » ou « bien/mal ». À l'intérieur de cette dichotomie, de ces deux boîtes gigantesques il y en a d'innombrables autres.

du cerveau sont infinies. Les structures archaïques, celles liées aux cerveaux reptilien et mammalien par exemple, sont de type modulaire[2]. Les plus récentes sont de type « hétéromodal » c'est-à-dire qu'elles intègrent des informations issues de plusieurs structures, et ce, du pôle psychique jusqu'au physique. Goldberg a développé une théorie cognitive graduée dans l'espoir de trouver une organisation au potpourri d'information concernant le cerveau. Pour lui, le cerveau est une masse d'interactions avec de modestes fonctions préétablies. Cette perception est naturelle dans son cas puisqu'il étudie des cerveaux en difficulté. Il ne peut savoir comment réagirait un cerveau optimal puisqu'il n'a pas de modèle de référence. Par contre, son modèle évolutif [157] empirique, de l'arrière vers l'avant, du bas vers le haut, s'accorde bien avec le modèle du LIFE et nous permet ainsi d'appréhender le tableau futur de l'évolution humaine [3]. Nous pouvons prévoir que l'évolution humaine favorise le lobe pariétal et le précunéus. Plusieurs représentations égyptiennes entre autres représentent l'être humain évolué avec une excroissance à ce niveau[4]. Voilà une piste de recherche.

Voyons à présent comment le cerveau se transforme au rythme des cycles naturels. Comme pour tout phénomène naturel, nous dit la tradition taoïste, nous pouvons observer que la matière vivante est soumise à des cycles nés de mouvements d'énergie, de leur naissance à leur résorption. Si nous observons la nature, cet élément fractal du maître-modèle, nous constatons qu'en hiver, l'énergie semble retirée, condensée à son maximum, souterraine ; certains animaux hibernent. Puis le printemps s'annonce et l'énergie s'exprime et abreuve toute la terre. C'est le temps des naissances pour beaucoup d'animaux et de plantes. Puis l'énergie se disperse sur la surface de la Terre, dans la végétation, les fleurs, les fruits et l'animation des animaux. L'été est là. Puis le temps suspend son vol, en une pause exquise ; l'énergie se ralentit, les feuilles tombent et bientôt un blanc linceul voile cette nature. Notre propre respiration est modelée sur ces mouvements, ainsi que les oscillations et les ondes électromagnétiques dans lesquelles nous baignons. Qu'en est-il de la vie humaine ? Elle aussi porte cette oscillation et comporte des cycles ainsi que des phases de maturation en écho au modèle naturel.

---

[3] Voir volume I, p.72
[4] Voir volume 1

Malgré ces cycles auxquels nous sommes soumis, la réalité physique nous montre que nous ne sommes pas égaux. Les corps sont différents dans leur constitution génétique, épigénétique et même antégénétique [5]. Celles-ci colorent notre perception du monde. Nous sommes tous différents les uns des autres. Certains corps ont plus de facilité à vivre que d'autres. Certains ont aussi davantage de facilité à traduire la réalité profonde de l'individu. Compte tenu de cela, le respect des étapes de maturation sera un outil essentiel à un développement cohérent et optimal de l'enfant.

Les phases de maturation, de développement et d'évolution de l'être humain et de son cerveau peuvent être comparées à autant d'années scolaires. Pour accéder à une classe supérieure, nous devons terminer avec succès la petite école. Sans cela, je peux toujours visiter la classe des grands, toucher les pupitres, tailler des crayons, mais je ne pourrais ni comprendre ni pleinement participer.

Cinq phases principales de maturation s'échelonnent de la concep-tion jusqu'à trente-cinq ans. Ces chiffres (5 phases de sept années) proviennent de la tradition taoïste, mais se retrouvent aussi dans d'autres traditions qui calculaient le cycle vénusien de 40 ans (5 X8) ainsi qu'empiriquement en suivant la maturation biologique. Par exemple, le rythme circadien s'installe après sept ans [158], soit en phase mammalienne. De nombreux psychologues se sont penchés sur l'étude des stades de dé-veloppement ; Piaget est probablement le plus connu. Mon approche diffère quelque peu, mais avec des observations analogues. Elle s'appuie sur un modèle nourri des observations de maturation cérébrale [6] et physique, intégrées au modèle taoïste.

Chaque stage représente une période favorable à certains types d'information. Il focalise ainsi l'intérêt, l'énergie de la psyché et dirige les énergies du corps vers un but particulier de formation au niveau physique qui permettra l'expression psychique. Ainsi, en général, de la conception à trois ans la polarité féminine prime avec l'être unique mère-enfant (c'est une partie de la phase de la conception à sept ans). De la naissance à sept ans, le mouvement prime ; de sept à quatorze

---

[5] Épigénétique associée au maître-modèle.

[6] Pour plus de détails, voir la republication prochaine en deux volumes de l'ouvrage *Isis Code* : The Invisible Code of Nature in the Human Brain.

ans, le groupe social, ce sont les copains d'abord ; de quatorze à vingt et un ans l'éveil des sens, l'idéal, l'identité ; de vingt et un à vingt-huit ans, le contrôle du savoir, des moyens financiers, l'insertion sociale ; et finalement de vingt-huit à trente-cinq ans l'action sociale, les liens familiaux (biologique ou autre) et l'expression de l'individualité. À 35 ans, l'être humain est formé.

Voyons maintenant ces stades plus en détail avec, pour loupe, le modèle du LIFE. Nous étudierons en premier lieu les phases qui forment la personnalité, c'est-à-dire associée au cerveau reptilien, mammalien et analytique. Les phases plus étroitement liées à l'individualité et à la polarité féminine seront abordées au volume 3.

Le cerveau reptilien phase motrice (déesse Nephtys)

28. ©alexei_tm/shutterstock

« Si nous pouvions élever une génération d'enfants dans un amour inconditionnel, il n'y aurait pas de Hitlers [ou de Staline, de Pol Pot, etc...]. *»*

—— Élisabeth Kubler-Ross [159]

- Corresponds au monde physique et instinctuel.
- Réponds aux questions qu'est-ce? et où ?

- Structure de la personnalité : le «je».
- Phase de structuration : de la conception jusqu'à sept ans (dents et discours).
- Sens principal : audition vers la vision.
- Blocs de construction : de la conception à la naissance.
- Besoins de cette phase : Mouvements, amour, tendresse, lieux sains, nourriture biologique/biodynamique, nourriture pour tous les sens.
- Aspect préparé : le corps physique, et le support de l'émotionnel.
- Phase et fonction : attachement et plus tard reproduction. Prépare l'immunité et la résilience au stress.
- Structures du cerveau : tronc cérébral, moelle épinière, amygdale droite, hippocampe droit, cervelet, hypothalamus antérieur/glande pituitaire, cortex entorhinal (du cerveau social universel de la conception jusqu'à la naissance), aire tegmentale ventrale, locus cœruleus et plus. Bulbe rachidien (origine de la partie la plus ancienne du nerf vague). Nerf vague dorsal amyélinique des vertébrés. Également, myélinisation du nerf vague et transfert d'utilisation des fibres amyéliniques aux fibres myélinisées au cours de la première année.
- Organes cybernétiques principaux associés de la tradition taoïste : rein, os et cerveau, alimentation du foie.
- Régule les perceptions.
- Structure LIFE : partie de la polarité masculine (élément réceptif de la polarité masculine). Les hommes privilégient cette phase parce qu'elle fait partie de la polarité masculine. Les femmes y sont réceptives alors que les hommes y sont expressifs.
- Analogie de la structure cellulaire ADN.
- Fonction énergétique : reproduction.
- Stimulant : vibrations et sons graves, activité physique brusque, sexualité, masturbation (chez l'adulte), démonstration de puissance physique (sports, exercices militaires), le territoire et le goût salé. Une excitation outrancière de ces structures et les abus entraîneront une déplétion des énergies correspondantes et un asservissement ultérieur à cette phase. (Le bercement appartient à la phase du cerveau nutritionnel et a un effet apaisant et régulateur sur le cerveau reptilien).
- Don de cette phase : l'animal en mouvement (liberté dans l'espace..

- Motivation de cette phase : survie du biosystème.
- Type d'attraction/relation : domination/génital/libido.
- Attitude relationnelle principale : binaire (attraction-répulsion, bon-mauvais.)
- Attitude psychologique motivante : la recherche, la volonté, la concentration sur un point.
- Émotions : peur/désir de contrôle et de destruction, combat/paralysie face au stress.
- Niveau de conscience : l'inconscient archaïque et personnel ajouté à l'inconscient collectif du cerveau social universel.
- Analogie avec une maison : les fondations suivant un plan.
- Analogie générale avec le pH (rapport acide-base [7]).
- Nuit, Hiver.
- Équivalent biblique : la Genèse.
- Déesse égyptienne : Nephtys (le taoïsme considère que le rein est féminin).
- Élément : **eau**.
- Planète : Lune
- Type d'attraction chez l'adulte : instinctif, attraction physique, égocentrique et génitale. Chez l'enfant avant trois ans : fusion avec la polarité féminine.

La déesse Nephtys du mythe osirien veillait sur les sarcophages, c'est-à-dire sur le corps physique. Elle accompagne Isis dans sa quête des morceaux d'Osiris parce qu'elle connaît ce monde. Bien qu'épouse de Seth, elle s'unit à Osiris dont elle aura un fils ; Anubis, dieu des morts. Dans les représentations, Nephtys se tient à la tête du défunt puisque l'enfant naît la tête en premier. Elle le recevra ici-bas. Elle sera aussi la nourrice du dieu Horus [8] parce qu'elle lui permet d'exister dans cette dimension du monde physique [9] que nous nommons à tort toute la réalité, rien que la réalité. C'est la dernière-née, et pour cause ; elle représente la structure physique pour laquelle l'élément eau est fondamental à la vie.

---

[7] Voir volume I.

[8] *Papyrus d'Imouthès*. Selon la traduction de Jean-Claude Goyon.

[9] Le monde physique est le domaine des morts, c'est le cercueil dans lequel Seth a enfermé Osiris.

La première phase s'échelonne de la conception à sept ans. C'est pour moi la plus critique, car d'elle dépendent toutes les autres. Lorsque j'habitais en France, j'offrais des séances de réflexologie aux femmes enceintes et je me suis beaucoup impliquée en éducation prénatale. Au-delà de l'éducation de nos jeunes appelés à devenir parents un jour, la maternité est le seul moment où nous pouvons positivement influencer de façon fondamentale l'enfant à naître. Une directrice des maternelles en France me disait qu'elle avait noté pendant sa longue carrière qu'un enfant est déjà formé de façon souvent permanente à son arrivée à la maternelle.

Plusieurs perversions et dépressions proviennent d'un cerveau qui s'est développé sur des difficultés et des conflits non résolus de la petite enfance. La plasticité du cerveau nous permettra d'en régler quelques-uns chez l'adulte [160]. L'idéal serait de les prévenir. Toute la société bénéficierait de l'intérêt porté à la période pré et périnatale. Ce serait la décision humanitaire la plus sage et la plus économique. Un pays qui oserait s'y intéresser et miser sur la maternité remarquerait une amélioration dans tous les domaines ainsi qu'un renforcement de son économie. Les conséquences seraient nombreuses, 100 % positives et exponentielles : moins de prisonniers, moins de malades, moins de soins psychiatriques nécessaires, moins de misère et une société résiliente, forte et heureuse.

La première sous-période de cette phase s'échelonne de la conception jusqu'à la naissance. La formation psychique de l'être est tributaire du monde identitaire profond (le *qui)* et du monde social (inconscient et conscient collectifs).

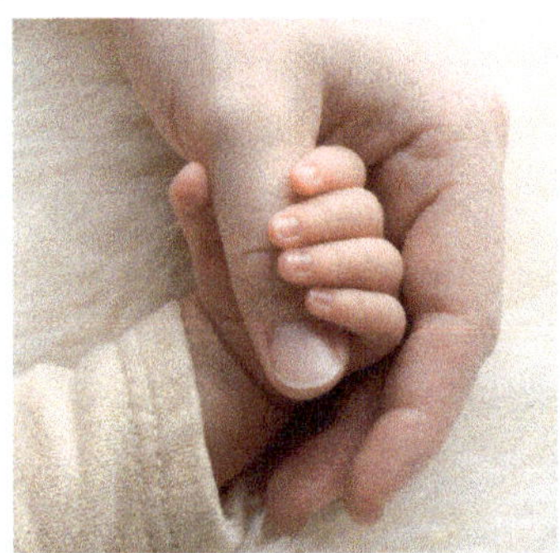

29. ©pieter82/iStock

De la naissance jusqu'à trois ans, la polarité féminine domine à travers l'hémisphère droit [161]. C'est la phase de tous les commencements et de toutes les fins, la porte à deux battants du monde matériel. L'embryologie nous enseigne qu'avant la naissance, les sens sont fusionnés (synesthésie[10]). À la naissance et progressivement, ils deviennent modulaires, puis interagissent les uns avec les autres ; on les dit donc hétéromodulaires. Pour un nourrisson, les différents cerveaux agissent telle une unité soumise aux oscillations du maître du cœur [11] maternel. Son monde extérieur et son monde intérieur forment encore un tout, un peu comme cela devait l'être pour nos ancêtres. Ceci implique qu'à cet âge un traumatisme physique est aussi psychique, et vice-versa. Pour un poupon, l'environnement et sa mère font partie de lui. Il ressent ce qu'elle pense et sent. Quand il pleure, il ne sait pas qu'il pleure. C'est une réponse automatique qui donne voix à un déséquilibre ou à un manque ressenti dans son LIFE, souvent en écho à celui de sa mère. Il n'a pas la conscience de soi, ce qui ne veut pas dire qu'il ne souffre pas. Les expériences vécues pendant cette période formeront la toile de fond inconsciente, la musique ambiante de sa vie future. Ceci se traduira au travers d'une myélinisation progressive du nerf vague et du précunéus [12] et par le développement des neurones de von Economo [13]. En miroir, pendant la première année, et surtout pendant les

---

[10] Daphne Maurer et Catherine J. Mondloch (2005) « Neonatal Synesthesia, ». Sur Internet : http://wyblelab.com/docs/jc/Maurer_NeonatalSynesthesia.pdf ainsi que Spector, F., & Maurer, D. (2009). Synesthesia: A new approach to understanding the development of perception. Developmental Psychology, 45 (1), 175–189. http://dx.doi.org/10.1037/a0014171.

[11] Le maître du cœur, une structure de la polarité féminine, sera étudié au volume III.

[12] En pansystémologie, le précunéus est une structure importante du cerveau Humain. Il serait entre autres, d'après les chercheurs, la structure responsable de notre sentiment de bonheur, surtout dans sa partie droite. Sato, Wataru, Takanori Kochiyama, Shota Uono, Yasutaka Kubota, Reiko Sawada, Sayaka Yoshimura, et Motomi Toichi. 2015. "The Structural Neural Substrate of Subjective Happiness". *Scientific Reports* 5 (1). Doi:10.1038/srep16891.Sur Internet, en français : https://www.futurasciences.com / sante/actualites/cerveau-cerveau-precuneus-serait-il-zone-bonheur-60608/.

[13] Les neurones fusiformes, également nommés neurones von Economo, sont plus nombreux chez les humains que chez les autres primates ou mammifères (y compris les baleines ou dauphins). Ces neurones se développent après la naissance, aidés ou entravés par des facteurs environnementaux physique et psychique. Nous les trouvons dans le cortex cingulaire antérieur, une autre région du cerveau qui a atteint un haut niveau de spécialisation chez les primates ; et à une densité encore plus élevée dans le cortex insulaire droit (polarité féminine du cerveau). Ces neurones sont impliqués dans des processus cognitifs émotionnels tels que l'empathie et le sentiment de conscience de soi.

trois premiers mois, il y aura une transition dans le fonctionnement de son nerf vague [162]. De l'utilisation principale des fibres amyéliniques, l'organisme évoluera vers une utilisation de celles qui seront myélinisées [14].

Nous sommes les seuls animaux pourvus d'un cerveau qui triple de taille au cours des deux premières années de vie. Nos enfants requièrent notre présence physique et émotionnelle sur une période plus longue que tout autre animal. Et nous sommes aussi les seuls ayant créé une société qui oblige les deux parents à partir simultanément au travail alors qu'ils ont un nourrisson. Tout son avenir dépend de cette première période de la conception à 2 ans. Des choix éclairés sont nécessaires et pour l'instant ils ne le sont pas. Qui tire avantage de cette situation ? S'agirait-il d'un choix de notre polarité masculine sociale ?

Cette première phase de la manifestation physique, préparée par la précédente, est responsable de la motricité du corps physique tout au long de la vie. Comme nous l'avons dit, la particularité de cette phase est que l'hémisphère droit y domine. La perception de ce bambin est donc très particulière par rapport à celle d'un adulte. Pour comprendre à quoi ressemble le monde avec un hémisphère droit dominant, on peut prendre connaissance du cas de la neuroanatomiste Jill Bolte Taylor[15] ; c'est le plus connu.

Les structures qui vont permettre la manifestation de tous les types d'expression humaine trouvent leur fondement dans ce système reptilien. En effet, les recherches démontrent que les compétences motrices vont permettre le développement des fonctions supérieures du cerveau. Donc nous avons ici le fondement de notre maison biologique, émotionnelle, mentale et sociale ; de notre être spirituel. Figurativement, ceci correspond aux fondations, au sous-sol d'une maison et à son contenu.

Prenons pour exemple la schizophrénie considérée comme un problème de fonctionnement du cerveau. Chez ces sujets on peut ob-

[14] La myéline permet une meilleure propagation de l'influx nerveux. Le nerf vague myélinisé a un effet direct sur le thymus et inhibe le système sympathique laissant supposer qu'il a un rôle majeur dans l'immunité. C'est une structure unique aux mammifères.

[15] Transcription de l'anglais en 49 langues. Son analyse n'est pas parfaite, mais l'ambiance y est. Voir la vidéo sur Internet :
http://www.ted.com/talks/jill_bolte_taylor_s_powerful_stroke_of_insight.

server une hyperactivité des lobes pariétaux, doublée d'une hypoactivité des lobes frontaux. Quelle explication supplémentaire pouvons-nous tirer du LIFE ? Ceci implique un problème de régulation du cerveau reptilien sur les lobes pariétaux. Une mauvaise répartition énergétique dans le système peut conduire à une hypotonie des lobes frontaux (il faut alors connaître quelle structure est en déficit pour savoir de quel régulateur il s'agit). Avec des lobes frontaux hypoactifs, les capacités de planification, d'organisation, et de décision seront affectées. Ceux-ci à leur tour devraient réguler ce cerveau reptilien. Les lobes pariétaux sont aussi impliqués dans les perceptions sensorielles telles que la reconnaissance de la voix, l'habileté à reconnaître des motifs ainsi que l'orientation psychologique et spatiale. Si ces lobes sont hyperactifs, les perceptions peuvent être déformées. La stimulation des sens, plus particulièrement celui du toucher (lobe pariétal) pourrait aider ces victimes à développer du discernement vis-à-vis de leurs hallucinations.

30. © *choreograph/123rf*

De trois ans à sept ans, la maturation du cerveau reptilien se poursuit. Les enfants explorent leur environnement avec enthousiasme et émerveillement. Plus tard, la jeune fille (7-14 ans) aura une prédisposition à explorer les confins de son monde émotionnel et celui des autres, tandis que le garçon dès la phase reptilienne savoure l'exploration physique. Cette phase appartient à la polarité masculine et au monde physique. Elle se vit dans l'instant et se soucie peu des conventions. Elle s'intéresse au « quoi ? »

Cette question se pose lorsque nous sommes confrontés à l'inconnu, ou lorsque nous voulons approfondir une connaissance. Elle se limite à ce qui est observable et immédiat. Bien que le cerveau reptilien soit totalement immergé dans le passé, l'inconscient et l'environnement, il n'en est pas conscient. La perception a lieu à un niveau subconscient et profond et réagit sur un mode du tout ou rien. Deux structures de ce système, l'hippocampe et l'amygdale droits, élaborent et reçoivent [16] les images dans le cerveau. Le nerf vague se projette dans le thalamus d'où l'information bifurque vers l'amygdale pour ce qui ressort de l'automatisme et vers le cortex. Il est bon de noter sur un carnet les éléments qui ont suscité une peur imprévue chez un enfant ainsi que le degré de cette peur. Ceci pourra l'aider plus tard à se connaître plus en profondeur.

Le cerveau reptilien n'a pas de mémoire consciente et n'est pas la source d'une émotion comme la peur [163]. En effet, les structures qui permettent la conscience que nous avons peur ne sont pas les mêmes que celles qui permettent une réaction physiologique inconsciente et automatique face au danger. Ces dernières réagissent à l'environnement et à l'inconscient point par point, secondes par seconde [17]. Une lésion de l'amygdale droite par exemple empêchera les réactions physiolo-

[16] La réception des images est une hypothèse. Par exemple, ceci expliquerait la réaction de ma petite chienne, une Westie. J'ouvre le couvercle du pot de margarine pour m'en servir tous les jours sans qu'elle s'y intéresse. Il suffit, et ce à chaque fois, que je constate que le pot est terminé et que je l'imagine toute contente si je le lui laissais, pour qu'elle abandonne son os et vienne s'asseoir, en attente. L'expérience de jeunes sourds muets qui croyaient que leurs parents pouvaient recevoir les images qu'ils tentaient de leur communiquer s'en rapproche. La découverte de neurones miroirs dans l'aire de Broca (lobe frontal inférieur, plus souvent à gauche) suggère que le langage humain a pu évoluer sur une base gestuelle (doi : 10.4103/0019-5545.31522). Une piste à suivre peut-être ?

[17] C'est pourquoi, si une pauvre grenouille est dans une eau lentement chauffée jusqu'au point d'ébullition, elle ne va pas détecter le danger.

giques de défense en réponse au danger. Les études montrent qu'elle n'empêchera pas de ressentir le sentiment de peur ni même de céder à la panique[164], car ces émotions dépendent de structures plus récentes.

Les hommes sollicitent davantage leurs structures cérébrales de type reptilien. Par exemple, l'amygdale et l'hypothalamus sont plus volumineux chez les hommes. Voir un visage en colère provoque une activité prépondérante de leur amygdale droite. Ceci suggère en outre une implication de celle-ci dans l'expression d'agression réactive uniquement chez les hommes[18] , pas chez les femmes [165]. Pour une femme par contre, l'amygdale doit se taire pour qu'elle parvienne à vivre un orgasme. Chez elle, le contexte et l'ambiance priment. Les hommes utilisent de façon expressive les structures qui appartiennent à cette phase fondamentale de la construction de la personnalité.

Ce détail a probablement dupé certains traditionalistes dans leur vision d'entités, de diables auxquels la femme était soi-disant réceptive. Ainsi, une femme ayant «perdu» sa virginité était forcément «habitable» par un démon. Après tout, dans le jardin de l'Éden selon la Genèse, la femme est réceptive aux propos du serpent. Loin étaient-ils de penser que ce serpent est en fait un symbole de l'aspect émissif de l'homme [19].

Donc les entités pour ces ancêtres étaient physiques. Ceci ressemble fort à une projection psychique de nos lointains parents sur le monde extérieur. Ils n'avaient pas de notion de projection personnelle ou d'une perception du monde extérieur comme écran sur lequel se projette notre psyché. Ils ne connaissaient pas suffisamment le monde concret pour s'interroger sur cet intérieur et cet extérieur. On aurait pu leur rétorquer que l'intérieur d'un estomac ou d'un vagin est une invagination. Ce n'est pas «l'intérieur» qui correspond au monde psychique. Les prostituées ont compris cela [20]. Si je poursuis cette croyance religieuse erronée, puisque le monde physique est celui dans lequel l'homme mâle s'exprime, les hommes seraient donc responsables du

---

[18] L'amygdale masculine comporte des récepteurs de testostérone.

[19] Voir le volume I, chapitre 5, *la Genèse*.

[20] Évidemment, comme le but est d'amener la Conscience dans chacune de nos cellules, cette vision des choses scinde la femme prostituée en deux. Elle finit par être enfermée dans le monde physique et n'a plus accès à sa polarité féminine.

fait que les femmes «attrapent» un démon...

L'homme, pour sa part, est réceptif sur le plan émotionnel. Je crois plus juste de penser que c'est *là* la porte d'entrée de ces «entités» que je préfère identifier sous le nom de virus psychiques. Donc ces virus psychiques sont en affinité avec une polarité masculine *déficiente* autant chez l'homme que chez la femme. En effet, un virus, qu'il soit physique ou psychique ne peut s'établir que si l'hôte offre des conditions d'accueil qui leur sont favorables — d'où l'importance d'une hygiène physique et psychique [21].

L'homme est expressif dans le domaine mental/analytique qui régule le monde physique. Nous avons vu que nos ancêtres [22] ont associé ce domaine à Satan (Seth). Voilà qui explique pourquoi un Hadith (pas le Coran) dit en parlant de la femme : *«Lorsqu'elle sort, Satan l'épie [23] de son regard [24].»* Celui-ci n'est donc pas dans la femme à proprement parler. Satan qui épie la femme c'est aussi l'aspect génital de la polarité masculine non contrôlé par l'intellect. Tous deux sont des aspects émissifs chez l'homme, tributaires de son émotif réceptif [25]. Quand donc Seth-Satan retournera-t-il en Éden? Quand donc la femme fera-t-elle vibrer le Soi chez cet homme? Lorsque le cœur de celui-ci sera circoncis, comme le dit la Bible[26] . C'est-à-dire lorsque son cœur maintenant libéré du prépuce de type reptilien dirigera ses fonctions reproductrices. Ceci implique qu'il soit ouvert à sa propre polarité féminine. Et ce ne sera possible que lorsque l'image de la femme que les hommes trimbalent et projettent sur elle passera culturellement de celle d'objet sexuel à celle de porteuse de ciel, de révélatrice de l'essence d'une réalité [27] en devenir.

Puisque la polarité masculine est structurelle donc prédomine chez

---

[21] Voir le Volume 3 pour des exemples de pratiques à cet égard.

[22] Voir le volume I.

[23] Les structures de la vision appartiennent au cerveau mammalien pour lequel l'homme est réceptif.

[24] Propos rapporté par At-Tirmidhi d'après Ibn Mas'ud. Donc Satan est réceptif au niveau visuel, tout comme les hommes. Ces propos se retrouvent aussi dans le texte du Papyrus Chester Beatty I, Les Aventures d'Horus et Seth. Lorsqu'Isis se transforme en jolie jeune fille, Seth la regarde attentivement comme un chasseur ou un guetteur le ferait de sa proie.

[25] Voir le premier volume, chapitre 5, « le Récit de la Genèse ».

[26] Voir Actes 7 : 51 et Deutéronome 30:6 et 10 : 14,16 ; Jérémie 4 : 4 ; Romain 2 : 28-29 ; Romain 2 : 25-27 ; 1 Corinthien 7 : 19 ; Philippe 3 : 2-3, etc.

[27] Le LIFE et son maître du cœur.

l'homme, il serait pertinent d'apporter une rectification à un concept populaire lui faisant appel. Dans la recherche du bonheur, celui-ci nous prescrit de nous concentrer à tout instant sur l'ici et le maintenant. Qu'en est-il?

- Le « pouvoir » de l'ici et du maintenant ?-

©Kamil Macniak/123rf

Des deux hémisphères cérébraux, c'est le droit qui a la charge du temps présent puisqu'il s'occupe du nouveau. La polarité féminine gère donc ce qui a trait au «maintenant». Le pouvoir et l'ici, c'est là un langage du cerveau reptilien, donc de la polarité masculine. Il est l'interface entre l'inconscient et le conscient. Lorsque Bouddha déclarait : *«Ne vous attardez pas sur le passé, ne rêvez pas du futur, concentrez l'esprit sur le moment présent»*, suggérait-il de vivre coute que coute dans le plaisir, sans but, égoïstement, charnellement, sans penser au lendemain aux conséquences ou aux autres ? Non.

De dire de ne pas s'attarder au passé ne nie pas le passé puisque c'est impossible à moins de se mentir, ce qui nous attacherait davantage à la polarité masculine. De ne pas rêver au futur, ne signifie pas de vivre sans but. Le présent prend sa source dans notre passé et *surtout* dans une orientation volontaire et désirée de tout notre être. Pour le Bouddha s'adressant à des disciples guidés vers le Bien, donc vers la polarité féminine, cela indiquait tout simplement qu'une fois la direction prise, les détails nous appartiennent peu. Concentrez l'esprit sur le moment présent, annonce plutôt la nécessité d'être conscient de ses moindres gestes et pensées, à l'intérieur d'une direction globale de notre être. Il disait également :

Le plaisir se ramasse sur le chemin
La joie, vous la cueillez comme on cueille une fleur
Pour ce qui est du Bonheur, vous devez le cultiver.

Cela implique aussi de ne pas décontextualiser. Ce qui est l'inverse de ce que dicte l'éducation dans les contrées où la personnalité et les valeurs de l'hémisphère gauche du cerveau règnent en maîtres absolus. On nous enseigne que : «Je suis, donc j'ai le droit de faire n'importe quoi parce que je vaux autant sinon plus que n'importe qui. Personne n'a le droit d'avoir plus que moi, ou d'agir comme s'il méritait plus que moi. Je fuis les frustrations et toute inhibition. Je paie, donc j'ai le droit à tout, du bien comme du mal.» Avec cette mentalité-là, on génère les stéréotypes et l'enfer. Qu'est-ce qui est bon pour tous ? La polarité féminine. C'est une référence universelle. Par exemple ; la musique que je fais tonitruer dans mon jardin — parce que je l'aime — ne dérange-t-elle pas ce voisin dans son lien avec le silence de la nature ? Je me ravise et mets des écouteurs. Évidemment ceci implique aussi que nous sachions ce qui est bon pour tous. Il nous faut une référence, une mesure. Cette mesure, c'est le LIFE ou Maât.

Les gestes et les pensées automatiques de la polarité masculine tels que générés par la familiarité et par des catégorisations culturelles ou personnelles sont les ennemis du sacré. D'ailleurs, dans *Les Aventures d'Horus et Seth* [1], ce dernier ne mentionne jamais quoi que ce soit de sacré. Il ne voit pas le côté sacré de l'enfant à l'uraeus[2] (Horus) ; il voit un vaurien qui risque de prendre la place qu'il convoite. Il vit dans la

---

[1] Michèle Broze. Mythe et roman en Égypte ancienne. Les aventures d'Horus et Seth. Édité par Peeters, Leuven, 1997. P.142

[2] l'Uraeus est un symbole de souveraineté en ancienne Égypte. C'est un cobra femelle dressé , au niveau du front.Le lien avec la polarité féminine est évident.

convoitise et la compétition afin de se donner une meilleure image de lui-même. Il est le centre de son univers.

Il est préférable de faire l'effort d'être conscient et dans la mesure du possible de vivre en harmonie avec le rythme des êtres, de la nature et des choses qui nous entourent. Ceci demande bien évidemment que ceux-ci nous rendent la même politesse, donc qu'ils partagent la même orientation vers la Conscience et le même désir d'exprimer le maître-modèle. Voilà ce que Jésus signifiait lorsqu'il nous exhortait à aimer notre prochain. Il ne disait pas d'aimer tout le monde, mais ce prochain. Sinon il aurait lavé les pieds des marchands du Temple [3]. Voilà un appel à créer des communautés d'êtres de bonne volonté. Ce serait le paradis. Ainsi pourrait-on resacraliser le monde et le transformer en paradis terrestre.

Ceux qui prêchent d'abandonner notre égo (notre personnalité) se leurrent. Nous sommes sur terre. Nous pouvons prétendre intellectuellement que nous n,agissons pas à ravers l'égo, mais tant que nous sommes vivants l'égo est notre mode d'expression. Sinon c'est un mensonge, la mort physique ou l'incohérence. La solution est de prendre conscience de cette personnalité ; elle nous a servi et permis de survivre, mais il ne faut pas être aveugle à sa présence et à ses manipulations automatiques. Elle doit être orientée. C'est le cheval qui demeure sauvage et mord ses congénères ou celui qui en harmonie totale avec son cavalier danse et fascine par sa beauté. Les réflexes que notre personnalité développe pour que nous puissions survivre en ce monde deviennent souvent inutiles, voire handicapants, lorsque nous devenons adultes et désirons évoluer.

La personnalité consciente reflète l'ombre dont parle C.G.Jung. Nous devons dialoguer avec ses racines archaïques. Nous aurons une ombre tant que nous sommes sous le ciel et sous le soleil. Et c'est très bien puisque le but est d'amener la Conscience dans celle-ci et non pas de la fuir puisqu'elle résulte de notre existence, de notre passé. En apportant une vision plus globale qui surpasse le temps et l'espace, la personnalité se transformera automatiquement. Le maître d'école,

[3] Par contre il refusait de rendre le mal pour le mal, s'en référant à la fonction de l'humain qui est de bénir 1 Pierre 3 : 9. Ceci est d'autant plus sage et sensé lorsque le concept de réincarnation nous est familier.

régulateur de la personnalité et de notre vie physique se tournera alors vers le Petit Prince, ce soleil intérieur, ce régulateur de la psyché. Il acceptera que ce petit prince, maintenant réalisé puisqu'il en a pris conscience, assume la fonction qu'il convoitait et revendiquait [4]. L'être s'épanouit alors, tout prend sa juste place pour nous permettre d'être heureux [5]. Ceci n'est possible que si je considère que ma réalité totale transcende le monde physique. Sinon mon maître d'école peut vivre entièrement dans la nuit et croire ainsi qu'il n'a pas d'ombre ou que l'ombre n'existe pas.

L'ombre, selon Jung est un archétype formé de facteurs qui nous sont inconscients. C'est la face cachée, inférieure du moi. Bien qu'il juge cette ombre comme peuplée de tout ce qui nous ferait honte si cela se savait, il admet aussi que certaines qualités peuvent en faire partie. En effet, si nous cachions tout ce qui est asocial et vicieux, le monde n'apparaîtrait pas aussi délabré moralement. En fait, l'ombre n'est ni bonne ni mauvaise. Elle nous sert souvent de tiroir où cacher des choses à notre conscience afin de mieux fonctionner dans le social. Jung dit encore :

«L'ombre prise au sens le plus profond, est l'invisible queue de saurien que l'homme traîne encore derrière lui» «… l'ombre ne comporte pas seulement —comme on se plairait à penser— de petites faiblesses et des grains de beauté, mais aussi une dynamique franchement démoniaque» «Il n'y a pas de lumière sans ombre et pas de totalité psychique sans imperfection[166]. »

À mon avis, une nuance reste à établir. En réalité, sur terre il n'y a pas d'ombre sans monde physique et sans lumière. La lumière pour sa part ne naît, ni ne nécessite l'ombre. Lumière et ombre ne sont pas du même monde, l'ombre n'étant qu'une absence de lumière. Jung perçoit

---

[4] Dans le mythe d'Horus et de Seth (papyrus Chester Beatty) Seth maintenant entravé par Isis, tel un prisonnier est emmené devant Atoum (le Maître du Monde). Cet être complet (totus) qui s'est créé en prenant conscience de lui-même interpelle Seth. La fonction d'Osiris qu'il revendiquait Atoum la nomme fonction d'Horus. Ce n'est qu'à ce moment que la guerre entre Seth et Horus se termine. Seth entravé s'incline devant Atoum et soumet sa volonté à l'ordre des choses.

[5] Être heureux n'implique pas une absence de souffrance. La douleur est impossible à éviter tant que nous sommes sensibles aux autres, à l'environnement et à nous-mêmes. Mais cette douleur deviendra celle de la mère qui accouche ; elle sait qu'un enfant va naître. Au premier regard de celui-ci, un sentiment de joie l'envahira ; soudainement elle oubliera la douleur endurée.

clairement que cette ombre est liée au cerveau reptilien, cette queue de saurien en nous. Il l'associe à l'élément eau[6], ce sont les eaux d'en bas de la Genèse[7]. Elles se reflètent dans l'humain à travers sa polarité masculine et son cerveau reptilien qui pour nous relève de la lune[8].

D'observations auprès de ses patients et de sa propre analyse sont nées des catégories : ombre, animus, anima. Elles aident à se situer dans un univers invisible. Sans maître-modèle appuyé par la physiologie, il a dû stéréotyper la femme suite à des perceptions personnelles, des observations culturelles et psychiatriques. Il lui était impossible de voir la structure de la femme telle elle devrait s'exprimer si l'homme corrigeait son point de vue. Certaines de ses notions et observations pourront donc être précisées grâce à l'apport du maître-modèle.

Aussi conçoit-il l'ombre comme un opposé compensatoire (tout comme l'anima chez l'homme et l'animus chez la femme), ce qu'elle n'est pas toujours[9]. Certains de ses textes montrent la femme, qu'il juge l'inverse de l'homme, comme son ombre. Ce sont des propos bidimensionnels. En fait, tout comme la majorité des hommes de son époque, il confond la femme avec le principe yin [10]. Aussi confie-t-il que le mystère du vide appartient à la femme et est étranger à l'homme. Et pourtant l'élément le plus yin du système appartient bien à la polarité masculine [11], plus exactement au cerveau reptilien. Ce faisant, bien que la polarité féminine comporte l'élément le plus yang du système, il ne peut la voir chez la femme. Il ne voit que sa polarité masculine. Même son aspect spirituel, figuré par la Vierge Marie, il l'assimile à des valeurs terrestres à la suite de Saint-Augustin. Et pourtant elle est figurée avec un voile de couleur fleur de lin, couleur attribuée à Isis depuis des temps immémoriaux[12].

---

[6] Carl Gustav JUNG, *L'Âme et la Vie*, p.265

[7] Genèse 1,7 « *Et Dieu fit l'étendue, et il sépara les eaux qui sont au-dessous de l'étendue d'avec les eaux qui sont au-dessus de l'étendue.* »

[8] Plutarque disait que les prêtres d'Isis avaient en horreur tout ce qui était liquide; nous avons ici une explication, ils tentaient de s'éloigner de leur aspect reptilien, porteur d'ombre.

[9] Dans l'ombre, qui appartient à la polarité masculine en général, il se trouve des éléments vitaux d'expression que l'enfant peut avoir mis de côté afin de plaire à ses parents. En vieillissant, ce retranchement de ce qui est la vraie nature de cet être peut surgir de façon inattendue et déplaire au moi conscient qui considère ceci comme une intrusion d'un élément étranger. C'est une maladie auto-immune de la psyché.

[10] Carl Gustav JUNG, *L'Âme et la Vie*,p.134

[11] Structurelle chez l'homme, voir volume I.

[12] Carl Gustav JUNG, *L'Âme et la Vie*, p.195.

32. *©Stephane Bedouze/Shutterstock*

Il s'attarde au signe astrologique de la vierge, un signe de terre, pour appuyer ses dires au lieu de souligner le côté virginal de la Vierge Marie, c'est-à-dire qu'elle n'a reçu aucune projection masculine. Et pourtant il dit bien que l'homme a cette fâcheuse tendance de projeter sa propre ombre sur la femme[13]. Si l'archétype que représente Marie était comme il le perçoit, son iconographie serait celle des « déesses de la fertilité » ; elle serait alors dans l'impossibilité d'engendrer un Sauveur donc de contribuer par *sa* descendance à écraser la tête du serpent[14] .

La fin de cette phase reptilienne coïncide avec l'apparition des premières dents permanentes [167].

Le cerveau reptilien sert notre volonté de pouvoir et fait de notre corps physique le point focal de notre vie. Les autres étages de notre être vont tendre à s'y concentrer pour le temps de celle-ci. Très bien adapté à l'espace, à la domination d'un territoire et à la génitalité, il s'exprime à travers des réactions automatiques instinctuelles archaïques et

---

[13] Carl Gustav JUNG, *L'Âme et la Vie, p.129.*

[14] Voir le volume I. Le serpent Satan est en fait associé à la connaissance du bien et du mal. Dans la Genèse il séduit la femme en lui disant que si elle agit comme il lui dicte, elle et Adam deviendront des dieux. La femme est réceptive de l'intellect et sa polarité féminine la fait tendre vers le divin. Marie écrase la tête du serpent, donc ce mode de pensée bidimensionnel (plat et linéaire, terre-à-terre, qui analyse d'un point de vue personnel, donc sans autre centre que soi-même), en tant que représentante de la polarité féminine (Isis, Hathor) et seule capable d'être la mère du sauveur (Horus). La polarité féminine a une vision globale donc utilise un mode de pensée tridimensionnel (avec une intériorité comme une sphère), ce qui implique toujours un point central. Ce point c'est le régulateur de la psyché, Horus, qui exprime le Soi, et non la personnalité. Faisant valoir ce mode de pensée, elle écrase la tête du serpent. Marie, modèle de la polarité féminine est « la femme revêtue de soleil » (Apocalypse 12, 1) celle qui « mit au monde un fils, un enfant mâle, celui qui sera le berger de toutes les nations, les menant avec un sceptre de fer » (Apocalypse 12, 5).

des réflexes liés au subconscient. C'est le monde béni de l'impulsion. Il ne faut pas oublier que pour trois années, le bain de la polarité féminine lui sert de berceau et que c'est elle qui dispensera des énergies. La phylogénétique dit que nous portons tous en nous la queue d'un reptile. Couper celle-ci équivaudrait à se couper de toute capacité d'expression. Par contre, d'agir seulement sous l'impulsion de ses dictats libertins [15] nous fait régresser, nous enferme, nous dissocie et empêche la vie puisque celle-ci requiert des échanges sur *tous* les plans et des inhibitions intelligentes.

Le cerveau mammalien
phase affective (dieu Osiris)

33. *©Christopher Rawlins/123rf*

Là haut! Là haut
Tend mon élan.

[15] En 2016, le Centre d'observation des maladies sexuellement transmissibles aux États-Unis observait que chaque année on rapporte (ce qui n'inclut pas celles qui ne sont pas rapportées) 20 millions d'infections nouvelles (IST). Sur Internet : https://www.cdc.gov/nchhstp/newsroom/docs/factsheets/STD-Trends-508.pdf. De plus en 2013 le Centre suggérait qu'à tout moment, 110 millions d'infections dues aux maladies sexuellement transmissibles font rage aux É.-U. Pour une population adulte (77 % de la population américaine, soit 241 millions d'individus en 2013) cela équivaut donc (sans tenir compte que certains souffrent de plus d'une infection) à un peu moins de la moitié de la population adulte américaine.

Les nuages descendent vers la terre, Les nuages descendent
Vers celui qui aime et désire. Vers moi! Vers moi!
Dans votre sein , Emportez-moi là-haut,

—Goethe, Ganymède ouvrant ses bras à l'aigle ravisseur, 1772.

- Corresponds plus précisément au monde émotionnel
- Réponds à la question *quand.*
- Structure de la personnalité et du «je».
- Période de construction : de sept à quatorze ans (la structure hormonale est alors en place)
- sens principal : vision
- blocs de construction : de la conception à 7 ans : le soi émotionnel
- régulation : le groupe social auquel appartient l'individu (famille) ainsi que l'environnement physique.
- Phase et fonction cybernétique : de la défense au traitement de l'information.
- Structures cérébrales : amygdale gauche, hippocampe gauche, thalamus, synchronisation inverse avec le néocortex, noyaux gris centraux, gyrus denté, striatum, noyaux septaux, lobe occipital, hypothalamus postérieur, substantia nigra, système de récompense de la polarité masculine, gyrus cingulaire. Aussi : influence parasympathique du nerf vague sur cet aspect (sa branche fortement myélinisée joue un rôle important dans l'immunité [168] et inhibe le cortex cingulaire antérieur).
- Organe principal cybernétique : le foie. Ce niveau régule la nutrition et la pensée analytique. Il est contrôlé et inhibé par le cerveau social universel (environnement, échanges).
- Structure cybernétique : il fait partie de la polarité masculine.

Les hommes y sont réceptifs et les femmes expressives. Les hommes vont plutôt exprimer leur émotif à travers le plan physique ou mental. La femme utilise la parole et des réactions de son nerf vague.

- Structure cellulaire : mitochondrie
- fonction énergétique : défense et immunité.
- Stimulation positive ou négative : les films romantiques, la vue,

goût de vinaigre, les boissons alcoolisées, émotions moroses, voyeurisme, pornographie, rapports sexuels, drogues, humour, conversation, environnement naturel, parler d'une voix forte.

- l'animal protecteur
- Attitude psychologique motivante : je désire.
- Type d'attraction/relation de cette phase : déclenché par des hormones, amour courtois, sexuel, égocentrique. Émotions : désir de protéger, colère, anxiété (si l'aspect cybernétique régulateur du social universel, n'est pas assez fort), désir de voyager, plaisir grégaire.
- Niveau de conscience : inconscient collectif, inconscient personnel et conscience du corps et du soi.
- Analogie de la maison : les murs ; ce qui fait le lien entre le toit (Horus et Isis, le monde subtil) et le sol (Seth, Nephtys, le monde physique, nourricier et analytique). Les murs portent les fenêtres et les portes.
- Analogie générale : la température, le rythme circadien, le
- lever du soleil, matin.
- Équivalent biblique : Exodus
- Dieu égyptien (archétype) : Osiris
- La couleur rouge
- éléments : feu, plasma
- Planète : Mars

Osiris est l'archétype et aussi un élément de notre psyché responsable de notre interaction harmonieuse avec l'environnement naturel, humain (agriculture — social) et universel ainsi que de l'élaboration de rituels en harmonie avec le groupe social [16]. D'où mon attribution précédente de la religion à la polarité masculine. Il est l'être physique qui manifestera tous les autres aspects. Il est intimement lié au « je [17] », alors que Seth s'exprime par le « moi [18] » et Horus par le « Soi [19] ». Ces trois dieux

[16] C'est l'axe du cerveau mammalien/cerveau social universel du LIFE

[17] Le « je », c'est notre corps biologique, les mondes inconscients attachés à celui-ci et le support physique de notre moi et de notre Soi en ce monde. Dans notre modèle il est surtout attaché aux cerveaux reptilien et mammalien. Il est intimement attaché, ainsi que contrôlé par le social universel général, car il n'y a pas de « je » sans « nous » préalable. Lié à la polarité masculine.

[18] Le « moi » c'est le cerveau analytique, tout ce qui influence le « je » et qui a trait à des concepts, à des catégories et aux choix qui sont de notre ressort. Notre aspect conscient. Pour être sain, il doit être lié aux deux polarités.

[19] Son premier support est le cerveau Humain et le « je » au travers desquels il se manifeste en premier. Lié à la polarité féminine.

sont des principes expressifs de l'être humain alors que les déesses Isis et Nephtys (Nebt-Het) sont intimement liées à l'environnement, à la Nature, aux structures permettant l'incarnation et la résilience physique et à l'inconscient humain. Aussi sont-elles, tout comme Osiris, représentées avec des visages humains puisque ce qu'elles représentent est déjà manifeste dans l'humanité. Tour à tour, elles sont liées à Osiris[20] qui exprime la polarité masculine dans son aspect physique, à Seth [21] qui exprime la polarité masculine (et féminine par la nutrition) et à Horus[22] qui est le régulateur psychique et le lien avec notre polarité féminine.

Trompé par son frère Seth, Osiris est enfermé dans un cercueil qu'il trouve beau (le monde physique). Ainsi emprisonné il est jeté aux flots (dans le monde manifesté), il y meurt puis Isis retrouve sa dépouille. Elle veut le rappeler à la vie, mais furieux, Seth récupère le corps et le dépèce. Puis il éparpille les morceaux de par le monde. Seule Isis aidée par la présence de Nephtys pourra retrouver ceux-ci, hormis un. Osiris devra donc établir sa demeure dans ce monde des morts. À partir de chaque pièce, elle forme une image complète de son bien-aimé et tente de le ramener à la manifestation. Pendant cette période osirienne de la vie humaine, nous apprenons l'ordre, donc la cohérence. Nous sommes alors très sensibles aux interdits. Nous cherchons une direction qui soit en affinité avec ce que nous désirons.

Entre sept et quatorze ans, tout comme le dieu Osiris, nous avons une indéniable facilité à trouver le monde beau et excitant ; tout goûte. Chez les jeunes c'est l'âge de l'orientation et des choix. Sur cette base et en fonction de leurs aspirations, Seth, leur maître d'école intérieur les subjuguera (14-21 ans) puis les morcellera (21-28 ans). Ils seront libérés lorsqu'Isis aura retrouvé et lié les morceaux de leur être (28-35 ans) avec l'aide de Nephtys alors Horus naîtra en eux [23]. Ceci se retrouve aussi dans le mythe grec du Minotaure. Seth et le Minotaure, par la fascination qu'exerce la matière [24] sur les jeunes gens, peuvent mener à la mort, c'est-à-dire à la rupture entre l'être et le faire. Mais plus tard, Isis retrouvera les morceaux épars et elle concevra Horus. Ariane grâce au

---

[20] Toutes deux ont eu un enfant de lui.

[21] Seth est l'époux indigne de Nephtys. Grâce à Isis (Hathor à l'origine), il peut vaincre le serpent Apophis qui menace continuellement l'ordre donc la pérennité de l'univers.

[22] Nephtys dans son lien avec Hathor est sa nourrice et Isis est sa mère.

[23] Dans le mythe osirien(selon Plutarque), un espace est réservé à Horus qui naîtra (s'exprimera) après le cycle .

[24] Un des attributs de Seth. La matière diffère du monde physique.

lien qui unit tout, tracera le fil qui mène à la liberté et à la vie pour ces jeunes. C'est le fil conducteur salvateur fourni par la polarité féminine. C'est celui qui doit être accessible aux jeunes dès cet âge et plus particulièrement aux garçons. Les deux genres gagneraient à recevoir une éducation sur la nature humaine, à participer dans des activités sportives intelligentes [25]. De même, l'initiation à l'agriculture, à l'aide internationale, la lecture de biographies et une initiation aux œuvres d'êtres remarquables les ouvriront sur le monde. Aussi, l'admission au sein d'un groupe qui les préparerait pour qu'ils puissent rejoindre un système in ternational de compagnonnage [26] en art, en musique et dans les métiers les plus divers, ou un service militaire international, les orienterait vers un développement plus harmonieux et complet de leur personnalité. De 14 à 21 ans, une meilleure connaissance d'eux-mêmes et du désir profond de leur Soi, permettront un idéal élevé et une identité nourrie. Cette ambiance motivante et inspirante les aidera à sublimer cette merveilleuse énergie vitale.

Par le cerveau reptilien, nous nous sommes situés dans l'espace. Sa conscience très limitée des cycles le rend plus enclin à réagir sur un mode binaire plus proche d'un ordinateur de base tel que : attraction/répulsion, vrai/faux, bon/mauvais. Par le cerveau mammalien, nous développons une conscience de notre situation dans le temps grâce au contact avec les cycles. Ceci nous permet une meilleure adaptation. Cette phase répond à la question *quand.* Ceci permet, après avoir pris connaissance et contrôle de notre espace et de l'environnement grâce au cerveau reptilien, de nous situer dans le temps. C'est un monde de contextualisation plus vaste. Sa qualité permettra, plus tard, la régulation de la phase associée à la question des procédures à suivre pour arriver à la finalité désirée (le *comment*).

---

[25] Dans lesquelles le développement de l'habileté physique (force et souplesse), l'esprit de cohésion d'un groupe, l'entraide, le respect de la nature et l'ordre sont encouragés au détriment de ce qui génère des commotions cérébrales, de la compétition hargneuse et une identification avec la force brute.

[26] En fait il faudrait raviver un système éducatif international de petites écoles comme autant de « maisons » ayant à leur tête un couple sain d'éducateurs. Un peu comme cela se faisait en France (son déclin survint avec la révolution industrielle). Cette pratique du compagnonnage est maintenant considérée comme « un moyen unique de transmettre des savoirs et savoir-faire » par l'UNESCO. Sur Internet : https://ich.unesco.org/fr/RL/le-compagnonnage-reseau-de-transmission-des-savoirs-et-des-identites-par-le-metier-00441.

Si vous avez déjà voyagé avec des enfants de cet âge, vous les avez entendus se plaindre du temps requis pour se rendre d'un endroit à un autre. Ils se lamentent également de l'éternité à attendre pour être perçus comme des adultes et ainsi de pouvoir faire à leur guise. Ils se sentent inhibés par le temps qui ne s'écoule pas selon leur bon vouloir. Vous avez ainsi observé que l'attention de ces enfants est focalisée sur cette question ainsi que sur les règlements, les lois et la justice.

J'ai utilisé le pH (rapport acide-base) comme analogie générale du cerveau reptilien. Ici, la température décrit bien cette phase du système biocybernétique. En effet, le rythme circadien de la température du corps (hypothalamus postérieur) en ce qui concerne la phase et l'amplitude [169] s'installe après sept ans. Même dans notre langage, la température peut exprimer des émotions : «Eh bien! Camarade, dit le satyre, je renonce à ton amitié, parce que tu souffles de la même bouche le chaud et le froid.» (L'Homme et le Satyre, *Fables d'Ésope.*) Ou des remarques telles que : «she is so hot» (elle est tellement sexy) et «il est tellement cool» et «elle est froide», «elle est frigide». Ces expressions soulignent que cet étage est aussi lié à la sexualité émotionnelle; à ne pas confondre avec la génitalité qui appartient au cerveau reptilien. Cette dernière attirance n'est pas émotionnelle, mais bien instinctuelle.

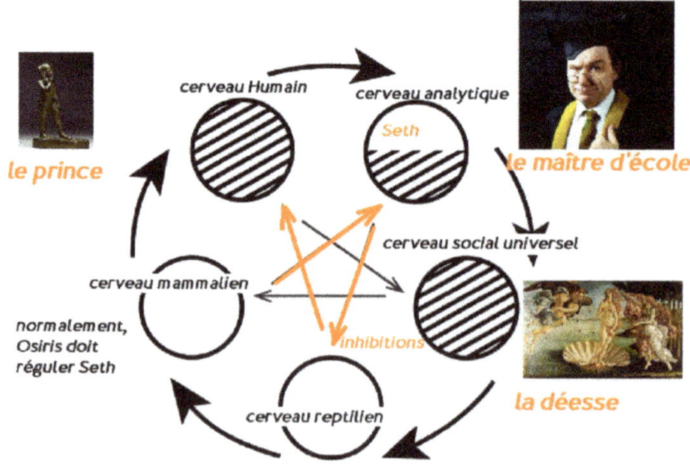

34. polarité féminine en rayé
polarité masculin en blanc

Poursuivant avec le cerveau de type pentane (plutôt que triunique [27]), ce deuxième étage de notre fusée personnelle est le soi émotionnel. Ce «je» se manifeste surtout au travers des structures limbiques du cerveau. Je dis surtout, parce que l'utilisation des structures du cerveau n'est pas la même chez l'homme et chez la femme. Par exemple, comme nous l'avons vu, l'amygdale droite appartient au cerveau reptilien dans notre approche et en effet c'est la structure privilégiée par les hommes alors que l'amygdale gauche appartient au cerveau mammalien ; c'est la structure privilégiée par les femmes [28].

De sept à quatorze ans : Cette période concerne la maturation des structures émotionnelles qui concerne le système hormonal, l'hypothalamus postérieur et le cerveau limbique (à peu de choses près) du cerveau mammalien. Elle se rattache à la polarité masculine et à la personnalité. Les femmes sont ici expressives.

Lorsque les garçons atteignent douze à quatorze ans en général, leurs mères commencent à ne plus pouvoir les «lire». Pendant cette phase, ils acquièrent souvent un visage impassible que seuls les copains peuvent tout à coup rendre expressif. Aussi, on dit que nos ancêtres guerriers savaient garder un tel visage impassible pendant la bataille afin de ne pas trahir leurs émotions. Ceci, croit-on, était un acte volontaire dans le but d'augmenter leurs chances de survie. Ce masque froid de contrôle devrait donc susciter notre admiration. Pour ma part, j'y vois un cerveau mammalien réceptif chez l'homme, et non pas quelque chose d'acquis. Le nerf vague, cette structure importante de la polarité féminine, est

---

[27] Le modèle biocybernétique, traduit de façon intuitive par la tradition taoïste m'a permis de diviser le cerveau en cinq phases associées à des manifestations de plus en plus subtiles. En fait, il développe le cerveau triunique du neurobiologiste américain Paul D. MacLean. L'aspect évolutif de celui-ci n'a jamais été contesté [c'est l'aspect des structures indépendantes qui l'a été]. Ce nouveau modèle, pentane, s'échelonne sur cinq dimensions qui correspondent entre autres à des groupes de structures du cerveau : le physique, l'émotionnel, le mental conceptuel, le mental analytique, le social environnemental [voir la théorie de Kaluza-Klein pour une analogie intéressante]. L'amygdale gauche fait partie du cerveau reptilien à cause de son instantanéité, et du cerveau mammalien (amygdale droite) parce qu'il régule l'interaction de l'organisme avec le monde extérieur. Il est motivé en réponse aux récompenses anticipées (mammifères). Chez la femme, la structure de la commissure antérieure appartenant au cerveau social universel fait le lien entre ces deux aspects

[28] Voir au volume 3, la section concernant l'art. La beauté subjective active l'amygdale droite alors que la beauté objective active l'insula.

associé à un noyau nouvellement intégré dans le tronc cérébral [29]. Il contrôle les petits muscles faciaux dits d'expression, liés aux comportements sociaux. L'impassibilité signale que cet aspect du nerf vague[30] pourrait être inactif en temps de guerre, inopérant, ou simplement immature. De plus, la capacité d'analyser et de comprendre les expressions faciales appartient à des structures de la polarité féminine qui se développent plus tard que l'âge probable de ces guerriers. Enfin, les guerriers primitifs ne s'attardaient certes pas à analyser le visage de leurs ennemis. D'ailleurs si le visage de ceux-ci trahissait une émotion c'était certainement celle du désir de détruire. Il semble seulement que ce trait d'impassibilité puisse être bénéfique à la survie de l'espèce, bien que dans le cas de l'accouplement je ne vois pas comment ce fait pourrait aider. Les visages de pierre et de cire n'ont rien de romantique.

En accord avec le LIFE, les recherches ont formellement démontré que les femmes sont clairement plus expressives émotionnellement et ont une meilleure mémoire épisodique que les hommes [170]. Le cerveau des femmes utilise plus de régions et filtre l'information à travers davantage de structures, notamment à travers le centre limbique (cerveau mammalien) de contrôle émotionnel [171]. En laboratoire, le cerveau des femmes qui regardaient une scène émotivement chargée ne montrait pas plus d'activité, mais celle-ci se faisait sur des régions différentes de celles utilisées par les hommes. En fait et tout simplement, les femmes traitent différemment les émotions.

Pour confirmer ceci, les filles ont une poussée de croissance de leur cerveau pendant cette phase mammalienne soit entre dix et douze ans. Il augmente alors de poids deux fois plus rapidement que celui des garçons. Aussi, les rythmes alpha, associés à cette phase, ainsi que l'utilisation de signaux non verbaux augmentent alors de façon très importante. Pour les garçons, ceci surviendra plus tard pendant leur croissance, typiquement entre quatorze et seize ans (cerveau Humain). Ceci correspondra à la phase idéaliste dans laquelle ils sont expressifs.

[29] Le nerf facial reçoit des fibres afférentes du nerf vague.

[30] Cette structure indissociable du maître du cœur est liée à l'aspect social universel. Comme les recherches le démontrent, elle exerce un contrôle sur les aspects mammaliens, dont l'immunité et la thermorégulation, confirmant le système de régulation et d'inhibition du LIFE. . Székely M1. The vagus nerve in thermoregulation and energy metabolism Auton Neurosci. Dec 20, 2000; 85 (1–3):26–38. Sur Internet :http://www.ncbi.nlm.nih.gov/pubmed/11189024.

Aussi, les jeunes adolescentes peuvent décrire leurs émotions avec force de détails sans aucune difficulté. Par contre pour les garçons de cet âge, le locus de leur émotivité demeure confiné à l'amygdale du cerveau reptilien. Demandez à des garçons de sept à quatorze ans de parler de leurs émotions ; en général, ils vous répondront très éloquemment par un regard indifférent.

Les émotions et les schémas sont en essence généralement inconscients. Ils deviennent conscients suite au développement permis par l'évolution. Les femmes, parce qu'elles en sont expressives, analysent naturellement leurs émotions ainsi que celles des autres. Consciemment (pour les femmes) et inconsciemment (pour les hommes), les émotions exercent un contrôle sur la pensée analytique. Donc, lorsque certains affirment qu'ils sont totalement objectifs, ils parlent de façon ignorante de leur propre structure. Ceci provient d'une confusion entre « objectivité » et froideur émotionnelle. Le procédé rationnel peine à passer outre à l'information issue de l'inconscient émotionnel. Demandez à ceux qui souffrent de TSPT (trouble de stress post-traumatique).

En fait, les émotions ne sont la prérogative ni des hommes ni des femmes. Pour une chose, elles sont masculines parce qu'elles sont manifestées et exprimées par la polarité masculine qui est structurelle chez les hommes. Les hommes et les femmes sont émotionnellement similaires. La seule différence réside dans leur mode d'expression. La femme, émotionnellement masculine, se décharge de ses tensions émotionnelles en parlant, en pleurant, en mangeant ou pas, en écrivant, en socialisant. Si elle ne le peut pas [31], elle se tournera vers l'expression physique. L'homme, émotionnellement féminin, décidera plutôt d'une activité physique ou mentale. Devant une impossibilité ou un manque d'attrait pour ces deux plans, il ira du côté réceptif, quand même associé à la polarité masculine, d'une activité visuelle (jeu vidéo, télévision et pornographie [32]).

---

[31] Que ce soit par convention sociale ou par un entourage non réceptif.

[32] Ce qui malheureusement aura l'effet de couper l'homme de sa polarité féminine et de la polarité féminine globale puisque ses énergies se confineront au cerveau reptilien (effet addictif) et son monde donc à la polarité masculine. Sa vision de la femme sera de plus en plus réduite à celle d'un objet sexuel. Des études ont montré que le manque de mouvement précoce (cerveau reptilien) couplé avec le manque de toucher tendre (cerveau humain) — deux phases qui fonctionnent ensemble — peut mener à des comportements dysfonctionnels chez les hu-

-Les noyaux gris centraux- (ou ganglions de la base)

Voici une structure en interphase. Certains de ses éléments s'associent à la phase reptilienne et sont inhibés par les structures du cerveau analytique (polarité masculine) alors que le cerveau social universel (polarité féminine) en inhibe d'autres, tel la substantia nigra. Les noyaux gris centraux se composent d'un groupe de structures interconnectées. Notre compréhension de leur fonction s'est beaucoup améliorée au cours des dernières années. Sa fonction principale est de sélectionner l'action à accomplir. Elle transmet les signaux *inhibiteurs* requis à toutes les parties du cerveau qui ont un rôle dans la génération d'actions. Récompenses, punitions et dépendances exercent ici de puissants effets neuronaux. Il semble également que les effets saisonniers influencent la substantia nigra. Ceci est en accord avec notre modèle [33] . La calcification des noyaux gris centraux provoque des symptômes ressemblant à ceux de la schizophrénie [172]. En quelque sorte, les noyaux de la base sont comme un cerveau miniature lié à la motricité. Elkhonon Goldberg qualifie cette structure de «plus grands lobes frontaux»[173].C'est un intégrateur émotif viscéral qui incorpore l'état de tension ou de relaxation du corps en association avec des états émotionnels. L'une de ses extrémités est connectée à l'amygdale (cerveau reptilien) et l'autre est reliée au globus palladius (ganglions de base du cerveau mammalien), et de là aux lobes pariétaux (cerveau de régulation de l'information — Cerveau Humain). En accord avec le régulateur psychique, le cortex frontal per-

---

mains. On peut alors observer selon les individus : abus d'alcool/de drogues et dépendances ; colère/rage ; aversion ou hypersensibilité au toucher ; comportements de recherche de stimulus chroniques ou obsessionnels compulsifs, tels comme le balancement, la succion du pouce et l'automutilation ; dépendance ; dépression ; hyperactivité et hyper réactivité violence ; douleur et plaisir altérés ou inversés ; perceptions sexuelles altérées (recherche de pornographie) et capacités relationnelles diminuées (sens de la synergie au volume III) ; et aliénation sociale à cause de comportements antisociaux qui peuvent inclure l'intimidation, la violence, le suicide et l'homicide. Voir les travaux de James W. Prescott.

[33] Chez les rats, les composés pinéaux mélatonine et vasotocine se sont avérés être des neuromodulateurs de l'activité neuronale spontanée dans le putamen caudé, une autre partie des noyaux gris centraux. Castillo-Romero, J., Vives-Montero, F., Reiter, R. and Acuña-Castroviejo, D. (1993), Pineal modulations of the rat caudate-putamen spontaneous neuronal activity: Roles of melatonin and vasotocin. *Journal of Pineal Research*, 15:147–152. doi:10,111 1/j.1600-079X.1993.tb00522.x

mettra ou empêchera ainsi certains comportements.

Des chercheurs du Medical College of Wisconsin et du Veterans Affairs Medical Center aux États-Unis ont identifié les zones du cerveau responsables de la perception du passage du temps [174]. Leur étude est la première à démontrer que les noyaux gris centraux (cerveau mammalien) et le lobe pariétal droit (une structure du cerveau Humain de régulation de l'information) sont des zones critiques pour l'évaluation du temps. Fait important, l'étude remet en question l'hypothèse largement répandue que c'est là plutôt une fonction du cervelet. Certes, l'anatomie de celui-ci est un miroir de celui du cerveau entier, et contient la moitié de ses neurones. Il participe aussi à la planification complexe des mouvements et évolue en même temps que le cortex préfrontal dorsolatéral de la polarité masculine. En fait, le cerveau analytique régule le cervelet, comme le LIFE le démontre. Le cervelet a une fonction de synchronisation dans les mouvements, ce qui n'est pas la même chose que le sentiment du temps qui passe. De plus, il a une fonction excitatrice alors que la structure des noyaux gris centraux a une fonction inhibitrice.

Des études ont révélé que les patients atteints de la maladie de Parkinson éprouvaient des difficultés à percevoir le temps correctement. Leurs noyaux gris centraux montrent un manque de dopamine. La maladie de Huntington est une autre maladie dont les victimes ont une perception erronée du temps. Les patients atteints de TDAH [34] ou de trouble obsessionnel compulsif (TOC), ainsi que les bourreaux de travail, ont généralement des problèmes avec leurs noyaux gris centraux qui biaisent leur perception de «ralenti». Les personnes atteintes de TDAH souffriront également d'une mauvaise concentration, d'une mauvaise motricité fine et d'une écriture souvent médiocre. À cela s'ajoutent souvent d'autres troubles du comportement, car une polarité féminine déficiente (régulation de l'information et cerveau social universel) est souvent en cause. Ceux-ci peuvent être aussi variés que les troubles oppositionnels et comportementaux ; troubles d'apprentissage et troubles de la communication (y compris difficultés d'élocution et de lecture) ; et les troubles anxieux, tels que les troubles anxieux géné-

---

[34] Le trouble déficitaire de l'attention avec ou sans hyperactivité.

ralisés ou les troubles anxieux de séparation[175]. En stimulant la substance noire, les chercheurs ont observé que les participants étaient soudainement aux prises avec de la dépression sévère. Lorsque la stimulation cessait, cette dépression faisait place à de l'euphorie. Enfin les noyaux gris centraux étaient responsables du contrôle exécutif pour des millions d'années, mais maintenant cette fonction appartient au néocortex. L'évolution du cerveau est graduelle et forme une spirale évolutive et continue qui semble favoriser le lobe pariétal et le précunéus.

-L'hippocampe-

L'hippocampe et le corps calleux, cette importante structure de la polarité féminine, fonctionnent comme une unité. L'hippocampe gauche, portion du cerveau mammalien (associé au « je » émotionnel), joue un rôle dans la mémoire. L'hippocampe droit, une structure du cerveau reptilien [176] rempli un rôle dans l'orientation spatiale. Physiquement, il est lové à l'intérieur du lobe temporal médial du cerveau. Son nom dérive de sa forme courbe — qui ressemble à celle d'un hippocampe — et du grec : hippos = cheval, kampi = courbe. Cette structure est intensément active lors de l'acquisition de nouvelles connaissances. Aussi sa partie droite a-t-elle une relation privilégiée avec l'hémisphère droit du cerveau pour la mémorisation des visages [177] alors que l'hippocampe gauche (cerveau mammalien) s'intéresse à la mémoire à long terme [178] et à celle des mots.

Puisque les femmes sont émissives au niveau du cerveau mammalien, leur mental sollicite fortement l'hippocampe gauche. Aussi, constaterons-nous chez elles une corrélation entre dépression majeure et diminution de volume de cet hippocampe gauche [179]. On note aussi une relation plus forte entre les événements stressants vécus et la dépression majeure chez les adolescents (hippocampe gauche) que chez les adultes [180]. Cela a du sens puisque dans notre modèle LIFE, l'aspect social (environnement) régule l'aspect mammalien. Par conséquent, un environnement psychologiquement sain permettra d'optimiser le bon développement de ces jeunes cerveaux. Fait intéressant, un plus petit volume de l'hippocampe, et un raccourcissement du corps calleux, une structure qui normalement facilite les échanges entre les deux hémisphères cérébraux donc entre les deux polarités, semblent le résultat d'une vie affective déficiente.[181]

Des recherches récentes montrent que le stress modifie l'hippocampe ainsi que son taux d'ocytocine [35]. À la suite d'une expérience extrêmement stressante, la capacité d'apprentissage pour les hommes comme pour les femmes [182] est diminuée.

La quantité d'hormones de stress circulant chez un nouveau-né[36] diminuera le nombre de récepteurs d'ocytocine dans l'hippocampe. Cette hormone est nécessaire pour distinguer les stimuli sociaux [183]. Les chercheurs ont constaté une destruction de cellules nerveuses dans l'hippocampe suite à un stress chronique ou à des niveaux élevés d'hormones de stress, et ce, en particulier chez les hommes. Puisque selon le LIFE ils sont réceptifs à ce niveau, nous ne sommes pas étonnés. Ceci entraîne des déficits intellectuels en accord avec le LIFE puisque le cerveau mammalien inhibe le cerveau analytique. Selon le sexe et en accord avec notre modèle, l'hippocampe diffère sensiblement dans sa structure anatomique et neurochimique ainsi que par sa réactivité lorsque nous sommes confrontés à des situations stressantes. C'est aussi l'une des nombreuses régions du cerveau dont le volume diffère significativement entre les sexes. Ajusté pour la taille totale du cerveau, il est plus grand chez les femmes.

Les augmentations de volume et la myélinisation de l'hippocampe surviennent plus rapidement chez les filles (de quatre à quatorze ans)[37] que chez les garçons [184]. Ces derniers sont plus exposés à des anomalies

---

[35] Hormone de l'attachement transportée par le nerf vague.

[36] Des universités québécoises ont remis en question le rôle de la leptine, une protéine produite dans le tissu adipeux et présente dans le lait maternel. Il semble qu'elle a la capacité de réduire les réponses au stress chez le nouveau-né. Les recherches suggèrent qu'elle pourrait réduire l'exposition aux glucocorticoïdes et ainsi améliorer le développement de l'hippocampe. Ses cibles semblent être l'hypothalamus et l'hippocampe, ainsi que les glandes hypophysaires et surrénales. Les chercheurs ont également observé une régulation réciproque de la réponse au stress entre la mère et l'enfant . La leptine joue également un rôle dans l'organisation de la dynamique de la fonction hypothalamo — hypophyso-surrénalienne (HPA) humaine en contrôlant le rythme de la sécrétion hormonale.

[37] En effet, il a été suggéré, à la suite de recherches que l'œstrogène pourrait avoir un effet stimulant sur la prolifération des neurones (Tanapat et al. 1999), l'augmentation de la colonne vertébrale dendritique (Gould et coll. 1990) et la synaptogenèse (Woolley et coll. 1996) dans l'hippocampe. L'œstrogène a également été signalé pour induire de manière similaire la myélinisation dans le cerveau du rat (Prayer et al. 1997).

de cette structure. On observe ainsi que chez les hommes atteints de schizophrénie, la sévérité des symptômes psychotiques est significativement corrélée à une réduction du volume de leur hippocampe [185].

La phase émotionnelle est aussi une période de vie très active. Les problèmes d'élocution sont beaucoup plus fréquents chez les garçons que chez les filles. L'autisme se produit chez quatre fois plus de garçons que de filles. Plus de 75 % des personnes ayant des difficultés de lecture sont des garçons. Généralement, le discours occupe une zone spécifique, principalement dans l'hémisphère gauche qui correspond au gyrus cingulaire antérieur gauche — il a donc un lien avec la polarité masculine des femmes — et dans d'autres zones plus petites et spécifiques de l'hémisphère droit. Ceci, encore une fois, donne de la crédibilité au LIFE ; les femmes sont émissives au niveau mammalien.

-Le cortex cingulaire antérieur-

Les neurones fusiformes, également nommés neurones de von Economo, sont plus nombreux chez les humains que chez tout autres primate ou mammifère (y compris les baleines ou les dauphins). Ces neurones se développent après la naissance, aidés ou entravés par des facteurs environnementaux. Nous les trouvons dans le cortex cingulaire antérieur, qui est une autre région qui a atteint un haut niveau de spécialisation chez les primates ; et à une densité encore plus élevée dans le cortex insulaire droit (polarité féminine, cerveau social universel). Ces neurones pourraient être impliqués dans des processus cognitifs émotionnels qui, chez les humains, sont exprimés en termes d'empathie et de conscience de soi.

Le cortex cingulaire relie le corps calleux à l'hippocampe. Les femmes montrent une activité significativement plus élevée et plus de circonvolutions dans deux régions du cortex cingulaire : le cortex cingulaire antérieur gauche et droit. Le nerf vague [38], cette structure clef des fonctions autonomes, agit sur ceux-ci [186]. Par le cortex cingulaire antérieur, il module l'équilibre entre l'attention et le système de mode par défaut[187] . Le cortex cingulaire épouse la surface interne des hémi-

[38] Une importante structure physique de la polarité féminine.

sphères et recouvre le corps calleux. C'est un élément de transition entre les cerveaux mammalien et Humain impliqué dans la résolution des

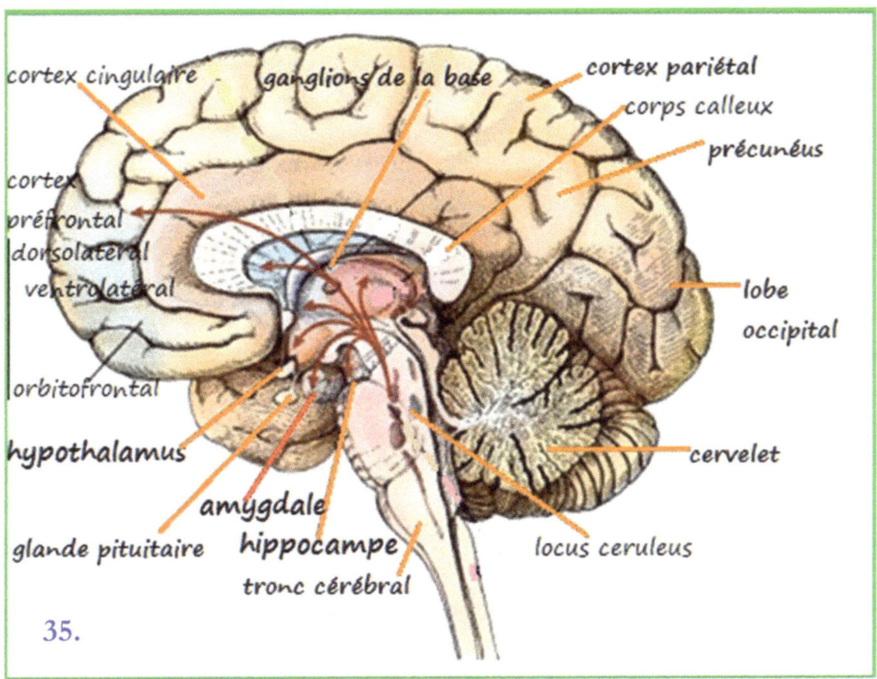

35.

conflits et l'identification des erreurs. Il a une position médiane et est étroitement lié au cortex préfrontal médian. Lorsqu'il est endommagé, on note une rupture des comportements socialement appropriés, autant que dans le cas d'une lésion du cortex orbitofrontal. En comparaison, les hommes ont un niveau plus élevé de sillons du cortex cingulaire antérieur dans l'hémisphère gauche que les femmes. Ils y ont aussi plus d'activité bien qu'à un niveau moindre que les femmes. Un degré élevé de sulcation [39] du cortex cingulaire antérieur est associé à une activité accrue d'un système de surveillance des conflits alors qu'un faible plissement révèle un lien accru avec les régions pariéto-occipitales [188]. Ceci indique que l'aspect émotionnel des femmes utilise non seulement le

---

[39] Plissement, sillon qui donne une apparence de noix de Grenoble au cerveau. Un indice bas de sulcation indiquerait moins de réseaux neuronaux qui normalement se cachent au fond de ces sillons emplis de liquide céphalorachidien. Sur Internet : http://www.larecherche.fr/prix-la-recherche-neurosciences/les-plis-du-cerveau-en-cause-dans-les-hallucinations.

cerveau mammalien (qui inclut le lobe occipital), mais aussi le cerveau Humain (qui inclut le lobe pariétal) ; par conséquent, la polarité féminine. Les émotions chez les femmes ne se limitent donc pas à la polarité masculine comme elles le sont naturellement pour les hommes. Les résultats montrent que le volume cérébral du cortex cingulaire chez les hommes est plus grand à droite qu'à gauche. Ce fait concorde avec leur niveau émotionnel de type réceptif. En revanche, cette structure est symétrique à ces deux égards chez les femmes [189].

Lors d'une hallucination, le cerveau d'un schizophrène montre une activation accrue dans le lobe temporal, ainsi que dans le cingulaire antérieur et le striatum. Ceci indique une incapacité pour son cerveau social universel d'inhiber le cerveau mammalien [40]. De la même façon, il apparaît que dans l'exclusion sociale, le cortex préfrontal ventral (orbitofrontal) droit, une structure du cerveau Humain, modère la détresse sociale, équilibrant la réaction excessive du cortex cingulaire antérieur. C'est le même procédé dans le LIFE : le cerveau Humain régule le cerveau social universel, qui à son tour inhibe le mammalien. Ceci explique pourquoi les personnes de foi sincère, par rapport aux non-croyants, montrent moins d'activation de leur cortex cingulaire antérieur [190]. Leur cortex préfrontal médian et leurs lobes pariétaux du cerveau Humain sont activés à la place. Nous voyons ici l'importance d'un système de foi pour réguler la détresse et stimuler la polarité féminine.

L'âge aura un impact négatif sur cette zone du cerveau responsable de l'émotion, mais laissera l'amygdale intacte [191]. Statistiquement, on peut s'attendre aussi à une atrophie significative du cortex cingulaire antérieur [192]. Aussi, au fur et à mesure que la résilience diminue (cerveau social universel), le contrôle sur le cerveau mammalien diminue. Le système immunitaire, associé à ce cerveau, pourrait devenir incontrôlable à mesure du relâchement de l'inhibition par le cerveau social universel. Alors qu'à un âge plus jeune, il y a l'immunité est instable[193] , chez les personnes âgées, on observe des réponses immunitaires aberrantes [194].

---

[40] Elle-même est issue d'une inaptitude pour son cerveau Humain à inhiber son cerveau social universel comme il le devrait.

Le cerveau analytique – phase conceptuelle / régulateur physique (le dieu Seth)

36. ©Alphaspirit/123rf

« La surestimation de la raison a ceci de commun avec un pouvoir d'état absolu : sous sa domination, l'individu périt[195]. »

——— C.G. Jung

« L'essence des choses devant nous rester toujours ignorée, nous ne pouvons connaître que les relations de ces choses, et les phénomènes ne sont que des résultats de ces relations[196]. »

——— Claude Bernard, Père de la médecine expérimentale .

Phase de la question *Comment?*

• Dans le mythe osirien : le dieu Seth

• Après midi

• L'homme logique

• Structure de la personnalité, du «je», et du mental «moi», manifestant ainsi le soi.

• Élément : terre

•Planète : Terre

• Structure cellulaire : cytoplasme

• Fonction : nutrition et énergie mentale

• Nourri par la phase du cerveau Humain[1]

• Analogie de la maison : le plancher qui nous soutient et permet de marcher.

• Niveau de conscience : concentrée sur un point à la fois.

• Motivé et contrôlé par l'émotionnel.

• Phase biocybernétique et fonction : de la nutrition jusqu'aux échanges.

• Organes principaux en biocybernétique : rate, pancréas, estomac.

• Polarité : La nutrition appartient à la polarité féminine alors que le mental analytique appartient à la polarité masculine.

• Les femmes sont expressives de l'aspect nutritif et sont réceptives à l'analyse. C'est l'inverse pour les hommes.

• Inhibé par la phase mammalienne de défense.

• Contrôle le cerveau reptilien.

• Aspect du cerveau : lobe préfrontal, hémisphère gauche, dorsolatéral gauche, cortex préfrontal orbitofrontal et rostrolatéral [197] gauche, pariétal gauche, insula postérieure gauche, précunéus gauche.

• Sens : le goût.

• Phase de construction : de vingt et un à vingt-huit ans.

• Modèle préparé : le mental nourrit l'aspect psychique du cerveau universel.

• Type d'attraction : abstrait — basé sur les autres aspects.

• Attitude relationnelle principale : moi je sais, alors qu'en réalité c'est plutôt : «moi (je) sais.»

• trait psychologique : curieux lorsqu'il est en bonne santé, vaniteux

[1] Voir le volume 3.

quand il ne l'est pas.

• Émotion : calcul, manipulation, curiosité.

• Équivalent biblique : *Les Nombres.*

• Stimulation (bonne ou mauvaise) : sciences analytiques, goût sucré, accumulation d'objets (consumérisme), analyse, athéisme, nutrition en général, égoïsme, répétition, les mouvements de bascule, la lecture, l'économie (pas dans le sens de l'épargne, mais dans le sens d'être capable de dépenser), de courts jeûnes (aide la fonction du pancréas), des mantras, des prières répétées, des connaissances, la vie en ville, jeux d'argent. Note : notre société par le choix de ses valeurs stimule cette loge à outrance, jusqu'à l'épuisement.

• Type d'amour : analytique-personnel-égocentrique (relation en fonction d'une liste ou de cases à remplir).

Seth est le dieu du chaos lorsqu'il instrumentalise le vivant. Il est jaloux de son frère Osiris parce que celui-ci est le préféré des dieux et le premier né. Il veut diriger en seul maître, mais pour cela il devra se débarrasser de son frère et ignorer Isis. En morcelant Osiris qui regagne alors le monde des morts, il morcelle l'Être manifesté, lui faisant perdre sa cohérence. Comme pour lui seul l'utilitaire est digne d'intérêt, il ne fait pas de distinction entre les choses et le vivant, le sacré et le profane. De plus, il porte les deux polarités : masculine par son intellect et féminine par son côté nourricier. Or, lorsqu'il est séparé de la polarité féminine, pour lui il n'y a aucune différence entre les hommes et les femmes ; il n'en voit que le côté utilitaire centré sur le plaisir de sa personne et non plus sur une relation.

Le grand égyptologue Erik Hornung nous dit de Seth qu'il a continuellement été une énigme pour les anciens Égyptiens. Il existe aux confins du transitoire et de l'éternel ; à la frontière de l'ordre et du chaos [198]. Ceci est en parfait accord avec notre vision du système taoïste. Seth n'est pas un être maléfique lorsque ses desseins sont justes. Par exemple, lorsqu'il s'harmonise avec Isis (ou Hathor), il empêche le serpent Apep (Apophis) d'anéantir la barque du dieu solaire Ré [199]. En maintenant Maât (l'ordre du maître-modèle), il préserve la cohérence de l'univers et le protège du chaos. Seth est cette force qui dans une dimension de temps et d'espace délimite et en quelque sorte force l'opposition des deux polarités. Sa lutte avec le serpent Apep (Apophis) est un miroir de son action dans l'humain. Dans l'univers il peut laisser les forces du chaos anéantir la création — mais cela le mettrait en danger. Il peut en faire de même avec la vie intérieure de l'humain.

L'égyptologue J. Assmann en déduit que Seth (l'archétype qu'il représente) est un mal nécessaire pour manifester la barque de Ré dans ce monde physique. Cependant il doit impérativement être contrôlé parce qu'il menace le monde dans son aspect Osiris[200]. Il menace également l'aspect Horus du monde, bien que le maître-modèle soit du côté d'Horus. En fait, Seth agissant de concert avec la polarité féminine (Isis, Maât) est indispensable, mais lorsqu'il agit seul, il détruit et corrompt. Or Seth a tendance à ignorer ou minimiser l'apport des autres et surtout celui des représentants de la polarité féminine. Selon la représentation cybernétique du maître-modèle, Seth se rebelle et assassine celui qui devrait le contrôler (Osiris). Il se croit supérieur et pour cause puisqu'il agit en tant que régulateur, ce qu'Osiris n'est pas. Puis il se rend compte de l'existence d'Horus[2] le fils de l'Homme, ce régulateur psychique membre de la triade de la polarité féminine. Mais comment pourrait-il volontairement se soumettre puisqu'Horus s'occupe de choses qui pour lui n'existent pas ? Lorsque sa propre réalité est réduite à celle du monde physique, il se sent supérieur. Dans le jugement d'Horus et Seth, ce mythe dont les origines remontent au Moyen Empire[201], c'est finalement Hathor qui tranchera puisqu'elle est maîtresse des cycles : la royauté appartient à Horus. Cependant l'acceptation finale doit venir de Seth lui-même ; de nous-mêmes, consciemment. Non pas à cause de sa puissance, mais parce que le monde manifesté est sous son contrôle. Il doit choisir d'exprimer la vérité, et non suivre sa logique utilitaire et égoïste. Même si Horus le régulateur du monde psychique vainc Seth de façon répétée, dans le mythe comme dans le monde Seth refuse de s'incliner. Horus doit accepter que les autorités supérieures laissent Seth prendre le dessus, pour un temps.

---

[2] (Daniel 7, 13) « Le Fils de l'homme » est le vainqueur du combat contre les forces de destruction et la royauté universelle lui est remise. Voir aussi le livre d'Hénoch. Dans les Évangiles on retrouve cette appellation prononcée 70 fois par Jésus et par nulle autre.

Seth se condamne lui-même à deux reprises et quatre des cinq jugements favorisent Horus. Puis, sous l'ordre énoncé par le Maître de l'Univers, Isis (représentante d'Hathor et aussi de la nature) ligote Seth. Il voit alors que la Réalité comporte des éléments qui échap-pent à son pouvoir. L'ordre établi (le maître-modèle) dicte que le trône appartient à Horus [3]. Alors seulement Seth accepte et retrouve son père et un sentiment familial.

Le deuxième élément est que les dieux existent et ont de ce fait l'intuition de l'ordre juste. Pour vaincre, Horus doit être en âge d'accomplir sa mission donc son action dans le monde est nécessaire, c'est pourquoi Seth le met au défi de se transformer en hippopotame et de demeurer plus longtemps que lui sous l'eau. Ceci se résume à demander à Horus d'être davantage dans le monde physique que lui Seth, qui re-présente ce monde physique. Ce serait impossible. Isis en voulant aider son fils n'arrive pas à discerner entre lui et Seth et le blesse. Horus, dans un geste séthien lui coupe alors la tête. Comment au lieu de l'aider lui, a-t-elle pu favoriser Seth en le blessant lui ? Il s'agit de son combat à lui, non à elle. Il se sépare d'elle et ainsi acquiert sa maturité. Dans le modèle, le régulateur psychique contrôle le monde social universel, celui d'Isis. Horus devra cependant accepter plus tard la fonction d'Isis parce qu'elle est la mère des énergies et que c'est elle qui finalement ligotera Seth. Une fois contrôlé, notre maître d'école Seth devra admettre que la fonction royale c'est-à-dire celle de gouverner notre navire appartient à Horus le régulateur psychique (régulation de l'information associée à la polarité féminine). Lui est le régulateur physique des énergies brutes de la polarité masculine. Par son regard maintenant éclairé, parce que guidé par le régulateur psychique, de son harpon il pourra maintenant contrôler les forces chaotiques de l'ombre, de l'inconscient et de la personnalité.

De vingt et un ans à vingt-huit ans, le régulateur physique du LIFE établit ses bases. La maturation des lobes préfrontaux et dorsolatéraux clôture cette période. Ce cerveau, attaché à la fonction analytique est responsable de la régulation de l'organisme

[3] Les recherches sur le cerveau disent la même chose lorsqu'elles trouvent que le régulateur inconscient prime sur le régulateur conscient.

physique (aspect nutrition appartenant à la polarité féminine) et mentale (polarité masculine d'analyse). Cette phase est celle de l'interrogation « comment », comme dans « comment y arriver ? ». Elle contrôle celle du monde reptilien (donc physique, le *quoi*), et devrait nourrir celle du social universel et des échanges avec l'environnement (le *qui suis-je*), que celui-ci soit physique ou psychique. Elle jaillit des réponses apportées aux questions précédentes. C'est la phase pendant laquelle Seth est le maître donc celle de la duplicité. Sans nous surprendre, le mensonge est associé plus particulièrement à la structure dorsolatérale gauche du lobe préfrontal [202]. C'est là un élément important de la polarité masculine et du cerveau analytique. Il est à noter que puisque selon le mythe osirien Horus n'a pas encore combattu Seth lors de cette période, l'inconscient contrôle davantage cette fonction analytique. Ceci est en accord aussi avec le taoïsme et les recherches sur le cerveau. Les deux polarités y sont expressives : la polarité féminine et la femme pour l'aspect nourricier et la polarité masculine et l'homme pour l'aspect analytique de la psyché. Ici, Seth assassine Osiris et le morcèle. De la même façon, notre capacité analytique tend à catégoriser comme autant d'objets tout ce qui a trait à notre environnement physique et psychique, même les êtres.

Seth c'est aussi la phase nutritionnelle attachée à la polarité féminine. Il est facile d'observer la quantité importante de nourriture que les jeunes hommes de cet âge peuvent absorber ainsi que leur orientation vers la matière, les faits, la réalité visible dite scientifique. Les hormones mâles sont jusqu'à la fin de cette période un acteur puissant agissant sur le mental supposé rationnel de ces jeunes hommes. Il n'est pas surprenant aussi que l'anorexie mentale survienne au début de cette période et qu'elle touche surtout les femmes qui sont émissives sur le plan nutritionnel.

C'est la phase du régulateur physique qui s'appuie sur les informations filtrées par le premier régulateur, psychique. Sans le savoir, il ignore, et est aveugle à tout élément, concept ou autre rejetés par le premier régulateur. De plus, il règne sur le système par le sentiment d'un soi conscient du monde matériel. Malheureusement, pour Seth, seul le monde matériel existe. C'est d'ici que l'esprit scientifique, tel un Icare, prend son envol et ses limitations. C'est ici que la polarité masculine peut s'enfermer dans une vision plate à deux dimensions de type bande dessinée, c'est-à-dire sans intériorité. Elle peut aussi choisir de garder ouverte la fenêtre vers ce qui lui semble le labyrinthe sombre de l'inconscient [4] et du surconscient.

-Le lobe préfrontal-

Les patients dont l'hémisphère cérébral droit est endommagé souffrent souvent d'anosognosie. Ils n'ont pas la conscience de leur condition et se croient sains malgré de grandes difficultés à se diriger normalement dans l'espace par exemple. Ils sont qualifiés à tort comme ayant une réaction émotionnellement positive face à leurs handicaps évidents. Par retour, certains ont qualifié l'hémisphère droit de pessimiste alors qu'en fait il permet d'annoncer clairement un manque de cohérence de l'organisme tant au plan physique que psychique. À titre d'exemple, la dépression [5] ferait sonner l'alarme.

Aux États-Unis, La Brain Trauma Foundation estime qu'au cours d'une année seulement, plus de quatre millions de personnes vont subir un traumatisme crânien. Même si statistiquement 50 % de ces victimes pourront encore fonctionner, nous pouvons considérer que leur dynamisme et leur initiative auront souvent disparu. Ils deviennent souvent passifs et indifférents aux autres. Parlant des fréquentes commotions cérébrales, le neuroscientifique E. Goldberg ajoute : *« Souvent, ils deviennent facétieux[6] , émotionnellement instables, irritables, rebelles et impulsifs[203] ».* Voilà des symptômes d'un cerveau analytique déficient, incapable d'inhiber le cerveau reptilien. Fait important, les recherches indiquent que les lobes frontaux sont un point de convergence. Les conséquences de dommages survenus dans n'importe quel secteur du cerveau s'y manifesteront. Par exemple, quelle que soit la localisation d'une tumeur cérébrale, le flux sanguin régional sera perturbé dans les lobes frontaux [204].

---

[4] Goethe dans son deuxième Faust (la nuit) : « Pousse hardiment la porte devant laquelle tous cherchent à s'esquiver ! » La solution ne réside pas dans la drogue ou le laisser-faire, mais bien de se cultiver, de lire les mythologies, les contes, l'histoire et d'être à l'écoute de ses rêves et de ses intuitions. Les groupes associés à de telles pratiques devraient exister, dirigés par des êtres du juste milieu, conscients des deux polarités de l'humain.

[5] Voir Volume I.

[6] Souvent avec connotation sexuelle.

Pour le LIFE, la phase concernée agit en tant que régulateur physique du système. C'est le siège de notre personnalité. La seule phase dans laquelle les deux polarités sont réunies, elle reflète le rapport entre notre personnalité liée à la polarité masculine et notre individualité liée à notre polarité féminine.

37. La Cène, par Léonard de Vinci

En raison de l'aspect nutritif de cette phase dans sa polarité féminine, nous pouvons apprécier le sens profond de la Cène de Léonard de Vinci et comprendre pourquoi c'est ce moment qui détermine ce qui se produira. Judas trahira Jésus, celui qui représente Horus dans la mythologie chrétienne. Nous comprenons pourquoi des sectes telles que celle des esséniens [7] ne permettaient pas à un novice de s'asseoir à leur table et de partager leurs repas, et ce, pendant de nombreuses années. De même en Inde, les brahmanes [8] de par leur fonction de prêtres devaient préparer la nourriture de manière sainte. Sans nous surprendre, dans le mythe osirien, le dieu Ré demande aux adversaires Seth et Horus de

[7] À cause de sa pauvreté volontaire, de son œuvre de guérison, de son célibat, de ses cheveux longs, de son opposition avec les pharisiens et les saducéens, certains croient qu'il était un membre de cette secte érudite.

[8] Une personne de la caste des brahmanes ne peut entrer dans la cuisine sans s'être baignée et revêtue de vêtements propres. Elle doit également être dans un état psychique pur et paisible et faire une petite offrande aux dieux de ce qu'elle aura cuisiné.

faire la paix une fois pour toutes autour d'un banquet. En effet, le régulateur physique de notre système exprime l'état de l'ensemble du sys-tème, mais peut aussi le rééquilibrer [9]. Par la nutrition du corps ou celle de l'esprit, nous pouvons monter l'échelle jusqu'à la Source, jusqu'à l'Un.

Les intérêts exprimés par notre part jugée rationnelle révèlent la relation ou son manque entre nos deux polarités. En fait, nous pourrions dire que la vérité de quelqu'un s'exprime à travers son « moi ». En exemple, Seth fait mine d'accepter de faire la paix avec Horus et accepte le banquet ordonné par Ré. Mais une fois seul avec lui, il essaie d'établir sa prééminence en tentant de le sodomiser. Mais ceci se retourne contre lui. En effet : le Soi tel que manifesté par un « je » oriente la personnalité vers la manifestation de cette Conscience, ici-bas. Ceci s'exprimerait par un désir de paix et d'harmonie. À moins que cet individu ne se laisse dominer par l'impression de toute puissance de son petit moi, tout comme Seth. Le signe de la maturité se reconnaît chez des êtres dont la personnalité est soumise à leur individualité. Ils demandent alors de devenir un instrument de l'équilibre global du maître-modèle, de Maât et ainsi peuvent accéder à une Conscience plus large.

En raison de l'immaturité des lobes frontaux chez les jeunes adultes de quinze à vingt-quatre ans, leur taux de mortalité est le triple de celui des enfants. Les adolescents prennent des risques et se testent dans le but de se définir eux-mêmes, une contrainte de la phase idéaliste. Aux États-Unis, trente-neuf pour cent des lycéens sexuellement actifs admettent n'avoir pas utilisé de condom lors de leur dernier rapport sexuel. Le Center for Disease Control des États-Unis a identifié les trois principales causes de décès chez les adolescents[205]: les accidents de véhicules à moteur (30 %), les homicides (15 %) et le suicide (12 %). Malheureusement, ce dernier nombre augmente et l'âge auquel cet acte de désespoir est perpétré diminue. La recherche indique que le développement du cerveau n'est pas complet avant l'âge de trente ans environ et fait spécifiquement référence au développement du cortex préfrontal[206].

---

[9] Dans la mythologie osirienne, ceci explique pourquoi Seth est considéré comme une échelle pouvant permettre à Osiris son ascension.

Nous avons vu que les processus de développement ont tendance à se produire dans le cerveau dans un schéma de l'arrière du crâne vers l'avant, ce qui explique pourquoi le cortex préfrontal et le corps calleux se développent plus tard.

Des études ont également constaté que les adolescents ont moins de matière blanche (myéline) dans les lobes frontaux par rapport aux adultes. Avec plus de myéline viendra une multiplication des connexions du cerveau, permettant un meilleur flux d'informations entre ses différentes régions [207]. La polarité féminine est à l'œuvre. Dans les couches corticales, les axones et les dendrites s'étendent verticalement et horizontalement, formant des milliards de connexions.

Dans son état immature, le moi, lié à cette phase de la personnalité, se regarde dans un miroir. L'aspect binaire du cerveau reptilien fonctionne en accord avec lui puisque la phase analytique régule (ou non) ce cerveau archaïque et que tous deux font partie de la polarité masculine. Au troisième volume, nous décrirons l'individualité, plus intimement liée à la polarité féminine. Nous avons vu ici l'aspect nutrition du cerveau analytique, nous verrons les cerveaux Humain et social universel.

Seth doit assister Osiris dans son ascension au Ciel c'est-à-dire dans son évolution, en proclamant son nom, donc sa fonction. Dans le texte des Pyramides, il devient l'échelle qui permet à Osiris de monter, il intervient pour le délivrer de ses fers et est un important facteur de sa résurrection.

Conclusion

Le compas intérieur

« Qui se connaît, connaît aussi les autres, car chaque homme porte la forme entière de l'humaine condition. »

—Michel de Montaigne, Essais.

« ...car quand quelqu'un se connaît alors il connaît Dieu [puisqu'il est à l'image de Dieu[1]]»

— Clément d'Alexandrie

Quelques années avant son décès en 2017, Hugh Hefner, fondateur bien connu du magazine Playboy, confia en entrevue que sa vie durant il avait cherché l'amour, mais toujours au mauvais endroit. Il a aussi relaté *le* moment le plus dévastateur de sa vie [2]. Ce fut lorsque sa future épouse admis l'avoir trompé alors qu'il faisait son service militaire. Il n'avait alors que 23 ans, donc était en pleine phase idéaliste. Ils se sont quand même mariés pour divorcer 10 ans plus tard. De son propre dire en entrevue [3] ses héros étaient multiples : dans un bain de Scott Fitzgerald sur tonalité musicale de Frank Sinatra il avançait sous l'œil averti de Darwin et de Freud. De parents puritains, il devint psychologue de type freudien et fit donc la promotion de la libération générale sur fond génital. Hormis celui de Seth qu'il choisit pour guide, il rejetait tout contrôle; fut-ce celui du cœur (Horus) de la société (Isis) ou de son compas intérieur (Osiris). Il prohibait toute inhibition. Cet existen-

---

[1] Clément d'Alexandrie dans *Le Pédagogue*, III, Sources chrétiennes, Cerf, 1970

[2] « *the single most devastating experience of my life.* »Sur Internet: :https://nypost.com/2001/05/13/4-questions-for-hugh-hefner-let-me-be-perfectly-frank-sinatra/

[3] Dans les années 1930s un ethnologue et anthropologue britannique, le Dr J.D. Unwin, a tenté de prouver la théorie de Sigmund Freud selon laquelle les civilisations humaines se détruisent en étant trop répressives et restrictives en ce qui concerne les pratiques sexuelles. Ses recherches de 80 tribus primitives et 6 civilisations à travers leurs 5000 années d'histoire lui ont au contraire montré une corrélation entre le niveau de culture atteint et la restriction sexuelle. Son livre *Sex and Culture* est le résumé de sa recherche. Sur Internet : https://ia800309.us.archive.org/33/items/b20442580/b20442580.pdf

tialisme ne permettait pas de lien entre ses deux polarités, car il ne re flète pas l'ordre intrinsèque de la nature. Ceci crée une forme psychologique d'anosognosie dans laquelle le sujet n'est pas conscient de son état de polarités dissociées. Le romantisme dont il faisait la promotion ne pouvait exister car il nécessite une polarité féminine fonctionnelle. Rien ne peut garder sa cohérence et son dynamisme sans inhibition. Par ses *choix* séthiens, il fut l'apôtre [4] du laisser-faire, d'un pseudo-hédonisme très limité à une société de consommation béhavioriste. Il était un homme de son temps. Les fruits des valeurs mises de l'avant par cette société sont maintenant étalés devant nous. Les erreurs commises nous enseignent. Avec une meilleure connaissance de ce qu'est l'humain dans toutes ses dimensions, nous pouvons voir où se cachent les pièges associés à l'immaturité d'une espèce relativement jeune. Malgré une vie enfermée dans sa personnalité, les expériences de Hefner et de tant d'autres ont servi. Elles sont le berceau d'un sentiment ad nauseam de certains jeunes vis-à-vis des non-relations ; de celles qui sont déconnectées de l'autre et limitées au génital. Rappelons qu'Osiris assassiné par Seth devient le dieu des morts c'est-à-dire qu'il se retrouve en phase reptilienne. C'est bien ce qu'a vécu Hefner. À ce stade de notre évolution, la révélation de l'existence d'Isis qui seule peut retrouver et réunir les fragments épars de notre être est nécessaire, mais ne sera pas suffisante. Il faudra de plus que Seth contrôle et cesse d'ignorer ce que sont *vraiment* les forces reptiliennes déconnectées, qu'il accepte la gouverne d'Horus, et que celui-ci soit en âge d'accomplir sa mission de rédempteur. Par ceci, nous comprendrons que la sexualité n'existe pas en dehors d'une relation avec l'autre. Elle n'est pas confinée au génital, mais au contraire elle est de tous les plans. Ce sont les échanges qui font l'amour, le vrai plaisir, qui vivifient et permettent de se connaître soi-même. Les relations humaines sont indispensables pour que nous connaissions notre part d'ombre et notre part

---

Gitlin en entrevue en 2015 dit : « *It's laissez-faire. It's anti-censorship. It's consumerist: Let the buyer rule. It's hedonistic. In the longer run, Hugh Hefner's significance is as a salesman of the libertarian ideal."* http://www.post-gazette.com/news/obituaries/2017/09/27/Playboy-says-founder-Hugh-Hefner-is-dead-at-age-91/stories/201709270247. Une de ses favorites, Madison, a révélé un portrait clair du monde clinquant mais illusoire de Hefner. Sur Internet : https://nypost.com/2015/06/21/holly-madison-reveals-hell-with-hef-in-playboy-mansion/.

de Lumière. Aussi Jung disait-il : *« L'ombre ne peut être réalisée qu'à travers une relation avec un partenaire, et l'anima de l'homme ainsi que l'animus de la femme uniquement à travers une relation avec un partenaire de sexe opposé, car c'est seulement dans cette relation que leur projection respective devient opérante.»* Une fixation sur le génital et pour le génital seul nous enferme irrémédiablement nous appauvrit et nous dissocie de notre polarité féminine.

Dans le mythe osirien, lors de sa bataille contre Horus, Seth revêt la forme d'un hippopotame. Il cherche ainsi à tuer Horus en l'emmenant sur un terrain dont *il* a le contrôle : sous les eaux reptiliennes. Il partage ainsi la puissance du serpent Apophis qui menace toujours la barque de Ré, donc la pérennité de l'univers et notre cohérence. Cependant, bien qu'il y soit à l'aise, Seth n'est pas de ce monde du chaos. Sa fonction de dieu régulateur du monde physique lui permet d'inhiber et de contrôler ces forces ténébreuses. Pour ce faire cependant, il doit voir où se trouve le serpent et il ne peut agir seul sinon il sera englouti. Il lui faut la présence d'Isis/Hathor et la gouverne d'Horus.

©Charles Walker Collection/AlamyStock Photo

38. Chat d'Héliopolis Papyrus Hunefer

Aussi au troisième volume nous nous pencherons sur les stuctures et fonctions de l'individualité et de la polarité féminine représentée par Horus, Hathor, Ré, Isis et l'aspet nutritionnel de Seth.

Dans une version de ce mythe d'Égypte ancienne, la chatte [5] d'Héliopolis[6], une autre figuration de la déesse Hathor[7], est représentée armée d'un couteau. Elle saigne la tête d'Apophis[8]. Ceci nous rappelle bien la Vierge Marie qui de son pied écrase la tête du serpent.

Le couteau fait la part des choses, il symbolise le discernement. C'est ici la polarité féminine qui détient la clef parce qu'elle porte l'image globale et la réalité dans *toutes* ses dimensions. Porteuse de cohérence, elle a un système de référence inné, Maât, le LIFE.C'est notre compas intérieur. *Ce goût pour l'holisme, la polarité masculine ne la partage pas.* L'ordre, l'harmonie de l'univers ne sont possibles que lorsque Seth, le régulateur de la polarité masculine comprend et admet la fonction de cette polarité féminine. Sinon, il continue d'assassiner notre Osiris intérieur et de s'exclamer bêtement comme dans le mythe : *« Il est impossible de tuer un dieu, mais moi, Seth, j'ai réussi ! »* Et de s'illusionner sur sa supériorité. Si nous lui permettons de continuer, si nous admettons ce laxisme, ce sera un continuel combat entre lui et Horus. De ce combat interne, nous sommes tous perdants.

Nous avons vu qu'une des structures du régulateur inconscient, le cortex préfrontal médian, fait partie d'un système qui inclut aussi le cœur, le nerf vague et l'insula (mais pas exclusivement). Le nerf vague est en majeure partie afférent (donc il véhicule les informations *vers* le cerveau) ce qui explique pourquoi certains chercheurs généticiens se tournent maintenant vers le système nerveux autonome. Il a un effet indubitable sur le cerveau [9]. Ils remontent aux causes. Bientôt, ils accosteront aux berges de la psyché. Dans ce système synergique [10], les oscillations du cœur ont un effet d'entraînement sur celles du cerveau. Le paradigme

---

[5] En fait, Ré est le grand chat dHéliopolis mais Hathor prend aussi cette personnification car les deux décrivent la polarité féminine ontologique.

[6] La ville fut célèbre dès la plus haute antiquité pour son école de théologie, de philosophie et d'astronomie. Des Grecs connus la fréquentèrent : Pythagore (580-490, mathématicien, philosophe), Hérodote (Historien, v.484-v.425) et Platon (Philosophe, 427-346).

[7] Hathor signifie la demeure d'Horus.

[8] En énergétique, la base du cou porte un méridien de la régulation de l'information. Hathor en tant que représentante de la polarité féminine est donc maîtresse de la régulation de l'information.

[9] Ils observent que les bactéries de l'intestin influencent le cerveau.

[10] ou synarchique:Plusieurs systèmes, éléments, ou groupes qui œuvrent dans un but commun.

de flux de la physique quantique s'accorde donc très bien d'une telle conception oscillatoire de la physiologie. En ce sens, la théorie des méridiens d'acupuncture qui transportent une énergie vitale oscillatoire devrait être approfondie. L'acupuncture et le modèle de son origine sont à mon sens essentiels pour parfaire notre connaissance de l'humain. Le modèle quaternaire fait d'opposés n'est pas dynamique. Afin de permettre la vie et l'autorégulation, un point central régulateur est nécessaire. Tout ceci dirige notre attention vers l'importance de la psyché ; de ce lien entre la personnalité et l'individualité, entre polarité masculine et féminine.

Nous sommes alors à même de constater que socialement nous dédaignons les fonctions associées aux oscillations et aux cycles, donc à la polarité féminine. Nos stéréotypes concernant les hommes et les femmes ont été moulés par des cultures ancestrales religieuses. Au fil du temps, une vision matérialiste nourrie par la promotion mondiale d'une consommation débridée les a influencés. Les médias sans gouvernail en ont fait l'apologie au nom de la liberté et ont ainsi rendu quasi impossible les manifestations de cette polarité féminine.

Nous verrons certaines solutions au volume III. La pansystémologie nécessite l'implication d'un groupe visible qui puisse manifester les deux polarités dans le monde. Pour lors, nous pouvons tous nourrir en nous-mêmes une image : que tous les éléments de la création réunis forment un être complet en devenir. Cet être collectif avec ses milliards d'yeux voit cette réalité et en prend conscience. Puis nous pouvons garder à l'esprit que chacun de nous est un élément fractal de ce grand tout, de cet être parfait vers lequel nous cheminons, car le Tout est inscrit en chacun de nous. Nous devons apprendre à le *ressentir*. Puis de tout notre cœur nous devons accueillir ce sauveur de l'humanité et du monde ; ce Petit Prince ignoré qui pour lors sommeille en chacun de nous.

Notre compas intérieur ne demande qu'à se manifester. Certains le pressentent comme esprit romantique ; pour d'autres, c'est un sentiment poétique surgissant d'une mémoire inconnue que font soudain vibrer des faits isolés racontés; ou un paysage, une odeur, une vie simple et heureuse en harmonie avec la nature dont nous avons la nostalgie, un désir de beauté, d'amour, d'une fraternité profonde, peu importe le pays. Mais pour vivre cela à grande échelle, une perception claire est nécessaire. Une volonté partagée de ce que nous voulons accomplir demande une redéfinition de l'humain. Ceci présuppose des structures sociales adéquates pour développer et protéger le Petit Prince de l'humanité. Nous le savons maintenant, nous devons tout d'abord individuellement *choisir*. Qui tiendra le gouvernail de mon vaisseau, Horus à la solidité d'airain et à la vision élevée de l'aigle ou personne ? Car par affinité, Seth est attiré par les forces chaotiques ; il n'a donc pas cette fonction. Il se met continuellement en colère lorsque les dieux affirment qu'Horus a la fonction de guider. Et pourtant c'est la réalité.

Notre civilisation a commencé sa marche il y a bien longtemps. En accord avec l'évolution humaine, notre guide pour l'instant est un Seth immature —puisqu'il est détaché de la polarité féminine—. Dans la tradition hindoue on nomme cette période le Kali Yuga, l'ère de la Conscience occultée.

Le tableau à ce point-ci est impossible à camoufler ou à ignorer. Tout autour de nous, et même dans ce que nos vies ont de plus intime, il s'impose même au regard de l'être le plus creux, le plus socialement déficient, et — fait nouveau — le mieux nanti. Les faits sont trop nombreux pour les rappeler tous. Les états dépressifs majeurs sont la cause première d'invalidité dans les pays industrialisés. Une étude ayant pour objet 11 400 étudiants en Ontario au Canada révèle que plus de la moitié d'entre eux[11] souffrent de détresse psychologique . Les victimes de cancer, qui sentent avoir reçu une sentence de mort, se multiplient, malgré toutes les années de recherche et les milliards investis . L'obésité est maintenant pandémique touchant des enfants de plus en plus jeunes. Le Dr Jack de la Torre, un expert de la maladie d'Alzheimer relate que malgré plus de 100 000 publications sur le sujet, la cause de cette maladie demeure inconnue et l'espoir d'un traitement efficace diminue [211]. Et ceci n'est que la pointe de l'iceberg. Malheureusement, celui-ci ne fondra pas de sitôt. Bien au contraire, l'eau tout autour se retire et dévoile son

[11] De ce groupe, 17 % disent souffrir de détresse sévère et 34 % de plus varient entre détresse et détresse sévère. Les filles sont deux fois plus touchées selon l'enquête, mais je crois qu'en fait elles peuvent analyser leur état émotionnel mieux que les garçons. Ce qui laisse supposer qu'en fait les chiffres sont plus importants que ceux rapportés dans cette recherche.

gigantisme. Je le réitère, nous sommes au bout de ce que l'esprit d'analyse pouvait découvrir de sa terre plate et finie.

Nous devons comprendre comment, à travers les âges, nos choix personnels et collectifs ont favorisé ou limité les différentes fonctions du LIFE général. Ceci nous orientera vers l'origine de notre crise identitaire actuelle. Nous discernerons alors plus clairement où ces choix nous mènent. Ceci pourrait promouvoir une prise de conscience des conditions nécessaires pour atteindre la plénitude [212].

Nous sommes la nature. Elle a un plan pour nous. Par nous, elle cherche à réaliser l'expression totale du modèle qu'elle aime [12]. Pour ce faire, elle a engendré l'humanité [213]. Pourquoi aurait-elle permis la survie d'un animal qui la détruit ? Nous savons pourtant qu'elle se protège contre les éléments qui mettent en danger sa biodiversité [13] donc sa cohérence. Le but est dans le modèle. Il nous parle du voyage qu'elle entreprit il y a très longtemps. Montrant les forces à l'œuvre dans la psyché humaine en accord avec les idéaux qui la dirigent, il peut nous parler de la terre, celle promise à tous les humains de bonne volonté.

Grâce au LIFE, nous sommes à même de prédire des catastrophes naturelles de plus en plus destructrices, et un nombre croissant de maladies humaines surtout liées au psychisme. La nature se débarrassera de ce qui n'accepte pas le maître-modèle et la détruit. À moins que, comme il est inscrit dans le modèle, notre maître-d'école intérieur, maintenant ligoté par la nature agisse de façon éclairée, avant la fin.

Comment fonctionneront les compagnies avec des employés constamment souffrants ? Comment feront-elles si les catastrophes naturelles rendent les communications et la distribution choses impossible ? Tout le système économique s'écroulera d'un coup.

Et soudain, la vérité sera là, audible dans les gémissements et les

---

[12] Le LIFE : « Law Inherent to the Five Elements ».

[13] J'ai donné deux présentations à l'université de Trente en Italie dont l'une au sujet du LIFE et de son apport dans la compréhension du modèle de la nature. J'y ai donné l'exemple des mouches qui utilisent des fourmis Solenopsis Invicta pour y pondre leurs œufs. Ceci est la seule méthode connue pour enrayer cette fourmi qui met en danger la biodiversité. PAGE, Ariane Anticipating Nature : Environmental Sciences and the Earth's Future Researchgate DOI: 10,13140/RG.2.1.3705.0084. Toutes les phases de l'évolution humaine sont essentielles. De la même façon, même si les adolescents rejettent leur propre famille, cette phase est nécessaire pour qu'ils puissent acquérir leur propre identité.

pleurs. Cette fois-ci peut-être l'entendrons-nous : cessons d'abuser et de piller la Nature, contrôlons nos impulsions et respectons ce qu'il y a de grand et de sacré dans l'humanité.

Comme seule l'individualité peut contrôler la phase dans laquelle nous pénétrons, notre seul espoir est dans un nouveau paradigme conscient de celle-ci. Il permettra une nouvelle façon de vivre, de voir et de sentir. Adopté par bon nombre d'individus parce qu'en lui réside la seule, la vraie liberté, il pourra changer le monde.

Je les vois tous ces enfants qui espèrent. Je les entends tous ces retraités. Même aisés, ils s'ennuient après avoir tant travaillé. Je vois tous ces jeunes en mal d'idéal qui cherchent un sens à leur vie et qui souffrent de solitude. Je vois tous ces couples qui veulent que leurs enfants connaissent l'harmonie de la nature et s'épanouissent, heureux. Comme beaucoup d'entre eux, j'ai souffert de ne pouvoir offrir aux miens qu'une ville froide et artificielle. Je vois tous ceux qui ont accumulé et aimeraient participer à un monde meilleur. Et ceux qui souhaitent que l'avenir ne les oublie pas. Je les vois former une noblesse basée sur des références claires. J'aimerais tant que de l'humanité nous fassions une cathédrale joyeuse et belle. Nous ne la construirions pas de pierres, mais d'une connaissance solide et d'une conscience vaste, vivante et porteuse d'avenir. Voilà une raison de vivre, un appel à la seule vie qui puisse enfin nous combler de bonheur et qui puisse nous faire dire avec joie : «à mon *seul* désir[14].»

[14] Inscription au dernier panneau de la tapisserie La Dame à la Licorne (au musée de Cluny en France), qui sera discutée au volume 3.

ANNEXES

Quelques structures du cerveau utilisées différemment par les hommes et par les femmes.

Les différences observées entre le cerveau des femmes et celui des hommes sont nombreuses, mais relèvent surtout de l'utilisation divergente qu'ils font des structures cérébrales pour l'accomplissement d'une même tâche [214]. Le cerveau des femmes montre presque toujours plus de régions actives que celle des hommes. Les femmes recoupent les choses à travers plus de parties de leur cerveau que les hommes, le plus important étant les centres de contrôle émotionnel du système limbique[215] (cerveau mammalien). Effectivement, les études comportementales ont souvent et clairement démontré que les femmes ont tendance à être plus expressives émotionnellement et à avoir une meilleure mémoire épisodique que les hommes [216]. Subjectivement et empiriquement, les études arrivent aux mêmes conclusions. Le cerveau des femmes n'a pas montré une plus grande activation lors de la visualisation d'un contenu chargé d'émotion, mais les zones activées étaient différentes. Le cerveau des femmes n'est pas aussi asymétrique que celui des hommes. Le cortex est plus grand à gauche chez les hommes alors qu'il est légèrement plus grand à droite chez les femmes. La symétrie observée dans le cerveau des femmes est due à la plus grande taille de leurs réseaux associatifs et de leurs commissures (corps calleux, commissure antérieure). Alors que les hommes sont plus susceptibles d'utiliser une petite zone généralement seulement sur le côté gauche, pour une tâche particulière ; les femmes utiliseront plus de cerveau, sur les deux hémisphères, pour la même tâche. De plus, les bébés filles sont plus sensibles au toucher (cerveau de régulation de l'information, cœur, part de la polarité féminine) que les bébés garçons. Les filles ont un meilleur sens de l'odorat (cerveau universel, poumon), sourient davantage, sont plus patientes et moins facilement agacées que les garçons. Elles commencent aussi à parler plus tôt que les garçons (cerveau mammalien), s'expriment plus clairement, et développent un plus grand vocabulaire. Schmithorst et Holland (2007) ont montré que les zones cérébrales activées et les voies de la substance blanche différaient entre les sexes, les filles plus âgées montrant une plus grande connectivité inter hémisphérique [217].

En calculant un certain nombre de corrélations, Yu et coll. [218] ont montré que les participants avec une intelligence élevée montraient plus d'intégrité de matière blanche (polarité féminine) que ceux à l'intelligence moyenne. Ceci s'observait, en particulier dans le faisceau unciné, une substance blanche qui relie des parties du cerveau mammalien, comme l'hippocampe et l'amygdale, avec des parties frontales du cortex orbitofrontal, associé à l'aspect nutritionnel du cerveau analytique. Quinze participants présentant un retard mental ont également été étudiés. Par rapport aux soixante-dix-neuf participants en bonne santé, leur cerveau exhibait des dommages importants dans l'intégrité des connexions de leur substance blanche. Ceux-ci étaient apparents dans le corps calleux, le faisceau unciné, le tractus corticospinal et une partie du thalamus, la radiation optique.

-Hypothalamus antérieur – Complexe amygdalien-

L'hypothalamus est le centre d'intégration du système nerveux autonome. Dans notre boîte crânienne, c'est la structure la plus dense en neurones. Sa partie antérieure régule l'osmolarité de l'espace extracellulaire ce qui l'associe directement au cerveau reptilien [1]. Sans nous étonner, cette structure est 2,5 fois plus volumineuse chez l'homme que chez la femme. Elle est liée à l'activité parasympathique. Voici donc un élément favorable au développement de la polarité féminine chez l'homme. Je pense à ces jeunes olympiens spécialistes du snowboard acrobatique participant aux jeux de P'yŏngch'ang de 2018. Plusieurs, moult fois blessés, ont fait preuve d'une résilience extrême. Écouteurs aux oreilles, légèrement vêtus, il était beau de les voir s'élancer dans le vide avec toute l'insouciance de lobes préfrontaux immatures et la liberté de l'oiseau. Dans cette blancheur de la nature, gracieux, après 4 pirouettes et demie chorégraphiées, ils subissent le choc de la neige

[1] La phase du cerveau reptilien est associée à l'élément eau.

ferme avec plus ou moins d'aplomb. Si c'est réussi, ils s'exclament, joyeux. C'est beau, c'est libre, c'est la polarité féminine du jeune homme en phase idéaliste.

Puisque la polarité masculine est structurelle chez l'homme, et que le cerveau reptilien est l'aspect féminin de la polarité masculine, l'hypothalamus antérieur y trouve sa place. Sa partie postérieure est le centre de contrôle de la température corporelle et du cycle circadien [2] ce qui lui vaut d'être une structure du cerveau mammalien. Elle est aussi associée aux activités sympathiques, telles que les réponses aux stress. Sa fonction endocrinienne l'associe également au cerveau mammalien.

Voyons maintenant du côté des femmes. La libération des mœurs fut un courageux effort pour redéfinir la femme. Cependant depuis les années 60 l'accent a surtout été mis sur des activités qui favorisent un appel au système sympathique. On demande aux femmes d'être plus expressives physiquement. Les exercices violents, la sexualité de type masculine ou strictement génitale et l'invasion de tous les domaines jusque-là réservés (souvent sans raison) aux hommes furent associés à la libération de la femme. Cependant, puisque les femmes sont émissives au niveau mammalien, la concentration excessive sur cet aspect de la polarité masculine s'est souvent faite au détriment de sa totalité et de ce qui est structurel chez elle, c'est-à-dire de sa polarité féminine. J'ai en souvenir l'exemple de deux jeunes femmes françaises, belles et douces qui ont popularisé l'exercice en France sous le nom de Gymtonic. Véronique (de Vilèle) et Davina (Delor) ont porté le mouvement transformateur de l'image de la femme, tout comme Jane Fonda aux États-Unis. Tous les dimanches, 12 millions de spectateurs écoutaient cette messe d'un nouveau genre. Je me souviens à quel point je les trouvais stimulantes, moi qui avait quelques années de moins qu'elles. Vivre dans son corps et bouger sur de la musique, quel bonheur ! C'est la base de la vie ; c'est une nécessité ! Dans mes cours de naturopathie en France, notre instructeur avait l'habitude de répéter : le muscle est le contrepoids du nerf. Là où Jane Fonda et elles me perdaient, c'était dans le côté militaire forcé de la chose. « Il faut souffrir pour être belle », dit le dicton. Sans le savoir, elles faisaient ainsi davantage appel à leur système sympathique et au cerveau reptilien. Elles bifurquaient vers la polarité masculine. Après quelques années elles m'apparurent dénuées de

[2] La température du corps se stabilise et le cycle circadien s'établit après 7 ans.

fraicheur et de magnétisme. Aujourd'hui, Davina s'est unie à « *la douceur qui est le meilleur de soi-même* » en devenant nonne bouddhiste. Véronique continue de donner des cours avec poigne. Pour sa part, Jane Fonda a admis qu'elle avait été trop loin dans sa recherche de la pleine forme. Elle aussi a embrassé la foi bouddhiste. C'est que la polarité féminine est structurelle chez la femme, il ne faut jamais l'oublier. Je me réjouis de voir que ce sentiment d'un compas intérieur peut orienter certaines personnalités à temps vers leur individualité, hors de la convention banale et fausse d'une éternelle adolescence physique. Jung disait ainsi :

« Beaucoup de vieux préfèrent être des hypocondres, des avares, des hommes à principes et des laudatores temporis acti [laudateur du temps passé] ou des éternellement jeunes, attitudes qui sont de misérables remplaçants de l'éclairement de soi-même, de son Soi ; c'est là une conséquence inévitable de la folie qui voudrait que la deuxième moitié de la vie fût régie par les mêmes principes que la première [219]. »

Ajusté pour la taille totale du cerveau, le complexe amygdalien est aussi significativement plus étendu chez les hommes que chez les femmes. Il module la mémorisation à partir d'événements émotionnels, et ce, par des interactions avec les hormones endogènes de stress libérées au cours de ces événements. Chez les femmes, des études ont indiqué une implication préférentielle de l'amygdale gauche dans la mémoire pour le matériel émotionnel (généralement des mémoires visuelles).

Puisque dans notre système cybernétique la vision appartient à la phase du cerveau mammalien, cette structure gauche appartient au cerveau mammalien. Ceci est en harmonie avec le fait que les femmes utilisent leur polarité masculine pour exprimer leurs émotions. D'autre part, chez les hommes, il y a une implication préférentielle de l'amygdale droite dans la mémoire. Il semble donc que l'amygdale cérébrale possède une latéralité — droite pour les hommes et pour le cerveau reptilien et gauche pour les femmes et le cerveau mammalien.

Même si je ne dichotomise pas la fonction cérébrale, je peux observer que structurellement, fonctionnellement et anatomiquement, les fonctions suivent principalement les lignes de la polarité masculine et féminine. Par exemple, quand il est temps d'encoder des émotions, les femmes utilisent leur hippocampe alors que les hommes utiliseront leur amygdale droite (cerveau reptilien). Conformément à notre système, chez les hommes, les souvenirs les plus forts sont souvent inconscients et fréquemment liés à la génitalité et aux menaces. Ceci s'explique par le fait que l'amygdale mâle porte de nombreux récepteurs de testostérone, garants d'impulsivité masculine souvent observée au début de la puberté. Avec le temps, les lobes préfrontaux prendront le contrôle. L'amygdale sera plus régulée et l'homme sera pacifié, comme l'indiquent notre diagramme (schéma 15) et la théorie du « serpent » du chercheur Joseph LeDoux [220] (1994).

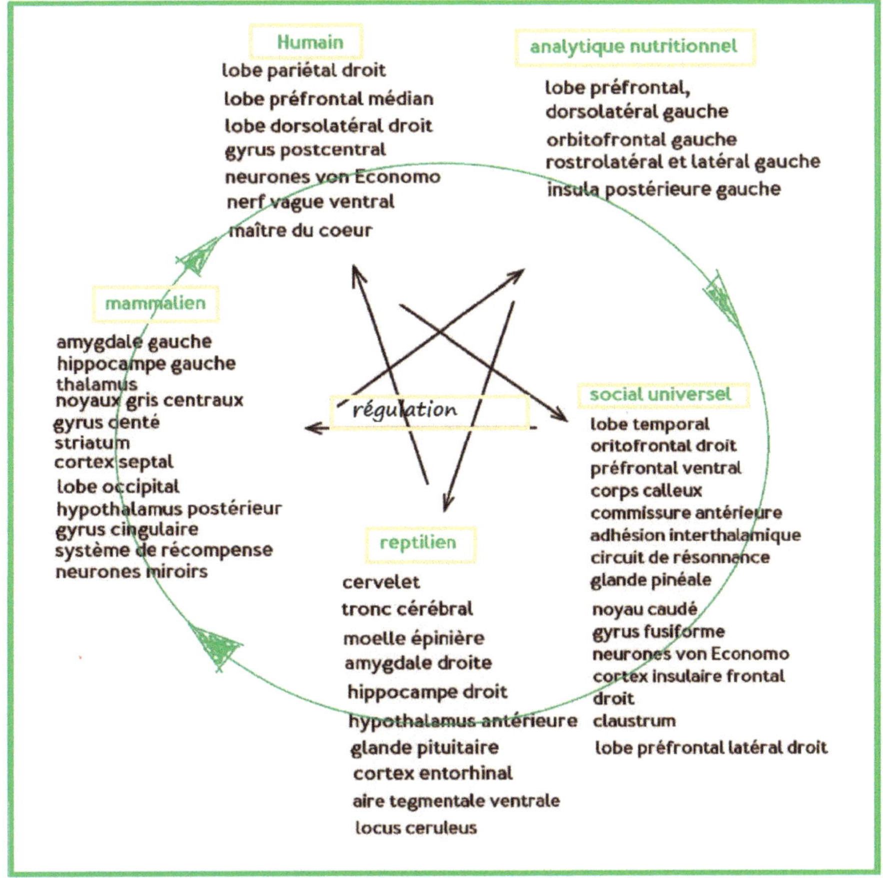

39. Le LIFE et quelques sructures du cerveau ©*ArianePage*

Les hommes évitent l'émotion et les femmes évitent la confrontation physique. Dans une situation menaçante, les femmes seront plus vocales (aspect mammalien) ou se figeront (leur aspect reptilien prend le dessus) et les hommes plus physiques (cerveau reptilien). Les femmes sont également plus susceptibles de solliciter un traitement, d'analyser leur douleur et même de la vocaliser. Encore une fois, je l'explique par le fait que généralement, les femmes sont expressives (masculines) de leurs émotions, principalement concentré au niveau du cerveau mammalien, alors que les hommes sont réceptifs (féminins) à ce niveau. La zone du cerveau activé pendant la douleur est l'amygdale, et encore une fois, les femmes utilisent de préférence l'amygdale *gauche*. Les hommes utilisent plutôt la *droite*. L'amygdale droite, donc privilégiée par les hommes a plus de connexions avec les zones du cerveau qui contrôlent les fonctions externes, ce qui convient au cerveau reptilien du soi physique. L'amygdale gauche, privilégiée par les femmes, possède davantage de connexions avec les fonctions internes du moi émotionnel ce qui convient au cerveau mammalien.

Les recherches ont aussi démontré que les femmes requièrent davantage de morphine que les hommes pour atteindre un même taux de réduction de la douleur. Cette différence explique probablement en partie pourquoi les femmes perçoivent la douleur plus intensément que les hommes et souffrent quatre fois plus d'anxiété. Elles manifesteront des déséquilibres généraux par des sentiments d'anxiété, de douleurs psychosomatiques, par la verbalisation, les pleurs, etc., tandis que les hommes auront davantage tendance à agir, à exprimer physiquement leur déséquilibre parfois sans même être conscients du problème. Un homme dépressif prend souvent conscience de son état suite à une remarque d'une autre personne.

Locus coeruleus

Le locus coeruleus (également orthographié locus ceruleus) est un noyau de type reptilien impliqué dans les réponses physiologiques au stress et à la panique. Il a aussi une fonction associée à la mémoire, aux capacités cognitives, à l'éveil, à l'attention, à la posture, à l'équilibre et à la neuroplasticité. Il est nécessaire aux rêves et au sommeil paradoxal. Il contient de loin le plus grand groupe de neurones noradrénergiques du cerveau humain [221]. La *désinhibition* des neurones noradrénergiques de cette structure est liée à des états neuropsychiatriques, alors que la dégénérescence de cette région se retrouve dans divers troubles du mouvement. Aussi, le dysfonctionnement de cette structure est fréquent chez les personnes âgées. Dans la maladie d'Alzheimer, on y observe jusqu'à 70 % de perte en neurones. Il peut figurer dans la dépression clinique, le trouble panique et l'anxiété.

À la naissance, le locus coeruleus (LC) et la substantia nigra ne sont pas colorés. Le locus coeruleus se pigmente vers cinq ans, en harmonie avec son attribution à la phase cérébrale reptilienne, cet affluent de la phase sociale universelle (conception). Ceux de la substantia nigra (une partie des noyaux gris centraux) restent non pigmentés [222] jusqu'à près de quatorze ans. Ce fait est en harmonie avec l'attribution de la substance noire au cerveau mammalien. De plus, cette structure est inhibée par celles du cerveau social universel. Le degré de pigmentation de ces deux structures augmente avec le temps pour atteindre un état stable à l'âge de la maturité, soit trente ans. Dans le LIFE, je qualifie le LC d'interphase parce qu'il reçoit l'apport principalement du cortex préfrontal médian de notre cerveau Humain (régulation de l'information et du soi idéaliste). Cette connexion est constante, excitatrice et augmente avec le niveau d'activité du sujet. Sous cet aspect il est fonctionnellement associé au cerveau social universel. Le LC innerve le gyrus cingulaire, le thalamus, l'amygdale, l'hypothalamus, l'hippocampe, le cervelet et le néocortex, aussi, la douleur émotionnelle et les facteurs de stress vont déclencher des réponses noradrénergiques. Par ailleurs, c'est le principal site de la synthèse cérébrale de noradrénaline. Il est tout comme la substantia nigra et de nombreuses autres structures sous le contrôle de la polarité féminine [3] (le locus coeruleus comporte des récepteurs d'acétylcholine M1 [223]). Son nom signifie littéralement « la tache bleue » à cause de son aspect azuré dans le tissu cérébral.

---

[3] Une polarité féminine fonctionnelle régule les taux de cortisol et de norépinephrine dans le corps. Ici les chercheurs suggèrent que leurs résultats montrent l'importance physiologique de la régulation cholinergique du système noradrénergique dans le cerveau.

Glossaire

Aether : énergie quantique du point zéro. Une réalité plus subtile qui informe connecte et permet le lien quasi instantané entre les quanta. Ceci en fait est une évidence puisque les agissements de ceux-ci ne s'expliquent qu'à travers l'acceptation de l'ordre implicite de Bohm. Les recherches les plus récentes confirment que même les organismes et leur environnement sont intriqués les uns aux autres de façon similaire .

Ceci ressemble à la définition qu'en fait Platon. Dans Cratylus, il disait que celui-ci a un pouvoir pénétrant qui imprègne le monde entier et qu'il l'a trouvé aussi bien à l'intérieur qu'à l'extérieur du corps humain. Je l'assimile au système maître du cœur (MC) du modèle taoïste et du LIFE. C'est une structure clef de la polarité féminine.

Âme : La définition que je lui donne est similaire à celle qu'en fait le psychanalyste Carl Gustav Jung lorsqu'il la définit selon son étymologie : «psyché». Il dit aussi que c'est l'essence, l'énergie et finalement la matière de toute chose et qu'elle est «un complexe psychique demi-conscient possédant un fonctionnement partiellement autonome» (C. Jung, Dialectique p.150).

Autorégulation : En physiologie, par exemple, les reins contrôlent l'équilibre hydroélectrolytique. On a remarqué que l'autorégulation de la pression capillaire glomérulaire persiste même après dénervation du rein. Ceci implique plusieurs mécanismes travaillant ensemble pour permettre les fonctions rénales. Dans la cellule il en est de même. Les différentes fonctions des éléments cellulaires travaillent en harmonie et ainsi assurent la vie. L'humain est aussi un système complexe soumis à l'autorégulation. Les déséquilibres physiques et psychiques seront compensés pour assurer la survie physique ou psychique de l'individu.

Biocybernétique : Bio=vie. Cybernétique : Processus autorégulé de commande et de régulation chez les êtres vivants. La théorie de la médecine biocybernétique est exprimée dans celle des cinq éléments du Taoïsme. Nous utilisons l'interprétation qu'en a fait le docteur A. de Bavelaere qui enseignait celle-ci à l'Académie Médicale d'Acupuncture de Paris avec, à présent, les ajouts de son expérience et du développement de la pansystémologie.

Conscience et conscience : Faculté dont un pôle est l'inconscient et l'autre est la connaissance de l'individualité, du Soi. L'inconscient est ce qui échappe à la conscience des sens et du soi personnel (moi). Elle englobe l'individu. Dans ce monde de la psyché, l'humain central avec une conscience relative peut agrandir le cercle relatif de sa conscience. Il agira d'un pôle par un point de vue global (connaissance de Soi) à l'autre par l'attention aux réalités matérielles (gestes, sens, actions). Ces deux types de conscience ainsi que certaines informations inconscientes se manifestent à travers les deux régulateurs du cerveau humain. La personnalité est associée à la connaissance de type «awareness» alors que l'individualité est associée à l'inconscient plus vaste attaché à toutes les phases humaines : reptilienne, mammalienne, Humaine, analytique et sociale environnementale. Jung disait avec raison que le Soi (individualité) est ce qui manque au «moi» pour que celui-ci soit complet.

Féminin : force de type réceptif, qui s'associe à la contraction, décélération, condensation, attraction, au magnétisme et à la fusion.

FOR: En psychologie cognitive, de l'anglais feeling of rightness, expérience métacognitive rapide associée au premier régulateur, inconscient.

Fractale : Forme ou structure dont les fonctions potentielles ou exprimées se retrouvent, quelle que soit l'échelle. Le microcosme est ainsi fonctionnellement un miroir du macrocosme et vice-versa. Dans le monde physique, on parlera de forme fractale telle celle présentée par le triangle de Sierpinsky.

Individualité : Pour Jung, elle serait le Soi sans le moi. En fonction du contexte : essence indivisible exprimée par le maître du cœur (voir glossaire). L'ensemble âme et essence dans sa partie subtile associée à la psyché. Par extension, la Conscience individuelle. Pour la pansystémologie, elle utilise la polarité féminine pour se manifester dans le corps physique. Elle est structurelle chez la femme.

Je [le] : Un des trois éléments composant l'individu : le je, le moi et le Soi. Avec le moi, il compose le soi. C'est la partie reptilienne et mammalienne de l'être, avec leurs informations inconscientes. Le Je est fort influencé par le Soi inconscient, mais aussi par le moi et ses catégories psychiques.Dans le mythe osirien, il se partage entre Nephtys, Osiris et Isis.

LIFE : Nom du modèle sous-jacent à la nature. Tiré de l'acronyme anglais «Lois Inhérentes aux cinq (Five) Éléments». Le LIFE est un système autorégulé, un fractal du modèle implicite qui guide les quanta. Il comporte cinq phases et cinq fonctions associées aux cinq modes d'expression humaine (physique, émotionnel, conceptuel-symbolique [mental] et social et aux cinq fonctions qui permettent le vivant. Le cerveau en est une expression.

Loge : Dans la tradition médicale chinoise, on parle de loge énergétique. C'est une structure dans son aspect énergétique et fonctionnel et/ou une phase, selon le niveau d'observation. J'emploie ces mots en fonction du contexte.

Maître d'école [le] : Autre nom pour figurer le Moi. Souvent opposé au Petit prince; par sa conscience il agit souvent de façon propre et divisée des autres aspects de l'être. Dans la mythologie égyptienne, c'est le dieu Seth.

Maître du cœur : Structure énergétique décrite dans le taoïsme en rapport avec le Soi et l'âme. C'est une des principales structures de la polarité féminine. Il sera discuté dans le tome III avec les structures physiologiques qui y sont attachées plus directement.

Maître-modèle : Puisque la nature résulte d'une organisation, d'un ordre implicite, elle en est forcément un élément fractal. Nous pouvons y trouver les grandes fonctions qui nous parleront du modèle implicite, de ce maître-modèle, de ce code invisible de la nature. C'est ce qu'intuitivement le système taoïste a compris et décrit. Pour celui-ci, la nature, donc l'homme, est un système autorégulé et biocybernétique basé sur un modèle premier que je nomme maître-modèle.

Moi [le] Élément conscient de la personnalité. Appartient à la polarité masculine. Manifesté par le régulateur physique. Dans le mythe osirien il s'agit du dieu Seth.:

Masculin : force de type émissif, qui s'associe au dynamisme, au rayonnement, à l'expansion, à la pénétration, la répulsion et la séparation.

Ombre : Selon Jung : «C'est la partie inférieure de la personnalité ; somme de tous les éléments psychiques personnels et collectifs qui, incompatibles avec la forme de vie consciemment choisie, n'ont pas été vécus ; ils s'unissent dans l'inconscient en une personnalité partielle relativement autonome avec tendances opposées à celle du conscient. L'ombre par rapport à la conscience, se comporte de façon compensatoire, aussi son action peut-elle être aussi bien positive que négative. En tant qu'élément de l'inconscient personnel, l'ombre procède du moi ; mais en tant qu'archétype de l'éternel antagoniste, il procède de l'inconscient collectif.» [Ma Vie, p.632].

Ajout de la pansystémologie : L'ombre en général est liée au cerveau reptilien et à l'inconscient. Cependant, tous les mondes associés à la personnalité possèdent une ombre donc il existe aussi l'ombre du cerveau analytique nutritionnel [niveau inférieur du moi conscient] et l'ombre du cerveau mammalien [le soi inconscient]. Ce qui est accepté dans l'inconscient relève du régulateur psychique. Le conscient se forme dans les limites de cet inconscient et sur l'influence du noyau familial et de la société qui l'a modelé. Le moi peut ainsi être en conflit avec l'inconscient personnel et l'inconscient collectif. Ce dernier a aussi une ombre archaïque.

Ordre implicite : Terme utilisé par le physicien quantique David Bohm pour décrire la réalité immanente qui organise les quanta. En pansystémologie, cet ordre est associé à un maître-modèle dont tout le vivant est un aspect fractal.

Pansystémologie : Le terme «pân», tiré du grec ancien, signifie « Tout». Il est suivi du mot systémologie : la science des systèmes. La pansystémologie est la science —dans le sens de connaissance— et son application du système sous-jacent au monde naturel. Celui-ci est confirmé par les connaissances récoltées sur le cerveau humain, du LIFE, et des traditions millénaires. Elle offre un point de vue transcendant et unificateur des champs d'activités humaines. Grâce à la description du modèle biopsychosocial LIFE, elle ouvre la voie à un effort concerté pour l'amélioration de la qualité de la vie, par une meilleure compréhension des besoins fondamentaux présents et futurs de l'humanité.

Paradigme : Manière de concevoir le monde. Le paradigme scientifique présent affirme que tout provient de la matière. Le paradigme quantique selon David Bohm dit que tout est oscillation et est organisé par un modèle invisible originel, libre du temps et de l'espace. En ceci, Bohm rejoint de Broglie et Platon alors que les scientifiques mécanistes sont disciples de Simmias de Thèbes, un contemporain de Platon [Vième siècle av. J.-C.]. Il apparaît donc qu'en ce domaine du paradigme central à notre vie nous n'avons pas beaucoup progressé.

Pentane : possédant cinq éléments, fonctions ou dimensions.

Personnalité : La personnalité est un complexe psychique associée à notre corps et à notre psyché consciente. Nous la construisons pour survivre et pouvoir faire face aux échanges avec notre environnement et en réaction aux expériences vécues. Elle porte et exprime les schémas de notre civilisation associés à la culture, à l'époque, aux valeurs sociales, ainsi que les marques épigénétiques familiales et environnementales. En pansystémologie elle est liée à la polarité masculine, elle est structurelle chez l'homme. Les structures du cerveau qui la servent sont plus particulièrement celles de l'hémisphère gauche et celles du cerveau reptilien, mammalien et analytique. Dans le modèle LIFE, elle se compare à l'égo selon C. Jung. Dans le mythe osirien, elle s'exprime à travers Seth et est l'ensemble des dieux Seth/Nephtys et Osiris.

Petit prince [le] : Une analogie avec le personnage du Petit Prince de Saint-Exupéry. Archétype des forces inconscientes régulatrices de la psyché chez l'humain. Il procède du Soi. C'est Horus dans la tradition de l'ancienne Égypte.

Polarité féminine : La polarité féminine de l'homme et de la femme est responsable des fonctions de régulation des informations, de celle des échanges, de la nutrition et de l'assimilation d'éléments énergétiques [gazeux, nanoparticules, liquides et psychiques]. Elle inclut les structures et énergies qui manifestent ces fonctions sur les plans physiologique et psychologique.

Polarité masculine : la polarité masculine de l'homme et de la femme a une fonction de reproduction, de défense et d'analyse ainsi que les structures et énergies qui les expriment. Ceci autant sur le plan physiologique que psychologique. Elle est la base sur laquelle se développe la personnalité.

Psyché : La définition que je lui donne est similaire à l'usage qu'en fait le psychanalyste Carl Gustav Jung lorsqu'il définit l'âme selon son étymologie : «psyché». C'est-à-dire l'essence, l'énergie et finalement la matière de toute chose. Il dit aussi qu'elle est *«un complexe psychiquedemi-conscient possédant un fonctionnement partiellement autonome»*[*Dialectique* p.150]. Elle sert de support aux émotions et aux pensées.

On confond souvent la psyché avec les émotions ressenties et les pensées qui ne sont que des couleurs et des parfums, des structures supportées par la psyché. La psyché compose tout, est le support de tout. Je l'assimile dans sa source à l'aether tel que décrit par Einstein et au maître du cœur tel que décrit dans le deuxième volume. Einstein dit

:*« … la théorie de la relativité ne nous incite pas à nier l'aether. »* Il ajoute que*« la validité des équations de la mécanique newtonienne a été ébranlée par les expériences avec les rayons B et les rayons cathodiques rapides. »*(Einstein, Albert : «*Ether and the Theory of Relativity*» (1920), republié dans Sidelights on Relativity(Methuen, London, 1922). Sur Internet : http://www.orgonelab.org/EtherDrift/Einstein1920.pdf

Système biocybernétique : modèle des processus de commande et de régulation des informations (énergie) chez les êtres vivants.

Soi [le]:Jung disait avec raison que le Soi (individualité) est ce qui manque au «moi» pour que celui-ci soit complet. Inconscient et surconscient qui appartient à la polarité féminine. Manifesté par le régulateur de la psyché. Dans le mythe osirien, il s'agit du dieu Horus

Synergique : Plusieurs systèmes ou éléments qui œuvrent dans un but commun.

RÉFÉRENCES et BIBLIOGRAPHIE

INTRODUCTION

1. BOHM, David. *La Plénitude de l'Univers* [« Wholeness and the Implicate Order »],Éditions du Rocher, 1989, p.31 (ma traduction).
2. JUNG, Carl Gustav. *Correspondance 1958-1961*, Albin Michel, Paris, 1996, p.207.
3. NEUMANN, E. (1970) *Mystical Man*. Dans J. Campbell (Éd.) The Mystic Vision: Papers tiré de : the Eranos Yearbooks (Bollingen Series XXX), pp. 375–415; —R.Manheim trad. Original publié en 1968.–
4. HAWKING, Stephen. *A Brief History of Time: From the Big Bang to Black Holes* New York: Bantam Books, 1990 p. 174 (ma traduction).
5. JUNG, Carl Gustav. *Psychological Types*. In the Collected Works, v.6, Bollingen Series XX. Princeton, NJ: Princeton University Press, 1921/1971.
6. GUSNARD, Debra A et Marcus E RAICHLE. « Searching for a baseline: functional imaging and the resting human brain. » [Review]. *Natural Review Neuroscience* 2001; 2: 685–94.
7. ZIMMERMAN, J., 1989, cité dans N. GAINS, *Brand Essence, Using Sense, Symbol and Story to Design Brand Identity*, Kogan Page ed., 2013, p. 176.
8. Sur Internet : http://www.bbc.com/future/story/20150925-blindsight-the-strangest-form-of-consciousness.
9. Sur Internet : http://ic.com/brain-assigns-symbolism-inanimate-objects.
10.JUNG, Carl Gustav. *Ma Vie*. Propos recueillis et publiés par Aniéla Jaffé. Folio Gallimard 1973 p.480.
11.BARROUILLET, Pierre. « Dual-Process Theories and Cognitive Development: Advances and Challenges ». *Developmental Review*, 2011, 31 (2–3): 79–85. doi:10.1016/j.dr.2011.07.002.
12.EVANS, Jonathan. 'Dual-Process Theories of Reasoning: Contemporary Issues and Developmental Applications.' *Developmental Review*, 2,011.31 (2–3): 86–102. doi:10.1016/j.dr.2011.07.007.

CHAPITRE 1

13.Sur Internet : https://www.nytimes.com/1946/06/23/archives/the-real-problem-is-in-the-hearts-of-men-professor-einstein-says-a.html.
14. EINSTEIN, Albert. *Sidelights on Relativity*, traduit de l'allemand par GB Jeffrey et W. PERRET texte issu de son adresse à l'Académie prussienne des Sciences à Berlin en 1921, « Geometry and Experience », 1923. Sur Internet : https://todayinsci.com/E/Einstein_Albert/EinsteinAlbert-Science-Quotations.htm.
15. JUNG, Carl Gustav, *L'Âme et la Vie*, Références, Le Livre de Poche, trad. de l'allemand par R. Cahen et Y. Le Lay, Buschet Chastel, Paris, 1963.
16. PAGE, Ariane. *Isis code: Revelations from Brain Research and Systems Science on the Search for Human Perfection and Happiness*, iUniverse Inc. Bloomington, USA, 2013, pp. 646. Ce livre en anglais est la référence de celui-ci et sera divisé en deux volumes. Le titre sera modifié à The Invisible Code of Nature in the Human Brain: A New Perspective on Masculinity et The Invisible Code of Nature in the Human Brain: A New Perspective on Femininity. Publiés par SeaGreen Star Books.

17.BERNARD, Claude. *Introduction à l'étude de la médecine expérimentale,* 1865, p.81. Sur Internet : http://classiques.uqac.ca/classiques/bernard_claude/intro_etude_medecine_exp/intro_medecine_exper.pdf.
18. GOLDBERG, Elkhonon et LD COSTA. 'Hemisphere differences in the acquisition and use of descriptive systems' *Brain Lang* 14 (1981): 144:73.
19. KANDEL, Eric R, James H Schwartz, et Thomas M JESSELL. *Essentials of Neural Science and Behavior.* Norwalk, CT: Appleton & Lange.1995.
20. Id.
21. BECHARA, A. 'Emotion, Decision Making and the Orbitofrontal Cortex'. *Cerebral Cortex.* (2000) 10 (3): 295–307. doi:10.1093/cercor/10.3.295.
22. GILBOA, A., et coll. « Ventromedial Prefrontal Cortex Lesions Produce Early Functional Alterations during Remote Memory Retrieval. » *Journal of Neuroscience,* 2009, 29 (15): 4871–4881. doi:10.1523/jneurosci.5210-08.2009.
23. BUZSAKI, George. *Rhythms of the Brain.* New York: Oxford University Press, USA, 2006, p. 371 (ma traduction).
24. LEWIN, Roger. 'Is Your Brain Really Necessary?' *Science* 210 (12 décembre 1980). Sur Internet : http://www.rifters.com/real/articles/Science_No-Brain.pdf.
25. TUCKER, Jim B. *Return to Life.* New York: St., Martin's Griffin. 2015
26. DARRAS, Jean-Claude, Pierre de VERNEJOUL et Pierre ALBARHDE. 'A Study on the Migration of Radioactive Tracers After Injection at Acupoints,' *American Journal of Acupuncture,* Vol. 20, No. 3, 1992, C.H.U. Necker – Enfants Malades, F-75743 Paris Cedex 15, France. Liste d'articles attestant l'existence de méridiens d'énergie. Compilation par Fred Gallo, PhD. Sur Internet :
ttp://www.aipro.info/drive/File/EVIDENCE%20OF%20MERIDIANS.pdf
.
27. HEBSCHER, M., et coll. « Memory, Decision-Making, and the Ventromedial Prefrontal Cortex (vmPFC): The Roles of Subcallosal and Posterior Orbitofrontal Cortices in Monitoring and Control Processes ». *Cerebral Cortex,* Volume 26, Issue 12, 1 December 2016, Pages 4590–4601, Sur Internet:
https://academic.oup.com/cercor/article/26/12/4590/2741254.
28. JUNG, Carl Gustav. *Ma Vie : Souvenirs, Rêves et Pensées.* Propos recueillis et publiés par Aniéla Jaffé. Paris: Folio Gallimard, 1973, p. 243.
29. Id. p. 244
30. SPERRY, RW. Lateral specialization in the surgically separated hemispheres. Dans : F. Schmitt and F. Worden (Eds.), *Neurosciences Third Study Program,* Ch. I, Vol. 3, p. 5–19. Cambridge: MIT Press, 1974.
31. BERTALANFFY, Ludwig von. *Robots, Men and Minds.* New York: Braziller, 1967, p. 114.
32. BERTALANFFY Ludwig von. *General System Theory Foundations, Development, Applications.* New York: Braziller, p. xxiii, 1968a et « The History and Status of General Systems Theory » dans *Trends in General Systems Theory,* édités par G. J. KLIR New York : Wiley, 1972a, p. 38.
33. POUVREAU, David. « Une histoire de la "systémologie générale" de Ludwig Von Bertalanffy ». Généalogie, genèse, actualisation et postérité d'un projet herméneutique. *History, Philosophy and Sociology of Sciences.* École des Hautes Études en Sciences Sociales (EHESS), 2013, p.967. Sur Internet : https://tel.archives-ouvertes.fr/tel-00804157v1/document.

34. LEBRETON M, et coll. « Automatic integration of confidence in the brain valuation signal. » *Nat Neurosci.* 8:1159–1167, 2015.
35. SPERRY, R. W. « Lateral specialization in the surgically separated hemispheres. » Dans: F. Schmitt and F. Worden (Eds.), *Neurosciences Third Study Program,* Ch. I, Vol. 3, pp. 5–19. Cambridge: MIT Press. 1974 p. 11.
36. EVANS, Jonathan et Keith Frankish. *In Two Minds.* Oxford: Oxford University Press. 2013.
37. FOX, M. D., A. Z. SNYDER, et coll. « From the Cover: The Human Brain Is Intrinsically Organized Into Dynamic, Anticorrelated Functional Networks. » *Proceedings of the National Academy of Sciences* 102 (27): 9,673–9,678.2005, doi:10.1073/pnas.0504136102.
38. BELLIVEAU, JW, KENNEDY, DN, MCKINSTRY, RC, BUCHBINDER, BR, WEISSKOFF, RM, COHEN MS, VEVEA JM, BRADY TJ, ROSEN BR. 'Functional mapping of the human visual cortex by magnetic-resonance-imaging.' *Science* 254:716–719. 1991.
39. CACIOPPO, J.T., et DECETY, J. « What are the brain mechanisms on which psychological processes are based? » *Perspectives on Psychological Science* 4, 10–18. 2009.
40. KIHLSTROM J.F., 2006. 'Does neuroscience constrain social–psychological theory?' *Dialogue* 21, p.16–17.
41. WIXTED, J. T. et L. MICKES. 'On the relationship between fMRI and theories of cognition: The arrow points in both directions.' *Perspectives on Psychological Science,* 8, 2013, p.104–107.
42. HERTZ-PANNIER, L. et coll. « IRM fonctionnelle cérébrale : bases physiologiques, techniques et méthodologiques, et applications cliniques ».*Journal de radiologie2000*; 81 : 717-730 Éditions françaises de radiologie, Paris, 2000. Sur Internet : http://www.em-consulte.com/en/article/122934.
43. RILLING JK. et coll. « Comparison of resting-state brain activity in humans and chimpanzees ». *Proceedings of the National Academy of Sciences of the United States of America.* 2007; 104 (43):17146–17151. doi:10.1073/pnas.0705132104.
44. BANDETTINI, PA, N. PETRIDOU et J. BODURKA « Direct detection of neuronal activity with MRI: fantasy, possibility, or reality? » *Applied Magnetic Resonance* 29: 2005, p.65–88.
45. MATHEIESEN, C., CK AKGOREN et M, LAURITZEN. «Modification of activity dependent increases of cerebral blood flow by excitatory synaptic activity and spikes in rat cerebellar cortex». *J Physiol.* 512: 1998, p.555–566.
46. BANDETTINI, PA. 'Functional MRI Limitations and Aspirations.' Dans : Kraft E., Gulyás B., Pöppel E. (ed.) *Neural Correlates of Thinking. On Thinking,* vol. 1. Springer, Berlin, Heidelberg, 2009.
47. AUE, T. «Great Expectations: What can fMRI Research Tell Us about Psychological Phenomena? » *International Journal of Psychophysiology* 73 (1): 2009, p.10–16. doi:10.1016/j.ijpsycho.2008.12.017.
48. CACIOPPO, JT., et LG. TASSINARY. 'Inferring psychological significance from physiological signals.' *American Psychologist* 45, 1990, p16–28.
49. DICKHAUT, J., Mc CABE K. et coll. « The Impact of the Certainty Context on the Process of Choice ». *Proceedings of the National Academy of Sciences* 100 (6): 2003, p.3536–3541. doi:10.1073/pnas.0530279100.
50. HEMPEL, Carl G. «Studies in the logic of confirmation. » *Mind* 5 (1–26), 1945, p.97–121.

51. COLTHEART, M. «What has functional neuroimaging told us about the mind (so far)? » Cortex, 42 (3), 2006, p.323–331, doi: 10.1016/S0010-9452 (08)70358-7
52. De LUCA, M., SMITH SM et coll. « Blood oxygenation level dependent contrast resting state networks are relevant to functional activity in the neocortical sensorimotor system. » Exp. Brain Res167: 2005, p.587–594.
53. FOX MD., et coll. « Coherent spontaneous activity accounts for trial-to-trial variability in human evoked brain responses. » Nat Neurosci. 9: 2006, p.23–25.
54. CHEN Guangyu et coll. « Negative Functional Connectivity and Its Dependence on The Shortest Path Length of Positive Network In The Resting-State Human Brain. » Brain Connectivity 1 (3): 2011, p.195–206. doi:10.1089/brain.2011.0025.
55. RAICHLE, ME et AZ SNYDER. 'A default mode of brain function: a brief history of an evolving idea.' NeuroImage. 2007; 37 (4): p.1083–1090. Sur Internet: http://dx.doi.org/10.1016/j.neuroimage.2007.02.041.
56. CARHART-HARRIS, RL et coll. « Neural correlates of the psychedelic state as determined by fMRI studies with psilocybin. » Proceedings of the Natural Academy of Science. 2012; 109 (6):2,138 2,143. Sur Internet:
http://dx.doi.org/10.1073/pnas.1119598109.
57. SHARMA, S.). Self, identity and culture. Dans S. Menon, A. Sinha, & B. V. Sreekantan (Eds.), Interdisciplinary perspectives on consciousness and the self. New Delhi: Springer India, 2014, p117-126.
58. SCHORE, A. 'The right brain is dominant in psychotherapy.' Psychotherapy, 51 (3), 2014, p.388–397. http://dx.doi.org/10.1037/a0037083
59. WANG, Q., C. AYDIN et JA KLEMFUSS. « Autobiographical Memories. » Psychology. 2011. Sur Internet: http://dx.doi.org/10.1093/obo/9780199828340-0009.
60. GRIFFIN, G. 'Identity matters: donor offspring's narratives of self and their implications for epigenetic debates.' Textual Practice, 29 (3), 2015, p.453–477. Sur Internet: http://dx.doi.org/10.1080/0950236x.2015.1020097.
61. EYSENCK, M. W., et MT KEANE. Cognitive psychology: A student's handbook (6ième éd.). Hove: Psychology Press, 2011.
62. INZLICHT, Michael, Ian MCGREGOR, Jacob B. HIRSH, et Kyle NASH. 'Neural Markers of Religious Conviction'. Psychological Science 20 (3): p.385–392. doi:10.1111/j.1467-9280.2009.02305.x.
63. DICKERSON, P. Social psychology: Traditional and critical perspectives. Harlow: Pearson, 2012.
64. HUME, David, Traité de la nature humaine, I, IV, 6, traduction de P. Baranger et P. Saltel, Flammarion, 1999, p.351
65. De FREITAS, J., et coll. « Is there universal belief in a good true self? » Juin 2017 Trends in Cognitive Sciences 21 (9) Sur Internet: https://www.researchgate.net/publication/317391020_Origins_of_the_Belief_in_Good_True_Selves.
66. STROHMINGER, N., G. NEWMAN et J. KNOBE. 'The True Self: A psychological concept distinct from the self.' Perspectives on Psychological Science, juillet 2017 ; 12 (4) :p.551-560
67. GERGEN, K. Ken Gergen talks about social constructionist ideas, theory and practice. 2010. Sur Internet: https://www.youtube.com/watch?v=-AsKFFX9Ib0.
68. INZLICHT, Michael, Ian MCGREGOR, Jacob B. HIRSH, et Kyle NASH. 'Neural Markers of Religious Conviction'. Psychological Science 20 (3): 2009 p.385–392. doi:10.1111/j.1467-9280.2009.02305.x.

69. ROSSAN, S. Identity and its development in adulthood. In Self and Identity: Perspectives across the Lifespan, ed. T. Honess, K. Yardley. London: Routledge & Kegan Paul, 1987, p. 304.
70. BECHARA, A. 'Emotion, Decision Making and the Orbitofrontal Cortex'. *Cerebral Cortex* 10 (3): 2000, p. 295–307. doi:10.1093/cercor/10.3.295.
71. ROLLS, Edmund T. 'The Functions of the Orbitofrontal Cortex'. *Brain and Cognition* 55 (1): 2004, p.11–29. doi:10.1016/s0278-2626 (03)00277-x.
72. DENNETT, Dan. 'Are we explaining consciousness yet?' *Cognition,* 79 (1–2), (2001), p.221–237. Sur Internet: http://dx.doi.org/10.1016/s0010-0277(00)00130-x.
73. DICKERSON, P. *Social psychology: Traditional and critical perspectives*. Harlow: Pearson. 2012.
74. HAMLIN, J. Moral Judgment and Action in Preverbal Infants and Toddlers: Evidence for an Innate Moral Core. *Current Directions in Psychological Science,* 22 (3), (2013), p. 186–193. Sur Internet: http://dx.doi.org/10.1177/0963721412470687.
75. HUNTER, P. 'The basis of morality.' *EMBO Reports,* 11 (3), (2010) p.166–169. Sur Internet: http://doi.org/10.1038/embor.2010.19.
76. Jean DECETY est professeur de neurosciences sociales à l'Université de Chicago, aux États-Unis. Sur Internet : https://www.pourlascience.fr/sd/neurosciences/lacquisition-de-lempathie-3211.php. (Article de 1999)
77. SHARMA, S. Self, identity and culture. Dans S. Menon, A. Sinha, & B. V. Sreekantan (Eds.), *Interdisciplinary perspectives on consciousness and the self.* New Delhi: Springer India, 2014, pp. 117–126.
78 ERICKSON, M.H. *Childhood and Society.* New-York: W.W Norton, 1950.
79. STETS, J. et P. BURKE. 'Identity Theory and Social Identity Theory'. Social *Psychology Quarterly,* 63 (3), 2000, p.224. Sur Internet: http://dx.doi.org/10.2307/2695870.
80. SHARMA, S. Self, identity and culture. Dans S. Menon, A. Sinha, & B. V. Sreekantan (Eds.), *Interdisciplinary perspectives on consciousness and the self.* New Delhi: Springer India, 2014. pp. 117–126.
81. HOWELL, S. *Society and Cosmos*: Chewong of Peninsular Malaysia, Chapter 4. To be angry is not to be human but to be fearful is: Chewong concepts of human nature. University of Chicago Press, 1989. Sur Internet:
http://citeseerx.ist.psu.edu/viewdoc/download?doi=10.1.1.551.7984&rep=rep1&type=pdf.
82. CINOGLU, H., et Y. ARIKAN. Self, identity and identity formation: From the perspectives of three major theories. *International Journal of Human Sciences,* (9)2, 2012, p.1114–1131. Sur Internet:
https://www.jhumansciences.com/ojs/index.php/IJHS/article/view/2429.
83. MAURER, D., L. GIBSON et F. SPECTOR. « Synesthesia in infancy and very young children. » Dans J. Simner & E. Hubbard (Eds.), *Oxford Handbook of Synesthesia,* Oxford University Press, 2013.
84. DICKERSON, P. *Social psychology: Traditional and critical perspectives*. Harlow: Pearson, (2012) p.54
85. OYSERMAN, D., et HR MARKUS. Self as social representation. Dans S. U. Flick (Ed.). *The psychology of the social.* New York: Cambridge University Press 1998, pp. 107–125.
86. MARKUS, H. R., & WURF, E. (1987). The dynamic self-concept: A social psychological perspective. *Annual Review of Psychology,* 38, 299–337.

87. MARKUS, H. R., et S. KITAYAMA. « Culture and the self: Implications for cognition, emotion, and motivation. » *Psychological Review*, 98, 1991, p.224–253.
88. ALLPORT, G. W. *The nature of prejudice*. Cambridge, MA: Perseus, (1954).
89. SLOMAN S.A., « The empirical case for two systems of reasoning. » *Psychological Bulletin*. 1996, 119, 3–22.
90. EPSTEIN, S., et coll. « Individual differences in intuitive-experiential and analytic-rational thinking styles. » *Journal of Personality and Social Psychology*.1996, Vol. 71, No. 2, p. 390–405.
91. CHA, O. « I see trees, we see forest: Cognitive consequences of independence vs. interdependence. » *Dissertation Abstracts International*: Section B: The Sciences and Engineering, (2007) 67, 4,155. Sur Internet:
https://search.proquest.com/docview/305309045.
92. KÜHNEN, U. et Daphna OYSERMAN. 'Thinking about the self, influences thinking in general. Cognitive consequences of salient self-concept.' *Journal of experimental Social Psychology*, 2002, 38, 492-9. Sur Internet : https://deepblue.lib.umich.edu/bitstream/handle/2027.42/64245/Thinking_about_the_self_influences_thinking_in_general.pdf?sequence=1&isAllowed=y.
93. KIM, H.S. 'We talk, therefore we think? A cultural analysis of the effect of talking on thinking.' *Journal of personality and Social Psychology*, (2002) 83, p. 828-42. Sur Internet : https://labs.psych.ucsb.edu/kim/heejung/kim_2002.pdf.
94. EVANS, J. 'The heuristic/analytic theory of reasoning: Extension and evaluation.' *Psychonomic Bulletin and Review*, (2006) 13, p383, quoted by Buchtel, 2013, p.231.
95. EVANS, J 'The heuristic/analytic theory of reasoning: Extension and evaluation.' *Psychonomic Bulletin and Review*, (2006) 13, p.378-95.
96. JUNG, Carl Gustav. *Correspondance 1950–1954*, Paris, Albin Michel SA, 1994, p. 51.
97. LINDLEY, David. *Uncertainty: Einstein, Heisenberg, Bohr, and the struggle for the soul of science*. Anchor Books New York, 2007.
98. MEIER, C.A. *Atom and Archetype: The Pauli/Jung Letters, 1932–1958* Princeton, NJ: Princeton University Press, 2001, p.14.
99. Id. p. xli.
100. DAMASIO, A.R, *Descartes Error: Emotion, Reason, and the Human Brain*, New York: Avon Books, 1995.
101. JUNG, Carl Gustav. *L'Âme et la Vie*, Références, Le Livre de Poche, trad. de l'allemand par R. Cahen et Y. Le Lay, Buschet Chastel, Paris, 1963.p. 56
102. AMPÈRE, André Marie. *Théorie des phénomènes électro-dynamiques, uniquement déduite de l'expérience.* Dans 4° de 226 p. et 2 pl. Paris ; Méquignon-Marvis (1826, Elec 62) page 131.
103. SAGAN, Carl. *The Demon Haunted World: Science as a Candle in the Dark*. Ballantine Books, 1997 p.302.
104. RIOU-MILLET, Sylvie. « Médecine, l'énigme du placebo, quand l'esprit guérit le corps, » *Sciences et Avenir* (novembre 2005).
105. JUNG, Carl Gustav. *Dialectique du Moi et de l'inconscient*. Traduit de l'allemand par le docteur Roland Cahen. Collection Folio Essais éd. Gallimard, 1964, p.38. Disponible aussi sur Internet : https://www.scribd.com/document/354111957/Jung-Carl-Gustav-Dialectique-Du-Moi-Et-de-l-Inconscient

CHAPITRE 2

106. BOHM, David. *Wholeness and the Implicate Order*, Taylor and Francis eBook,2005 p.2, (ma traduction)
107. Id. p.4 (ma traduction)
108. BOHM, David. *Wholeness and the Implicate Order*, Taylor and Francis eBook, 2005. p31, (ma traduction)
109. Articles attestant de l'existence des méridiens d'énergie, compilés à partir de l'Internet par Fred Gallo, PhD. Sur Internet : http://www.eftuniverse.com/index.php?option=comcontent&view=article&id=2479.
110. Di DIO, Cinzia, Emiliano MACALUSO et Giacomo RIZZOLATTI. « The Golden Beauty: Brain Response to Classical and Renaissance Sculptures. » *PLoS ONE* 2 (11): e1201, 2007. Sur Internet: http://journals.plos.org/plosone/article?id=10.1371/journal.pone.0001201.
111. Helmholtz Association of German Research Centres, 'Golden Ratio Discovered in Quantum World: Hidden Symmetry Observed for the First Time in Solid State Matter.' *Science Daily* (January 7, 2010).
112. MOREAU, Joseph. *Le Sens du Platonisme*, Les Belles Lettres, Paris 1967, p.268
113. JUNG, Carl Gustav. *Correspondance 1950-1954*, Albin Michel S.A., Paris, 1996, p.14.
114. Vidéo président français Nicholas Sarkozy. Sur Internet : https://www.youtube.com/watch?v=VF6MezJ884M.
115. DELACAMPAGNE Christian, *Histoire de l'esclavage. De l'Antiquité à nos jours*, Paris. Le livre de poche, 2002.
116. LEWIN, Roger. « Is Your Brain Really Necessary? » *Science* 210 (December 12, 1980); Alternative Science News, September 9, 2002. Sur Internet: http://www.alternativescience.com/no brainer. Voir aussi sur Internet: http://www.enidreed.com/serv01.htm et John NOLTE. *The Human Brain: An Introduction to Its Functional Anatomy*. Philadelphia: Mosby Publishing, 2002.
117. MORTIMER, James A., Amy R. BORENSTEIN, Karen M. GOSCHE, et David A. SNOWDON. « Very Early Detection of Alzheimer Neuropathology and the Role of Brain Reserve in Modifying its Clinical Expression ». *Journal of Geriatric Psychiatry and Neurology* 18 (4): p. 218–223. doi:10.1177/0891988705281869.
118. TYAS, Suzanne L., David A. SNOWDON, Mark F. DESROSIERS, Kathryn P. RILEY, et William R. MARKESBERY, 'Healthy Ageing in the Nun Study: Definition and Neuropathologic Correlates,' *Oxford Journals Medicine, Age and Ageing* 36, no. 6 (2007): p.650–55.
119. PAGE, Ariane. *The Invisible Code of Nature and the Human Brain*, Volume II, A New Perspective on Femininity, SeaGreen Star Books, Montreal, to be published.
120. NAGAI, M, S. HOSHIDE et K. KARIO. «The insular cortex and cardiovascular system: a new insight into the brain-heart axis. » *J Am Soc Hypertens*. 2010 Jul-Aug; 4 (4): p. 174-82. doi: 10.1016/j.jash.2010.05.001. Sur Internet : http://www.ncbi.nlm.nih.gov/pubmed/20655502.
121. BERNAYS, Edward. *The engineering of consent*. Norman: University of Oklahoma Press. USA, 1969.
122. BROOKES, Linda. INTERHEART: « A Global Case-Control Study of Risk

Factors for Acute Myocardial Infarction», 24 septembre 2004. Sur Internet: http://www.medscape.com/viewarticle/489738. INTERHEART research http://www.ncbi.nlm.nih.gov/pubmed/15364185.

123. ANTONOVKSY, A., Unraveling The Mystery of Health: How People Manage Stress and Stay Well. San Francisco: Jossey-Bass, 1987. Cité dans : Tresolini, CP and the Pew-Fetzer Task Force. «Health Professions Education and Relationship-Centered Care» San Francisco : Pew Health Professions Commission and the Fetzer Institute, 1994 p. 15.

124. MCCRATY, Rollin, et Maria A. ZAYAS. «Cardiac Coherence, Self-Regulation, Autonomic Stability, and Psychosocial Well-Being». Frontiers in Psychology 5. 2014. doi:10.3389/fpsyg.2014.01090. Ainsi que : Rollin McCraty Science of the Heart HeartMath Institute vol. 2, 2015

125. TONHAIZEROVA, D. MOKRA D, et VISNOVCOVA. «Vagal function indexed by respiratory sinus arrhythmia and cholinergic anti-inflammatory pathway. » Z.Respir Physiol Neurobiol. Juin 2013 ; 187 (1) :78–81. doi: 10.1016/j.resp.2013.02.002. Epub 2013 Feb 11.

CHAPITRE 3

126. MEYER, Thomas, Juliane ALBRECHT et coll. «Posttraumatic stress disorder (PTSD) patients exhibit a blunted parasympathetic response to an emotional stressor.» *Applied Psychophysiology and Biofeedback* 41, no. 4: 2016 p.395–404.

127. JUNG, Carl Gustav. *Correspondance 1950–1954*, Paris, Albin Michel SA, 1994, p.127.

128. LASZLO. Ervin *Science and the Akashic Field: An Integral Theory of Everything*. New York: Inner Traditions, Vermont 2007.

129. EINSTEIN, Albert: *'Ether and the Theory of Relativity'* (1920), republished in Sidelights on Relativity (Methuen, London, 1922) Sur Internet: http://www.orgonelab.org/EtherDrift/Einstein1920.pdf.

130. GOULD, Stephen Jay *Le Pouce du Panda*, Points, 2014.

131. GOLDBERG, Elkhonon. *The New Executive Brain: Front Lobes in a Complex World*, New York: Oxford University Press, 2009.

132. SCHIBLI, Hermann S. *Pherekydes of Syros*. Oxford University Press (aussi chez Clarendon press), 1990.

133. JUNG, Carl Gustav. *Correspondance 1950–1954*, Paris, Albin Michel SA, Paris, 1994, p.127

134. TITTEL, W., J. BRNDEL, H. ZBINDEN et Nicholas GISIN. Violation of Bell inequalities by photons more than 10 km apart.' *Physical Review Letters* 81, 3,563 (1998).

135. K. GOHARA, 'Fractals in Hybrid Systems' *Proceedings of Nonlinear Theory and Application,'* 2006, p.171–174, ainsi que et OKA, H et K. GOHARA, «Approximation of the Fractal Transition Using Attractors Exited by Periodic Inputs», *Int. J. Bifurcation and Chaos*, vol.13 (4), 2003, p.943-950.

136. SAKATANI, Kaoru. «Concept of Mind and Brain in Traditional Chinese Medicine. » *Data Science Journal*, April 2007, 6, Supplement.

137 BERKE. JD. 'Fast oscillations in cortical-striatal networks switch frequency following rewarding events and stimulant drugs'. *Journal Européen d'Euroscience.*

2009 ; Volume 30, Issue 5, p.848–859 Sur Internet : http://onlinelibrary.wiley.com/doi/10.1111/j.1460-9568.2009.06843.x/abstract.

138. GRAY, Charles M. 'Synchronous oscillations in neuronal systems: mechanisms and functions.' *Journal of Computational Neuroscience* 1, 1994; pp.11–38. Sur Internet: http://link.springer.com/article/10.1007/BF00962716#page-1.

139. GU, X. et SPITZER NC. « Distinct Aspects of Neuronal Differentiation Encoded by Frequency of Spontaneous Ca2+ Transients ». *Nature,* 1995, p. 784–787. Voir aussi : FIELDS, RD., F. ESHETE, B. STEVENS, et K. ITOH. 'Action Potential-Dependent Regulation of Gene Expression: Temporal Specificity in Ca2+, cAMP Responsive Element Binding Proteins, and Mitogen activated Protein Kinase Signaling,' *Journal of Neuroscience* 17, (1997) p.7252–7266.

140. UCHIDA, S., K. HAR, A. KOBAYASHI, H. FUNATO, T. HOBARA, K. OTSUKI, H. YAMATAGA, BS. MCEWEN, et Y. WATANABE. «Early Life Stress Enhances Behavioral Vulnerability to Stress Through the Activation of REST4-Mediated Gene Transcription in the Medial Prefrontal Cortex of Rodents». *Journal of Neuroscience* 2010, 30 (45): p.15007–15018. doi:10.1523/jneurosci.1436-10.2010.

141. UHLAAS, PJ et W. SINGER. « Abnormal neural oscillations and synchrony in schizophrenia. » *Nat Rev Neuroscience* 2010; 11:p.100–113.

142. LABARRE, Marc-Olivier. «Résumé : Réseaux de neurones» 2002. Sur Internet : www.uqtr.uquebec.ca/~biskri/Personnel/mol/RRN.doc.

143. SHINBROT, Troy et W. YOUNG. 'Why decussate? Logical constraints on 3D wiring.' *Dept. of Biomedical Engineering Rutgers Dept. of Cell Biology & Neuroscience.* Sur Internet:
http://sol.rutgers.edu/~shinbrot/NewHome2006/Papers/Decussation11.pdf.

144. MACLEAN, Paul D. « The Limbic System ("Visceral Brain") In Relation to Central Gray and Reticulum of the Brain Stem ». *Psychosomatic Medicine* 1955, 17 (5): p.355-366. doi:10.1097/00006842-195509000-00003. Sur Internet : http://citeseerx.ist.psu.edu/viewdoc/download?doi=10.1.1.490.2761&rep=rep1&type=pdf.

145. De LATIL, Pierre. *La pensée artificielle : Introduction à la cybernétique,* Gallimard, coll. L'Avenir de la science (no 34), 1953.

146. JUNG, Carl Gustav. *L'Âme et la Vie,* Références, Le Livre de Poche, trad. de l'allemand par R. Cahen et Y. Le Lay, Buschet Chastel, Paris, 1963.p. 129

147. STROGATZ, Steven. *Sync: The Emerging Science of Spontaneous Order*. Hyperion, 2003, p 106–109.

148. KITNEY, R.I. « An analysis of the nonlinear behaviour of the human thermal vasomotor control system. » *Theor Biol.* Juillet 1975 ; 52 (1) : p.231-48. PMID: 1 152 485 Sur Internet : http://www.ncbi.nlm.nih.gov/pubmed/1152485.

149. BUZSAKI, György, *Rhythms of the Brain,* New York: Oxford University Press, 2006, p. 115.

150. KOMAROV, M., et A. PIKOVSKY. « The Kuramoto model of coupled oscillators with a bi-harmonic coupling function. » *Science Direct, Physica D: Nonlinear Phenomena* 289, p.18–31.

151. JOHN, E.R. 'A model of consciousness.' Dans : *Consciousness and self-regulation,* vol. I G.E. Schwartz and D. Shapiro (eds.), New York: Plenum Press, 1976, P.4, ma traduction.

152. VELMANS, Max, Understanding Consciousness. *Routledge* mars 26 2009 408, p.286, (ma traduction).

153. JUNG, Carl Gustav. *Ma Vie*. Propos recueillis et publiés par Aniéla Jaffé. Folio Gallimard 1973, p. 551.
154. HALBERG, F., et al., «Cross-spectrally coherent ~10.5- and 21-year biological and physical cycles, magnetic storms and myocardial infarctions. » *Neuroendocrinology*, 2000. 21: p. 233-258. Ainsi que MAFFEI ME. « Magnetic field effects on plant growth, development, and evolution. » *Frontiers in Plant Science.* 2014; 5:445. doi:10.3389/fpls.2014.00445.271—286, Sur Internet: https://www.ncbi.nlm.nih.gov/pmc/articles/PMC4154392/.
155. BOHM, David. « A new theory of the relationship of mind and matter. »*Philosophical Psychology,* vol. 3, no. 2, 1990.

CHAPITRE 4

156. BECHARA, A. 'Emotion, Decision Making and the Orbitofrontal Cortex' *Cerebral Cortex* 10 (3): 2000, p.295-307. doi:10.1093/cercor/10.3.295.
157. GOLDBERG, Elkhonon. *The New Executive Brain: Front Lobes in a Complex World*, New York: Oxford University Press, 2009. p.48.
158. KAZUO Abe, HIDEKI Sasaki, Kyoko TAKEBAYASHI, Seki FUKUI et Haruo NAMBU, «The development of circadian rhythm of human body temperature». *Journal of Interdisciplinary Cycle Research* Vol. 9, Iss. 3:211, 1978. Sur Internet: https://doi.org/10.1080/09291017809359638.
159. PHILLIPS, C. 'To be whole again.' *Parade Magazine*, 1991, p. 11.
160. JANCKE, L. 'Music drives brain plasticity.' F1000 *Biol. Rep*. 2011, 1, 78. ET BLAKE, D.T., MA. HEISER, M. CAYWOOD, et MM. MERZENICH. « Experience–dependent adult cortical plasticity requires cognitive association between sensation and reward. » *Neuron* 52, 2006 p.371–381.
161. CHIRON, C. 'The Right Brain Hemisphere is Dominant in Human Infants'. *Brain* 120 (6): 1997, p.1057–1065. doi:10.1093/brain/120.6.1057.
162. PEREYRA, PM., W. ZHANG, M. SCHMIDT et L. E. BECKER. « Development of myelinated and unmyelinated fibers of human vagus nerve during the first year of life. » *J Neurol Sci.* Juillet 1992 ; 110 (1–2): p.107–113. Sur Internet : https://www.ncbi.nlm.nih.gov/pubmed/1506849
163. LEDOUX, J. E., et R. BROWN. A higher-order theory of emotional consciousness. *Proceedings of the National Academy of Sciences of the United States of America,* 2017. 114, E2016-E2025.Sur Internet: http://www.pnas.org/content/pnas/114/10/E2016.full.pdf.
164. FEINSTEIN JS, et al. 'Fear and panic in humans with bilateral amygdala damage.' *Natural Neuroscience* 16 (3) 2013:p. 270–272. Sur Internet au : https://www.ncbi.nlm.nih.gov/pmc/articles/PMC3739474/.
165. CARRÉ, Justin M Patrick M. FISHER, Stephen B. MANUCK, et Ahmad R. HARIRI, « Interaction between Trait Anxiety and Trait Anger Predict Amygdala Reactivity to Angry Facial Expressions in Men but Not Women, » *Soc Cogn Affect Neurosci* (2010) : doi: 10.1093/scan/nsq101.
166. JUNG, Carl Gustav. *L'Âme et la Vie*. Livre de Poche, 1995. Constitué de textes réunis et présentés par Jolande Jacobi, introduits par Michel Cazenave.p264,261
167. BROWN, TT., et T. L. JERNIGAN. « Brain development during the preschool years ». *Neuropsychology Review,* 22 (4), (2012). P.313–333. Sur Internet au :

https://www.ncbi.nlm.nih.gov/pmc/articles/PMC3511633/.
168. ADER, Robert. *Psychoneuroimmunology*. 4th ed. Chapter 3: Cholinergic Regulation of Inflammation. C.J. CZURA, M.ROSAS–BALLINA, et K.J. TRACEY, par Amsterdam : Elsevier/Academic Press. 2007. p.85-93.
169. ABE K, J. KRONING, MA. GREER, V. CRITCHLOW. 'Effects of Destruction of the Suprachiasmatic Nuclei on the Circadian Rhythms in Plasma Corticosterone, Body Temperature, Feeding and Plasma Thyrotropin.' *Neuroendocrinology* 1979; 29:p.119–131. Sur Internet: https://www.karger.com/Article/Abstract/122913#.
170. BRADLEY, M. M., M. CODISPOTI, M., et al. 'Emotion and motivation I: Defensive and appetitive reactions in picture processing'. *Emotion*, 1 (3), (2001) p.276–298. Sur Internet au :
https://pdfs.semanticscholar.org/d0bb/b9482d18295298f35287aeb0336cb20d05c8.pdf.
171. MOIR, Anne, et David JESSEL. *Brain Sex*. New York: Dell Pub.1991.
172. CHABOT, B., C. ROULLAND, et S. DOLLFUS. « Schizophrenia and Familial Idiopathic Basal Ganglia Calcification: A Case Report ». *Psychological Medicine* 31 (04). 2001.doi: 10.1017/s0033291701003762.
173. GOLDBERG, Elkhonon. *The New Executive Brain*, New York: Oxford University Press, 2009. p.211.
174. RAO, Stephen M., MAYER Andrew et Deborah L. HARRINGTON. 'The evolution of brain activation during temporal processing.' *Nature Neuroscience* 4 (2001): 317–323. Aussi : « Brain Areas Critical to Human Time Sense Identified. » *Daily University Science News*, Sur Internet:
http://www.unisci.com/stories/20011/0227013.htm,
175. TANG, C.Y., E.L. EAVES, J.C. NG, D.M. CARPENTER, et al. 'Brain networks for working memory and factors of intelligence assessed in males and females with fMRI and DTI', *Intelligence*, 38 (2010), p. 293–303.
176. BOHBOT, V.D., M. KALINA, K. STEPANKOVA, N. SPACKOVA, M. PETRIDES, et L. NADEL. « Spatial memory deficits in patients with lesions to the right hippocampus and to the right parahippocampal cortex », dans *Neuropsychologia*, 36, (1998), p. 1217-1238.
177. SQUIRE, L. R., J. G. OJEMANN, F. M. MIEZIN, S. E. PETERSEN, T. O. VIDEEN, et ME. RAICHLE. «Activation of the Hippocampus in Normal Humans: A Functional Anatomical Study of Memory. » *Proceedings of the National Academy of Sciences* 89 (5): 1992.p. 1837–1841. doi:10.1073/pnas.89.5.1837.
178. SHIPTON OA, M. EL-GABY, M, APERGIS-SCHOUTE et coll. « Left–right dissociation of hippocampal memory processes in mice. » *Proceedings of the National Academy of Sciences of the United States of America*. 2014; 111 (42):15238–15243. doi:10.1073/pnas.1405648111.
179. BREMNER, J. Douglas, Meena NARAYAN, Eric R. ANDERSON, Lawrence H. STAIB, Helen L. MILLER, et Dennis S. CHARNEY. « Hippocampal Volume Reduction in Major Depression ». *American Journal of Psychiatry* 157 (1): p. 115–118. doi:10,1176/ajp.157.1.115.Sur Internet au : http://www.sakkyndig.com/psykologi/artvit/bremner2000.pdf.
180. PINE, Daniel S, Patricia COHEN, Jeffrey G JOHNSON, et Judith S BROOK. 'Adolescent Life Events as Predictors of Adult Depression'. *Journal of Affective Disorders* 68 (1): 2002, p. 49–57. doi:10,1016/s0165-0327 (00) 00331-1.Sur Internet :

https://www.jad-journal.com/article/S0165-0327(00)00331-1/pdf.
181. HERBA, Catherine M., Sheilagh HODGINS, Nigel BLACKWOOD, Veena KUMARI, Kris H. NAUDTS, et Mary PHILLIPS. 'The Neurobiology of Psychopathy: A Focus on Emotion Processing.' Dans : *The Psychopath: Theory, Research, and Practice,* Mahwah, NJ, US: Lawrence Erlbaum Associates Publishers, 2007. P. 253–283.
182. BANGASSER, Debra A. et Tracey J SHORS. 'The hippocampus is necessary for enhancements and impairments of learning following stress.' *Nature Neuroscience* volume 10, pages 1401–1403 (2007) doi : 10.1038/nn1973.
183. RAAM, Tara, Kathleen M. MCAVOY, Antoine BESNARD, Alexa H. VEENEMA, et Amar SAHAY. « Hippocampal Oxytocin Receptors Are Necessary For Discrimination of Social Stimuli ». *Nature Communications* 8 (1). 2017. Doi:10.1038/s41467-017-02173-0.Sur Internet au : https://www.nature.com/articles/s41467-017-02173-0.
184. GIEDD, J. N. «Structural Magnetic Resonance Imaging of the Adolescent Brain, » *NY Acad Sci* 1021(2004):p.77–85.
185. SUZUKI, Michio, Hirofumi HAGINO, Shigeru NOHARA, Shi-Yu ZHOU, Yasuhiro KAWASAKI, Tsutomu TAKAHASHI, Mie MATSUI, Hikaru SETO, Taketoshi ONO, et Masayoshi KURACHI. «Male-Specific Volume Expansion of the Human Hippocampus during Adolescence. » *Cerebral Cortex* 15 (2): 2004, p. 187–193. doi:10.1093/cercor/bhh121.
186. WANG, Kailiang, Qi CHAI, Hui QIAO, Jianguo ZHANG, Liu TINGHONG, et Meng FANGANG. «Vagus Nerve Stimulation Balanced Disrupted Default-Mode Network and Salience Network in a Postsurgical Epileptic Patient». *Neuropsychiatric Disease and Treatment* Volume 12: 2016. p. 2561–2571. doi:10,2147/ndt.s116906.
187. Sur Internet : https://www.dovepress.com/vagus-nerve-stimulation-balanced-disrupted-default-mode-network-and-sa-peer-reviewed-fulltext-article-NDT.
188. HUSTER, Rene J. , Carsten WOLTERS, Andreas WOLLBRINK, Elisabeth SCHWEIGER, Werner WITTLING, Christo PANTEV, et Markus JUNGHOFER. «Effects of Anterior Cingulate Fissurization on Cognitive Control during Stroop Interference. » *Human Brain Mapping,* 30, no. 4, (Juin 20, 2008): p.279–1289.
189. YUCEL, M., G. W. STUART, P. MARUFF, D. VELAKOULIS, S. F. CROWE, G. SAVAGE, et C. PANTELIS. « Hemispheric and Gender-Related Differences in the Gross Morphology of the Anterior Cingulate/Paracingulate Cortex in Normal Volunteers: an MRI Morphometric Study ». *Cerebral Cortex* 11 (1): 2001, p.17–25. doi:10.1093/cercor/11.1.17.
190. INZLICHT, Michael, Ian McGREGOR, Jacob B. HIRSH, et Kyle NASH. 'Neural Markers of Religious Conviction'. *Psychological Science,* 20 (3): 2009385–392. doi:10.1111/j.1467-9280.2009.02305.x.
191.GRIEVE, Stuart M., C. Richard CLARK, Leanne M. WILLIAMS, Anthony J. PEDUTO, et Evian GORDON. 'Preservation of Limbic and Paralimbic Structures in Aging'. *Human Brain Mapping* 25 (4): 2005, p.391–401. doi:10.1002/hbm.20115.
192. RESNICK, Susan M., Dzung L. PHAM, Michael A. KRAUT, Alan B. ZONDERMAN, et Christos DAVATZIKOS. 'Longitudinal Magnetic Resonance Imaging Studies of Older Adults: A Shrinking Brain', *Journal of Neuroscience* 15 April 2003, 23 (8) 3295–3301. Sur Internet: http://www.jneurosci.org/content/23/8/3295.long.
193. SIMON, AK, GA HOLLANDER et A. MCMICHAEL. « Evolution of the immune system in humans from infancy to old age ». *Proc. R. Soc.* 2005, B 282:

20143085. Sur Internet: http://dx.doi.org/10.1098/rspb.2014.3085.
194. GOOD, Catriona D., Ingrid S. JOHNSRUDE, John ASHBURNER, Richard N. A. HENSON, Karl J. FRISTON, et Richard S. J. FRACKOWIAK, 'A Voxel-Based Morphometric Study of Ageing in 465 Normal Adult Human Brains', *NeuroImage* 14, 2001, p. 21–36 doi:10,1006/nimg.2001.0786 sur Internet : http://brainimaging.waisman.wisc.edu/~chung/asymmetry/good.vbm.pdf.
195. JUNG, Carl Gustav. *Ma Vie*. Propos recueillis et publiés par Aniéla Jaffé. Folio Gallimard, 1973, p.475
196. BERNARD, Claude. *Introduction à l'étude de la médecine expérimentale*, 1865, p.68. Sur Internet:http://classiques.uqac.ca/classiques/bernard_claude/intro_etude_medecine_exp/intro_medecine_exper.pdf.
197. GOGTAY N, JN GIEDD, L. LUSK, KM HAYASHI, D. GREENSTEIN, AC VAITUZIS, et coll. « Dynamic mapping of human cortical development during childhood through early adulthood ». *Proceedings of the Natural Academy of Sciences USA*. 2004; 101 (21):8, p.174–9.
198. HORNUNG, Erik. *Les dieux de l'Égypte, l'un et le multiple*, Éd. du rocher, Monaco, 1986.
199. ASSMANN J. *Egyptian Solar Religion in the New Kingdom. Re, Amun and the crisis of Polytheism*. London: Kegan Paul International, (1995). p.51-53.
200. ASSMANN J. *Of God and Gods. Egypt, Israel, and the Rise of Monotheism*. Madison: The University of Wisconsin Press, (2008), p.33-34.
201. BROZE, Michèle. *Mythe et roman en Égypte ancienne. Les aventures d'Horus et Seth*. Édité par Peeters, Leuven, 1997.
202. PRIORI, A., F. MAMELI, F.COGIAMANIAN, S. MARCEGLIA, M. TIRITICCO, S. MRAKIC-SPOSTA, et G.SARTORI. «Lie-specific involvement of dorsolateral prefrontal cortex in deception. » *Cerebral Cortex*, 18, (2008), p.. 451–455. Sur Internet : http://dx.doi.org/10.1093/cercor/bhm088.
203. GOLDBERG, Elkhonon. *The New Executive Brain: Front Lobes in a Complex World*. New York: Oxford University Press, 2009.
204. LILJA, A., S. HAGSTADIUS, J. RISBERG, L. G. SALFORD, et G. J. W. SMITH. 'Frontal Lobe Dynamics in Brain Tumor Patients: A Study of Regional Cerebral Flow and Affective Changes before and after Surgery,' *J. Neuropsychiatry Neuropsychol Behavioral Neurology* 5, no. 4 (1992): 294–300.
205. WALSH, D. *Why Do They Act That Way? A Survival Guide to the Adolescent Brain for You and Your Teen*. New York: Free Press, 2004.
206. GIEDD, J. N. 'Structural Magnetic Resonance Imaging of the Adolescent Brain,' *NY Academy of Science*. 1021 (2004): p.77–85.
207. Ibid.

CONCLUSION

208. Sur Internet: https://www.ctvnews.ca/health/half-of-teen-girls-in-ontario-under-psychological-distress-camh-survey-shows-1.4026881.
209. Sur Internet : http://www.bcaction.org. ; chercher le titre « the cancer industry ».
210. SWINBURN, Loyd A., Gary SACKS, Kevin D HALL, Klim MCPHERSON,

Diane T FINEGOOD, Marjory L MOODIE, Steven L GOERTMAKER. 'The global obesity pandemic: shaped by global drivers and local environments.' *Lancet* 2011; 378: p.804 — 14.

211. MATTHEWS, Robert. « Alzheimer : À la recherche d'un traitement » revue *Mystères de la SCIENCE*, juin 2017, p.84

212. Sur Internet: http://isiscodeblog.com/2013/04/12/3b-to-map-the-brain/. 213. PAGE, Ariane, *Isis code Revelations from Brain Research and Systems Science on the Search for Human Perfection and Happiness*, iUniverse Inc. Bloomington USA, 2013.

ANNEXES

214. FREDERIKSE, Melissa, Angela LU, Elizabeth AYLWARD, Patrick BARTA, et Godfrey PEARLSON, «Sex Differences in the Inferior Parietal Lobule. Cerebral Cortex,'' *Cereb. Cortex* 9, no. 8 (1999): p.896–901, doi:10.1093/cercor/9.8.896.

215. MOIR, Anne, et David JESSEL. *Brain Sex*. New York, N.Y.: Dell Pub, 1991.

216. BRADLEY, Margaret M., Maurizio CODISPOTI, Dean SABATINELLI, et Peter J. LANG. « Emotion and Motivation II: Sex Differences In Picture Processing. » *Emotion* 1 (3): 2001.p 300–319. doi:10.1037//1528-3542.1.3.300.

217. SCHMITHORST, Vincent J., Scott K HOLLAND, et Elena PLANTE. «Development of Effective Connectivity for Narrative Comprehension in Children. » *Neuroreport* 18.14 (2007): 1411–1415. PMC.

218. LIU, Bing, Jun LI, Chunshui YU, Yonghui LI, Yong LIU, Ming SONG, Ming FAN, Kuncheng LI, et Tianzi JIANG. « Haplotypes of Catechol-O-methyltransferase Modulate Intelligence-Related Brain White Matter Integrity, » *NeuroImage* 50 (2010) : 243–249.

219. JUNG, Carl Gustav, *L'Âme et la Vie,* Références, Le Livre de Poche, trad. de l'allemand par Cahen (R.) et Le Lay (Y.), Buschet Chastel, Paris, 1963, p.156.

220. LEDOUX J., « Émotion, mémoire et cerveau », *Pour la Science,* vol. 202, © 1994, p. 50-57.

221. BAKER, K., I. TÖRK, J. HORNUNG, et P. HALASZ. « The human locus coeruleus complex: an immunohistochemical and three dimensional reconstruction study.» *Experimental Brain Research* 77, no. 2: 257. Complementary Index 1989.

222. BUTTNER-ENNEVER, J. A, A. K. E HORN, Donald BAXTER, et Jerzy OLSZEWSKI. *Olszewski and Baxter's Cytoarchitecture of the Human Brainstem.* Basel: Karger. 2014.

223. LÉNA, Clément et al. « Diversity and Distribution of Nicotinic Acetylcholine Receptors in the locus Ceruleus Neurons. » *Proceedings of the National Academy of Sciences of the United States of America* 96.21 (1999): 12126–12131.

224. LASZLO. Ervin *Science and the Akashic Field: An Integral Theory of Everything*. New York: Inner Traditions, Vermont 2007.

A

B

C

D

E

F

G

H

I

J

K

L

M

N

O

P

Q

R

S

T

V

www.ingramcontent.com/pod-product-compliance
Ingram Content Group UK Ltd.
Pitfield, Milton Keynes, MK11 3LW, UK
UKHW062302290726
14090UKWH00017B/849

9 781775 087748